引　言

在这本书里，我们将向读者介绍我们对潮汕文化及其源流的初步研究成果。

什么是潮汕文化

为了使自己的研究有一个比较明确的范围，我们给了"潮汕文化"一个界定。这个界定从三个方面表述：

首先，潮汕文化是属于汉文化的一个地域性亚文化，它在潮汕地区（以现在的汕头、潮州、揭阳三市为中心）自然环境条件的影响下，在漫长的历史发展进程中逐渐形成，并融合进发展着的汉文化中。

其次，潮汕文化包含着许多文化特质，这些特质具有一定的稳固性，并组成了既与共存于同一地域中的畲族文化、客家文化不同，也与周边其他地域文化有异的一个体系。在这些文化特质中，语言是最具有区别性特征的一种。因而，我们把潮汕文化理解为，由讲潮汕话的民系所创造的一个文化共同体。

最后，潮汕文化是一个动态的开放体系。它的形成过程，是本地原住民文化和移民文化经过多次互相影响、互相吸收而逐渐融合的过程。在自成体系之后，由于潮汕人的迁徙，潮汕文化向外传播，同时也吸收了其他文化的因素，不断发展。

我们先让读者了解这个界定，实际上，也用概念的形式回答读者在翻开这本书的时候一定会产生的"什么是潮汕文化？"的问题。稍后，在正文里头，我们会具体地为读者阐述，潮汕文化和它所包含的文化特质是如何形成和发展的。

细心的读者在阅读过程也许会发现，这本书在概念界定和具体阐述上，与已往一些介绍潮汕文化的论著有些许差别。

潮汕地区的考古文化

第一，我们在讲述潮汕文化的渊源和潮汕民系的形成时，也将视野扩大到数千年之前。但是，我们强调，在一段相当长的时间里，潮汕地区的原住民和早期移民所创造的文化与作为汉文化地域变体的潮汕文化有着质的差异。

通过对潮汕地区考古发现的考察，我们可以看到，数千年来在本地区发生的文化，复叠了多个不同文化类型的历史层次。

距今8000年以上的南澳象山文化遗址，与闽南的"漳州史前文化"属于同一个文化系统。距今6000~5500年的潮安陈桥文化遗址，仍然表现出与闽南同一时期文化遗址（例如平潭县海坛岛壳丘头文化遗址）接近的文化风格；而陈桥遗址出土的陶器，具有河姆渡文化夹砂、夹蚌陶器的特色。距今3500年前后的普宁后山文化遗址出土的鸡形壶，其祖型——垂囊盉，最先出现于河姆渡第三期文化。可以说，这4000余年间，本地原住民创造的新石器文化，可以归属于长江下游以太湖为中心的东南文化区（文化区划分依苏秉琦说，见《关于考古学文化的区系类型问题》，《文物》1981年第5期）。而当时，以中原文化为主体的汉文化尚未形成。

　　1974年以后，本地发掘出数目较多的被称作"浮滨文化"的文化遗址，这类遗址的年代，稍后于后山文化遗址，距今3400~2900年（相当于商代中后期到西周前期）。浮滨文化中，明显含有中原商文化的因素。但是这种因素已经融合于原住民文化，发生变异。浮滨文化仍然是一种面貌独特的原住民文化。

　　距今2700~2200年（相当于春秋战国时期）的潮汕考古遗址，南越族特有的夔纹陶器大量出现，说明在这一段时间里，南越文化以很强劲的势头渗入本地，并改变了原住民文化的面貌。

　　一直到秦汉以后，汉文化才对本地区有所影响。然而，即使到汉代，这种影响也还是通过南越间接传入。而且在这一时期，本地区文化的汉化程度，也远远不及珠江三角洲地区。实际上，汉文化的潮州地方亚型，尚赖宋元以后闽南移民的大规模迁入，才逐渐形成。

　　上面列举的在不同历史时期发生于本地区的诸文化类型，是由很不相同的文化特质构成的。我们决不能忽视秦汉以前在本地区存在过的诸文化类型对潮汕文化的影响，即使这种影响现在看来是微不足道的，例如，在潮汕方言词汇中的少数与壮侗语、苗瑶语同源的底层词。但是，我们更不能模糊在本地区存在过的诸文化类型的质的差异，将它们视为一脉相承的一个文化系统。

民间文化与精英文化

　　第二，本书研究的重点，放在潮汕民间文化的层面上。我们把主要篇幅用于介绍潮汕的民俗事象，考究同这些民俗事象相关的乡村制度、行为方式，剖析这些民俗事象所反映的社会心理。至于精英文化，我们在潮汕民系形成过程的论述中，也有所涉及，不过，我们注意的，仍然是那些对民间文化产生长久影响的部分，例如教化的盛衰，学术的兴替。

冯天瑜先生在《中华文化史》里，说过这么一段话："只有同时把握精英文化和大众文化、定型的书面文化和未定型的口碑文化，认真研讨社会心理与社会意识形态之间的辩证关系，才有可能真正认识某一民族、某一国度精神文化的全貌和本质。"冯先生的意见无疑是十分正确的，但是，我们仍然觉得，进行地域文化研究，应该把重点放在民间文化的层面上。其中道理，并非不可言喻。

精英文化，是属于社会统治阶层的文化。它可以借助国家（包括行政命令和教育制度）的推动，对整个国家、社会产生较大影响。精英文化涵盖面广，一般又以经典形式存在。因而，就是在自然条件、经济发展水平有很大差别的地区，精英文化也呈示着明显的趋同性。例如古代的地方学校，郡有府学，县有县学，而社学、义学和书院，在数量上，视各地经济文化水平，也有所不同。但是，这些学校，不管建于何处，其教学内容到教育形式，大抵是相同的。

民间文化产生于乡土社会，以民俗形式存在。由于地理环境和历史条件的共同作用，不同地区的民间文化，往往展现了独特的地域特征。以戏曲为例，宋元之间，流行于北方的杂剧和流行于南方的南戏，演唱风格就很不相同，北曲急促雄劲，南曲舒缓柔美，都是地域特点。演化到现代，地方剧种繁多，也各有特点。自从徽班进京，京剧大盛。演员为了成为名角，在演唱方面特别下功夫。同一出戏，同一套唱腔，不同的名角，可以唱出各自不同的韵味。戏迷进戏园子，是冲着"听戏"而来。流传于潮汕、闽南一带的潮剧，是从温州南戏发展过来的，唱腔柔和优美，继承南戏的演唱风格。潮剧多在乡间广场演出，表演技巧比唱腔更能够吸引观众，表演技法最为丰富的潮丑，就成了潮剧最受欢迎、最有特色的一个行当。戏迷挤在戏棚前，是为了好好"看戏"。不同地区的民间文化，正是这样保持着它五彩缤纷、面目各异的文化形态，避免了像精英文化那样的文化趋同。因此，在地域文化的研究中，民间文化比精英文化更加具有典型意义。从民间文化事象的角度切入，我们可以更真切地了解生活在某个地域文化圈的人们的思维习惯和价值标准，生动地把握到他们的心理世界。这就是我们将本书的重点放在潮汕民间文化研究上面的理由。

　　基于上述认识，本书的论述，分地理环境、民系形成、文化特征三个部分进行。

目　录

后 记

潮汕和潮汕人

第一章 潮汕地区的地理与文化

在这一章，我们将讲述潮汕文化产生和发展的地理生态环境。这里所讲述的潮汕，是一个历史地理区域。它位于中国的东南，南临南海，东面隔着海峡，与台湾地区遥遥相望。在历史时期，潮汕曾经有过不同的名称，地域幅员也盈缩不齐。在这本书里，潮汕指的是今天的汕头、潮州、揭阳三个地级市。不过，在讲到潮汕沿革地理的时候，我们还是按照当时政区的名称来称呼它。

第一节　潮汕的地理环境

在讨论任何一种地域文化的形成与发展过程的时候，对地理环境及其变迁的考察是必不可少的。生活在某一个地域的人群，总需要努力调适自己与环境的关系。一方面，他们总是在所处地理环境的制约下，尽量利用环境资源，在这个过程中，掌握最有效的生产技术，选择最优越的生活方式，建构最合理的社会组织，并逐渐形成具有自身特色的文化传统。另一方面，在这个过程中，该地域的地理环境因人为而变迁，在景观上呈示着具有自身特色的文化面貌。

这一章，我们将向读者介绍潮汕的地理环境，着重讲述它在历史时期里的变迁，让读者了解这一地理区域的环境是如何影响潮汕文化的生成的。

● 一　潮汕的地理位置与自然地理

位置

潮汕位于东经115°06'~117°20'，北纬22°53'~24°14'，地处中国的东南隅，广东省的最东端，与福建省毗邻。潮汕面对滔滔大海，南海和台湾海峡在这里交接。潮汕与台湾地区南端，只隔一衣带水。

地形地貌

潮汕总面积10 346平方千米。地形大势，西北高而东南低。东北和西北多高山，东南面海，形成一个内陆比较封闭，而有很长海岸线的地理小区域。区域内部，多丘陵台地；韩江和区内的几条江河自西北向东南流入大海，沿江分布着被低丘陵隔开的河谷平原和河口三角洲平原。

山地和丘陵约占本区总面积的70%。其中海拔500米以上的山地约占7%，1000米以上山峰有20余座，分布在本区北部和西北部边缘。莲花山脉横亘本区西北部，从揭阳北部开始，经过普宁、潮阳，进入惠来和陆丰沿海，是本区与珠江流域的分水岭。山脉分派，主要有南阳山、大南山、大北山，主峰都在海拔1000米上下。北部的凤凰山区，峰峦叠叠，绵延百余里，成为本区的屏障。主峰凤凰大髻海拔1498米，是本区最高的山峰。丘陵台地面积占总面积的63%。其中海拔200米以上的高丘陵，有大北山的余脉小北山和桑浦山。小北山到潮阳棉城，大南山在潮阳、惠来沿海，山势渐降，成为高程在200米以下的低丘陵。韩江三角洲中的三列岛丘，也属于低丘陵地形。在丘陵与平原之间，主要在韩江三角洲北部和榕江平原南部，有海拔20~40米、覆盖着红壤的花岗岩台地。

本区水网密布，有韩江、榕江、练江三条主要河流。韩江是广东省仅次于珠江的第二大河，也是本地区最大的河流。它的上游分汀江和梅江两支。汀江发源于福建省长汀县和宁化县交界的治平木马山北坡，汇众山之水，过长汀，奔上杭，出永定，迤逦南来，入广东境。梅江的上源琴江，发源于广东紫金县白山崀，北流过五华，至兴宁水口，始称梅江，转东北流，过梅州，有石窟河、松源溪来汇，至松口又折向东南，入大埔。汀、梅两江在大埔三河坝汇合，称韩江。南下直出丛山夹谷，在潮州城下，分北溪、东溪、西溪、梅溪、新津河几道支流出海，这是韩江下游。韩江在本区流域面积约1740平方千米，大概为流域总面积的 5.8％。榕江是本地区第二大河。榕江的干流南河发源于陆丰县百花园，由揭西入普宁，集合横江、龙潭、石肚、钱坑等十来道小溪水，泾流渐大，绕揭阳城南，到双溪嘴有一级支流北河汇入。北河发源于丰顺县猴子崇的南麓，东南流经县城汤坑，有石湖等水注入，过揭阳境，又有发源于蛮头山的新西河注入，绕揭阳城西，折向东北，到曲溪又折东南，合源出潮州笔架山的二级支流枫江，至双溪嘴与南河汇。南北两河汇合后，流经牛田洋，由汕头港出海。榕江在本区流域面积约3512平方千米，占流域总面积的80％左右。榕江和韩江的分水岭是桑浦山。练江发源于普宁大南山白水漈，汇大南山诸坑水，向东流入潮阳，又有众多小水来注，迂回潊渲，至龟头山拦河闸，入海门湾。练江和榕江的分水岭是小北山。此外，黄冈河发源于饶平西北部山区，由北而南，纵贯全县，汇集境内小溪水，到黄冈城分两支入海。龙江发源于峨眉嶂北麓普宁境内，流经陆丰，蜿蜒入于惠来，汇集同样发源于普宁大南山区的南洋仔溪、高埔水和崩坎水，东南流入龙江平原，从神前港出海。

流贯本区这五条江河在河谷和河口冲积成大大小小的平原，另外，还有一些小面积的海积平原分布于沿海。本区平原面积约3100平方千米，占总面积的30％。面积最大的平原是韩江三角洲平原，平原地处韩江下游，由韩江几道支流与南海交互沉积作用而形成，面积近900平方千米，在南方仅小于长江三角洲和珠江三角洲。榕江平原以揭阳榕城为界，西北部的榕江中游平原，展布于大北山与小北山之间，主要因河流冲积作用而成，东南部自渔湖至榕江口是海相沉积较强的下游三角洲平原。练江平原位于大南山与小北山之间，由练江搬运泥沙沉积而成，下游三角洲发育程度较低。韩江平原和榕江平原由桑浦山阻断，榕江平原和练江平原由小北山分隔，但这三个平原在两发之间仍然有接合处，一般统称它们为潮汕平原。黄冈河上游和中游分布着狭长的河谷平原，下游在黄冈分两汊出海，冲积出黄冈河三角洲平原。惠来中部龙江出海口，有龙江三角洲平原。

　　本区海岸线长278千米，东端在饶平县东界镇上东乡，与福建省诏安县交界；西端在惠来县神泉港南海边防哨所西侧，与广东省陆丰县交界。本区海岸线曲折蜿蜒，有众多的天然良港。沿海岛屿丛礁密布，最大的岛屿是南澳岛。南澳岛面积约107平方千米，岛岸线长77千米，大小滩头61处，主要港湾有前江湾、后江湾、青澳湾、深澳湾和云澳湾。

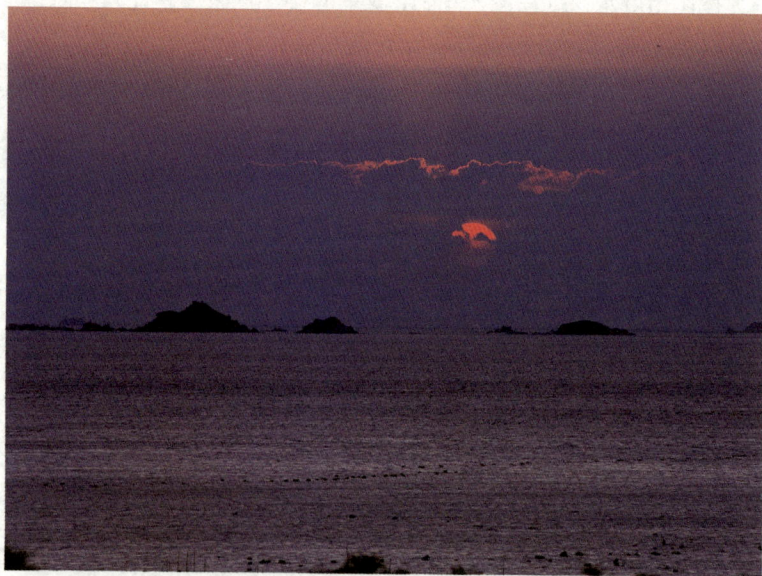

出了南澳岛，是浩瀚无际的南海　林晶华摄

气候

潮汕地区位于热带与亚热带之间，北回归线恰好从本区中部穿过。许多学者把本区划归南亚热带。但是，由于北部凤凰山和西北部莲花山脉的屏障作用，本区气温比区外同纬度地区稍高，终年日平均气温高于10℃，基本无霜雪，香蕉、杧果、木瓜等热带作物广泛种植，甘薯可以安全越冬，具有热带气候的特征。而且，1987年10月，联合国环境署和瑞典皇家科学院召开"世界气候变化及其对策"国际学术讨论会时，将纬度低于24°的地区归属热带。按此标准，将本区划归热带地区更为合适。本区的气候有两大特点。

第一，日照充足气温高，夏长冬暖春来早。本区年日照时数在2000小时左右，平均每天6小时，阳光充足，气温较高，年平均气温在21℃~22℃。本区夏季长达半年以上，一般在4月开始，到10月中旬方见秋意。受海洋性气候影响，本区夏季气温高而无酷暑，在气温最高的7月，日平均气温28℃，日最高气温≥35℃的酷热天数，每年在3天以内。本区冬季时间短，一般在每年12月到次年1月。这一段时间里，本区受冷空气控制，降水量小，气温相对较低，但极少有严寒。最冷的1月，日平均气温仍＞13℃，高于气象学以日平均气温≤10℃为冬季的标准。到2月，雨季开始来临，气温回升，草木勾萌，虽然仍有寒流的威胁，但已经是一派生机勃勃的南国早春景象。

第二，降水集中雨量多，台风频数雨势猛。本区年降水量在1300毫米~2200毫米，雨量丰沛。受地形影响，区内降水量分布稍有差别，沿海少于内陆，平原少于山地。沿海的南澳、饶平、澄海年降水量1400毫米上下，潮汕平原中心的潮安、潮阳、揭阳年降水量1700毫米左右，而地处莲花山脉东南麓迎风坡的揭西、普宁年降水量接近2200毫米。暴雨是本区常见的降水形式。本区一般年份年内日雨量

≥50毫米的暴雨日数，沿海 6天，山地近11天。普宁市（1993年以前为县）曾经有过日降水量 619毫米的强暴雨记录（1965年 5月 5日）。本区的降水，明显集中在夏季，4~9月的降水量占全年的80%以上。其间，受东南季风的影响，在初夏的五六月，常常有久雨不晴的龙舟水；盛夏的七八月，又常常有来势猛烈的台风汛。台风在本区登陆的频率不高。根据中央气象局统计，1949~1978年这30年，在我国登陆的台风共276次，其中在广东登陆88次，平均每年2.9次；而在本区登陆的台风，根据王琳乾《潮汕自然地理》的统计，这30年中只有15次，平均每年0.5次。但是，对本区有影响的台风，每年都有3~4次，有些年份，如1961年、1971年，多达5~6次。龙舟水和台风雨给江河带来两个汛期。由于雨量年际变化比较显著，加上榕江、练江和进入本区之后的韩江，河床比降小，多雨年份，汛期容易决堤；如果遇到潮水顶托，又会造成沿海平原的涝灾。不过，伴随台风而来的暴雨，也使本区在夏天能够缓解酷暑，消除旱情。

潮汕地区北部群山绵延　沈志浩摄

⊜ 一万年来潮汕地理环境的变化

上面一节，我们对潮汕的自然地理作了简要的描述。这种地理环境的状貌，是长期演化的结果。这种演化有一个数十亿年的相当悠久的历程，而对于我们的研究来说，大约从距今1万年前开始的、全新世时期的自然地理环境演变，才具有真正重要的意义。

一方面，全新世以来自然界本身的演变，对人类社会的发展有着深刻的影响，这种影响直到今天仍然在继续着。另一方面，这一时期的人类生产活动加速了自然环境的变化。随着社会生产力的不断进步，人类在自然地理环境的演化过程，扮演着越来越重要的角色。人类通过生产活动，改造着自然地理环境的面貌，促使人类自然环境的形成。在这一节，我们将从这互为因果的两个方面，描述1万年来潮汕地理环境的变化。当然，我们将更加注重后者，因为正是人类活动，在自然界演化的背景上面，添加了或浓或淡的文化的色彩。

气候

全新世自然环境的变化，气候是相对比较活跃的一个因素。在这一个时期，最后冰期已经结束，全球气温回升。根据韩江三角洲典型剖面的孢粉分析，距今9000~6000年，本区气候由温干变暖湿，大约在距今5000年达到高峰，年平均气温比现代要高2~3℃，气候热湿，与今天热带常绿季雨林相似。 这种湿热气候一直到距今3000年前才结束。其间也有幅度不大的波动。距今5000年后，气温有所下降，大约到距今4500年前后，温干气候特征明显，本区沿海有贝壳堤生成；在距今3500年前后，又有较热湿的气候；接着，气温再次下降。距今3000~1900年（西周中期~东汉初），气温较前期稍低，但分析显示，木本花粉中热带树种占50%，可见气候仍然相当温暖，但比较干燥，气温大概略高于现代（被联合国教科文组织列为潮湿热带自然保护网之一的广东鼎湖山，在现有的1291种植物中，热带植物占56%）。其间，西周时期（距今3000~2800年）在我国出现的第一冷期，对本区的影响似乎并不大。距今1900~1500年前后（东汉初到南北朝），全国进入第二冷期，孢粉分析显示木本花粉中热带树种只占32%，说明这一段时间里，本区气温比现代略低，不过仍然是暖湿气候。距今1400~1040年的隋唐时期，本区的气温回升，稻谷可以再熟，鳄鱼、野象活动见诸记载；雨量也多。公元819年韩愈刺潮，6月因为"淫雨将为人灾"，有《祭城隍文》，年底又因为淫雨妨害稻蚕收成，有《祭大湖神文》。当时气候，比现在要湿热。北宋初（960)开始，本区气温下降，雨量比前期少。咸平三年（1000），陈尧佐以潮州通判权知惠州，教州民种麦，获得丰收。元丰间（1078~1086）欧阳直卿任惠州推官，还因河源县盛产麦子，让百姓用实物输赋。惠州与潮州毗邻，可知当时，本区气候较今干冷。到南宋初（距今700年左右），本区气温仍偏冷，雨量偏多，比较潮湿。这一时期韩江三角洲孢粉分析的结果是，喜湿的蕨类占孢粉总量的86.7%，而热带树种只占木本孢粉的10.4%。不过，这时本区还有野象出没，据《宋史·五行志》记载，宋孝宗乾道七年（1171）"潮州野象数百食稼，农设阱田间，象不得食，率其群围行道车马，敛谷食之，乃去"，可见还是温湿气候。宋元之间，气温稍高于现代，但时间较为短暂。明清两代，潮汕的长期气候状况，温暖而比较干燥。在明代正德嘉靖时（16世纪前期）、清代顺治康熙间（17世纪末到18世纪初）和光绪时（19世纪后期），有三个冷期，地方志上记录着本地陨霜降雪的气象，大体与世界性的"小冰期"相应。这一时期的年平均气温，略低于现代，降水量也较少。

海岸线与江河的变迁

海岸线与江河变迁受构造运动、气候和人类活动等诸多因素的影响。构造运动在这一时期变化的绝对幅度不大，对本区地貌的变迁影响力较后两者要小。

唐代以前，本地区人口不多，人类活动仍不足以使本区的地理环境发生太大的变化，海岸线与江河的变迁，主要取决于气候因素。在最后冰期结束后，海平面发生世界性的迅速回升。距今10 000~8000年，海平面仍低于现代海面11米，本区许多沿海岛屿，包括南澳岛在内，此时都与大陆相连。南澳象山发现的古人类遗址，与距今10 000年上下的闽南漳州文化，属于同一类型，当时两地交通，应未有海洋的障碍。在距今6000~5000年时，和气温的高峰相应，出现高出现代海面3~4米的最高海面。本区海岸线逼近凤凰山、桑浦山、大小北山和大南山边缘，现代的潮汕平原，还是波光粼粼的海湾。潮安陈桥贝丘遗址以及年代与之接近的潮安石尾山、澄海内底、梅陇等贝丘遗址，就分布在离海岸不远的低丘台地上。此后随着海平面的升降波动，本区的海岸线也有推进和后缩的变化。例如，距今5000年以后，海面下降较快，距今4500年前后，在现代韩江三角洲中部第三列岛丘前沿有贝壳堤形成。到距今3500年左右，出现第二次高海面，海岸线内缩，年代与此相当的潮安梅林湖贝丘遗址，就位于贝壳堤内。这一次海侵的时间比较短，在距今3100~2500年，海岸线又重新回到先前贝壳堤的位置。由于气候较热而湿，江河的径流量滂湃，给韩榕练三江的三角洲平原带来大量的泥沙供应。经过距今2000年左右的第三次海进之后，韩江三角洲平原的面积有了较大的扩展，海岸线已经推进到贝壳堤外的南畔洲、涂城、槐泽、澄城一带。榕练二江三角洲大致已经扩展到接近于现代三角洲的范围，河口的海岸线则仍依着在桑浦山和小北山边缘的低丘台地附近。但是，此时三角洲的高程还低，江河在三角洲内泛流，河道尚未定型。在距今1900~1000年（东汉初到唐末）的较热湿气候阶段，本区及韩江中上游山区雨量丰足，洪水经常泛滥。旺盛的泥沙堆积，加快了三角洲的成长，原来的沼泽低地淤高成为平原，开始出现定居点。河流在多次分汊改道之后，河道两旁发育了天然堤。三角洲前沿海岸线向前推进的速度减慢，海水沿河上溯，可以深入三角洲的腹地。公元819年韩愈贬潮，诗人贾岛《寄韩潮州愈》诗中有"海浸城根老树秋"之句，可见当时潮州城下，仍是感潮区。在练江口，潮阳东山和海门山之间，还有一个面积很大的内海湾，被称作"大湖"。

宋代以后，本区人口迅速增加。地理环境的变化，受气候和人类活动的双重作用影响。两宋（距今1000~700年）前期，气温低于隋唐，气候也比较干燥。江河径流量不及隋唐时期，河床开始淤积，有一些支流因为流量不足而干涸，例如韩江平原上部的古潮州溪，就是在北宋前期湮塞的。但是，汛期的洪水仍然足以冲决天然堤，引起泛滥，在三角洲上部形成较高高程的冲积扇平原。特别是到了南宋，气候又变多雨潮湿，河水泛滥更加频繁。这一时期，定居于韩榕练三江平原的居民开始兴建堤围。束水归槽，大量泥沙被洪水输出河口。韩江三角洲前缘海岸线有较大幅度的推进。榕江河口开始出现滩涂堆积。练江河口的"大湖"缩小，练江的径流量增加，湖水变淡，海潮上溯能力减弱，到南宋末，和平桥下的蚝场因为水质淡化而废弃。明清时期（距今600年以来），与气温降低的长期趋势相一致，气候也明显比两宋干旱。由于本地人口剧增，潮汕平原得到大规模的开垦。

而气候干燥，江河径流量减少，河床的泥沙沉积加剧。榕练二江挟沙量小，对河道影响不大。韩江上游开发程度较高，毁林垦荒，导致水土流失，河道逐渐淤积。洪水为害日见严重，防洪堤岸的修筑也日益牢固。在人工堤围的压缩下，更多的泥沙被冲到河口，沿海堆积。气候因素加上人类活动，使得韩江三角洲平原的河流在这一时期基本定型。潮汕平原前缘的海岸线又向前延伸。到清末，韩江口的海岸线已经推进到北溪口的月窟、银砂，东溪口的北港，外砂河口的南港，新津河口的吉贝陇一带。海岸线之前在低潮期还有大片滩涂露出。榕江口自炮台、灶浦以下至地都光裕、西胪桑田，牛田洋东西两侧已经围垦成田。练江口内海湾收缩得更小，北岸在梅花村、金浦、古帅一线，南岸在古埕、平湖、凤洲、古汀一线。乾隆以前，潮阳东山还多登临观海的石刻，到清末，东山前方，沧海已多变为桑田了。

第二节　潮汕的自然资源及其利用

虽然我们强调地域文化的形成，不可避免地要受到地理环境的制约和影响，但是我们决不认为这种影响是决定性的。因为在人类和自然互相改造的过程中，人终究是主动者和决策者，而不是环境的奴隶。人们总是不断地改进生产工具，革新生产技术，改善生产方式，使自己能够最大限度地利用地理环境所提供的各种自然资源。共同的经济生活因此而产生，这正是文化生成的坚实基础。基于这种认识，我们在讨论地理环境对文化生成的影响时，更加注重自然资源这一具有经济意义的因素。

这一节，我们将探讨潮汕地区自然资源的基本情况，着重讨论在各个历史时期这些资源如何得到利用，而对潮汕文化的形成产生什么样的影响。

⚊ 动植物资源的利用

本地区的动植物资源，因气候的变化和开发程度的深入而变化，在不同的时期并不一样。本地区的地质、考古资料和文献记载都给我们提供了这种变化的证明。

本地区地处热带北端，植物资源丰富。根据成就卓越的生物学家吴修仁老师长期调查的结果，本地区当代已经鉴定的植物有 1976 种，分隶 241 科，远比韩江三角洲典型剖面的孢粉分析所得的植物种属多。进入全新世以后，本区虽然也受气候波动的影响，但基本上都呈现着热带自然景观。常绿季风阔叶林分布极广，林中层次较多。上层乔木多喜暖的樟、柯、栲、栎、枫香等树种，下层乔木多榕、榆等树种。乔木下面是灌木丛，如杜英、山矾等，夹生棕榈、竹子、树蕨等大型草本植物，有较多的热带成分。林中藤本作物纵横缠绕，寄生植物、腐生植物、蕨类植物很多，闭郁度高。三角洲的沼泽低地，长满小乔木、灌木和莎草。沿海沙陇，生长着耐干旱的露兜丛和各种茅草。海湾、河口的盐土滩，有终年常绿的红树林。

本区的植物资源，很早就被人类在衣、食、住以及工具制作等各方面加以利用。

在全新世前期，人类对植物性食物资源的利用，开始从采集经济向栽培经济过渡。以考古学家和人类学家对中国南方和西南少数民族的研究类推，在本区，最先被利用来作为食物并加以栽培的植物，是山芋和薯类。至于水稻和其他禾本旱作，至今我们尚未在本区西周以前的考古遗址中发现它们的踪迹。在本区浮滨类型文化遗址中发掘出来的容量较大的大口尊，可能就是用来贮藏谷物的。而普宁后山遗址出土的刻槽搓磨器，也可能用来碾磨谷物。不过，我们仍然不能肯定当时的谷物来自采集还是来自培植，因为碾磨本来就是采集经济的一种技术基础。或者就像考古学家所指出的那样："长年炎热多雨的热带地区植物终年都能生长，人们随时都可以直接从自然界获取食物，没有培植谷物的迫切需要，所以谷物农业在那些地方反而发展得较慢较晚。"（严文明：《中国稻作农业的起源》）在本区发现、发掘的春秋到汉晋的文化遗址中，仍然未曾发现谷物。这则是因为谷物在考古遗址中的发现，往往带有偶然性；而本区的考古发掘，从未使用过"漂浮法"技术，要发现谷物也就更为困难。但是，汉晋以来本区稻作农业的发展却是毋庸置疑的，到唐代，稻作农业成为本区居民的主要食物来源，已经见诸文献（韩愈：《祭大湖神文》）。随着本区人口的增长，稻作的面积不断地扩大。从南洋引种的甘薯在明代以后对缓解本区的粮食短缺，起了相当重要的作用。

某些植物则被利用于编织衣裙，以抵御风雨寒暑。早先是采集野生的苎、葛的表皮，还有柔韧的棕榈皮叶和莎草，后来有从野生种属中培养出来的可栽培的苎、葛新品种，以及从外地引入的木棉、菠萝麻等新种类。

木材很早就被用作建筑材料。年代最古老的例证，有揭阳蜈蚣山和普宁牛伯公山发掘出来的古人类居住遗迹。这两处遗迹都属于浮滨类型，年代在商代中期到西周早期。遗迹清理出直径在15~35厘米之间的柱洞，从这些柱洞可以推测，浮滨人利用小乔木的枝干，来做居住棚寮的支柱。随着生产力的进步，高大的乔木也被利用了。揭阳新墟九肚村发现一处晋代建筑遗址，全体用巨木砌成，四壁用木高3米，共15段，屋顶用木长7.5米，共5段，每段木头加工后的断面都是1.5米见方。巨型的木材还被用来造船。揭西县金和镇和石湖港出土的独木舟，长10.7米，外宽1.3米，内宽1.1米，深0.8米，是用整块大樟木凿成。一直到20世纪中叶，草木仍然是本区使用于生产和生活的主要燃料。

对植物资源的不断开发利用，特别是栽培作物的驯育和引进，意味着本地区居民与群落生态环境之间关系的变化。为了开垦土地种植某种作物，有必要清除原来生长在这块土地上的另外一些植物，以保证土壤的肥力和养分的利用。达到这个目的的最有用的手段是使用火。与生活在中国南部热带地区的许多少数民族一样，本地区的原住民在原始的农业开发中，可能采用了"刀耕火种"制度。他们用火将树木、灌丛和杂草焚烧为灰肥，将作物种下。等到这块土地肥力耗尽，就让它抛荒休耕，又用同样的方法去垦殖另一块土地。

于是，本区植被的性质发生变化：被开垦的土地上，人工植被代替了原始植被；而抛荒地草木渐长，形成次生植被。汉晋以来的建筑业、宋代以来的造船业，使刀耕火种后留下来的巨型乔木砍伐殆尽。唐宋以来兴旺的陶瓷业和煮盐业，耗费了大量的草木做燃料。到当代，本区的原始植被几乎完全消失。在山地和丘陵，是次生的灌丛草坡和人工栽培的茶园、用材林，林龄偏幼。在平原和台地，全是人工栽培的果林、经济作物和粮食作物。由于近数十年的围垦，滨海泥滩上的红树林已经绝迹，而海边沙垄上，人工栽培的防风林带苍然挺拔。

对于本地区，动物资源的利用也是文化演进中一个不可忽视的重要因素。

　　根据吴修仁老师的调查，本区当代常见的经济动物，有家畜野兽20多种，蛙蛇龟鳖近20种，鱼类137种，贝类41种，鸟类44种。古代的动物资源应该比当代更加丰富。宋代以前，气候较为温暖，本区还有典型的热带动物资源。山林里，有野象，颜色青黑，牙小而红。江河里，有湾鳄，锯齿钩尾，长喙牛身。明清时期，虎患的记录，仍常见于地方志书。在20世纪五六十年代，本区的次生山林草坡中，狐、狸、豺、獾、小麂、野猪，都保存着一定的数量，华南虎、云豹、水鹿等珍稀动物也还出现过；平原谷地的农田里，蛙类、游蛇随时可见；浅海泥滩，留居的鸥鹭、过往的候鸟成群结队觅食。由于生态环境的变迁和长期的人工捕杀，目前，本区野生动物基本上失去生存条件，极为罕见。而人工养殖的经济动物，种类不断增加。

　　在新石器时代的早中期（距今10 000~4000年），丰富的动物资源无疑为本区的原住民提供了很广的食物谱系。特别是过了夏天，植物性食物因为季节的关系开始枯竭，动物就成为他们食品的主要来源。在本区已经发掘的这一时期的考古遗址中，有牛、鹿、猪等兽骨，各种鱼骨、龟鳖甲和大量的贝壳出土。新石器时代中期（距今6000年前后），本区的居民似乎已经有了畜牧业，潮安陈桥遗址出土的大量牛骨、猪骨显示出这种迹象。但是，我们还不能断定，这些家畜是利用本地动物资源驯化，还是由外地引入。

　　狩猎畜牧之外，河沼海滩里众多的鱼虾贝类是更容易获取的食物。按当时的人口数量，本区的水产资源几乎是取之不尽的。就是在新石器时代晚期（距今3000年前后）以后，农耕成了本区主要社会经济门类，水产品仍然在本区居民的食谱中占着很重要的位置。正因为水产资源的丰富，本区的水产养殖一直等到明清以后才慢慢发展起来。

　　本区居民喜食野味、海味，唐宋以来，文献记载不断。韩愈的《南食诗》虽然不一定是在潮州写的，但一席之间，鲎、蚝、蒲鱼、章鱼、江瑶柱、蛙蛤、游蛇，腥臊异味纷呈，也能反映出当时潮州宴席饮食的风格。宋元丰年间，彭延年隐居揭阳浦口村，作《浦口庄舍》诗五首，第四首写道："浦口村居好，盘飧动辄成。苏肥真水宝，鲦滑是泥精。午困虾堪脍，朝醒蚬可羹。终年无一费，贫话足安生。"可见北宋潮人日常家居饮食，喜欢用鱼虾贝类做菜。诗中提到的虾脍，也称虾生。鱼虾贝类的生吃，在本区有十分久远的传统，并且直到今天还非常流行。对于外地人来说，这简直是蛮荒的异俗。外地职官在编写潮州地方志书的时候，总要为这种异俗添上一笔。清代乾隆四十年（1775）纂《潮州府志》风俗篇就记载："所食大半取于海族，故蚝生、鱼生、虾生之类，辄为至味。然烹鱼不去血，食蛙兼啖皮……尚承蛮徼遗俗。"生吃鱼虾脍，大概是本地饮食习俗特别奇异的例子。不过，动物资源特别是水产资源的丰富，以及本区居民长期以来利用这些资源作为食品，的确形成了本地区饮食文化鲜明的特点。

海湾拉网捕鱼　陈利江摄

● 土壤资源、水资源的开发利用

本区土壤资源和水资源的开发利用，是随着本区历史的发展和文化的演进而不断扩展的。反过来，土壤资源和水资源的开发利用，对于本区历史的发展和文化的演进，又有着很大的影响。

本区土壤的总面积共1178.63万亩，占土地面积的75.96%。土壤的成土母岩多数为花岗岩。在本区热湿的气候条件下，母岩风化过程受到强烈的淋溶作用，硅酸盐分解淋失，铁铝的氧化物明显积聚，形成红色风化壳。土壤层就发育在红色的风化壳上面。

本区土壤类型多样。主要的土壤类型，有分布于山地丘陵的砖红壤和赤红壤，分布于三角洲平原的沉积土与滨海地带的冲积风积沙壤。本区高温多雨的气候，使山地丘陵植物生长茂密旺盛，在自然植被条件下，砖红壤和赤红壤表层有机质积聚，含量可超过4%，肥力较高。平原地区的原生沉积土，因土质的不同，有机质的含量在1.5%~2.5%，肥力中等偏低。海滨的沙壤，保水保肥的能力极差，十分贫瘠。

本区土壤资源的开发利用已经有很长的历史。在这个历史过程，人为因素和气候因素交互作用，使各类土壤的肥力有着不同的变化。

新石器时期，农耕活动首先是在小河谷两边的低丘台地开始的。覆盖着这些低丘台地赤红壤土层深厚，植物长势旺盛，往往使人产生土地肥沃的印象，而忽视这种土壤肥力容易受损的性质。特别是在采用"火种刀耕"的原始耕作方式的情况下，自然植被除去以后，高温潮湿气候条件刺激而产生的细菌作用，导致土壤中的有机物质迅速分解。土地肥力很快降低，作物收成随之减少，于是，人们不得不将耕地抛荒，重新择地开垦。虽然次生植被会在一定程度上恢复土壤的肥力，但早期农业开发中采用的耕作方式，已经使土地的肥力受到损伤。现在，本区赤红壤中的有机质一般在2%左右，全氮含量多少于0.1%，有效磷钾缺乏，很大程度上是人工垦殖的结果。在农业社会，土地的肥力对一个地区的人口密度有很大的影响。由于红壤在本区暖湿气候条件下肥力容易减退，靠作物的种植来维持生活相当艰难，在韩、榕、练三江平原开发之前，本区人口不可能有迅速的增长。

平原地区土壤资源的开发很大程度上依赖于水资源的利用。多雨的气候和韩江等过境江河，为本区带来丰富的地表水资源。但是，本区的降水集中在4~9月，而江河的水位又同降雨状况有着相当密切的关系，一年之中，径流量差异极大，夏天汛期，径流之大，两岸间不辨牛马，冬天旱季，河床或至于干涸。这种特点，使水资源的利用比较困难，特别是生产水平尚低，人们还没有很好掌握水利工程技术的阶段。对地表水不能有效控制，也就难以解决土地开发以后的灌溉问题，实际上，平原地区土壤资源，一直等到唐宋以后才真正得到开发。

本区平原沉积土壤的开发，首先是从榕江练江上中游和韩江三角洲上部开始的。在这些地段，河床较低，早年河水的泛流，又使河道两旁形成天然堤，汛期不易泛滥，旱季便于引水，土地的开发、作物的栽培收获，都比较有保证。到北宋，这些地段的定居人口已经有了足够的增长。定居人口的增长，为平原地区进一步开发提供了劳力。南宋以后，大量移民逐渐进入韩、榕、练江平原，海堤和江堤陆续修筑完善，并配套了用以引水排水的涵闸。这样，洪水咸潮被阻挡于堤围之外，又通过涵闸而得到控制与利用，平原的土地就能够大规模开发了。经过长期的水旱轮作、改土施肥，原来肥力中等偏低的沉积土壤，熟化成为水、肥、气、热各种性能协调的高产水稻土。

韩江三角洲农业景观　谢泱摄

　　自宋代开始，本区的粮食生产水平，已经接近江浙高产地区。明清以后，韩、榕、练江平原地区粮食产量之高，在全国是首屈一指了。粮食产出丰足，因而有可能养活稠密的人口，促进本区其他行业——陶瓷业、纺织业、运输商贸业等发展，从而导致本区的经济模式、社会结构以至聚落景观的一系列变化。可以说，平原地区的土地开发和土壤肥力的改良，对于本区文化演进的推动作用是十分引人注目的。

三　矿物资源的利用与工艺技术的发展

　　潮汕地区的矿物资源。矿物资源总是与岩石择类共生。本区的岩石除了少部分片麻岩、角岩、石英状细砂岩和黄色粗砂岩之外，火山岩、流纹岩和花岗岩等酸性火成岩所占的比例达到90％左右，与火成岩伴生的矿物，主要有锡、钨、银、铅、铜、铁等有色金属和蕴藏量极大的高岭土。

在本地区的开发过程中，这些矿产资源大多得到利用。

和所有人类文明的进程一样，本地区的历史文化，也是在几块小小石头的敲击声中开始的。岩石，是经常被利用的矿物。在史前期，那些结构单一、硬度较高、易于形成薄片的石质矿物，如燧石、矽质角岩、硅质岩，首先被用来制作工具。在距今8000年以上的南澳象山考古遗址，考古工作者发掘出几十件用燧石和石英砂岩制成的细小石器。本区的原始居民，利用当地的石料，打制成这些小型的刮削器，来剖开在海边滩涂获取的鱼和贝，作为食物。石质工具的制作和使用一直延续到历史时期。即使在铜、锡和铁的冶炼技术已经被人们掌握之后，石器也没有被完全废弃。在揭阳中夏村东周墓葬群，同时发现青铜器和石器。距今2000年左右的澄海龟山汉代遗址，既有铁器出土，又有砺石和残石器出土。

高岭土也是经常被利用的矿产资源之一。从象山遗址开始，高岭土就被人们用来制作陶瓷器物，一直到现代，还是如此。

商代中晚期的饶平顶大埔浮滨类型文化遗址，有青铜戈出土。这是本区年代最早的青铜器，但是，我们还不能断定，这件武器是本地所铸造。本区缺少富铜矿，不过，铜的蕴藏量在生产规模不大的时代，仍然具有开采价值。我们相信，一旦青铜冶炼技术从周边地区传入，本区的原住民就会开始利用本地的铜矿资源。这个时间不会晚于战国。从揭阳云路战国墓所出土大批量青铜器的情况推测，当时本区应该有了青铜冶炼工厂。

锡矿和铅矿的利用，年代也很早。揭阳云路战国墓与铜箭镞一起出土的，有7个锡（或铅）箭镞。本区锡铅矿藏丰富，这两种金属的熔点低，冶炼的温度要求远没有炼铜那样高，开采利用应该比较容易。

从宋代到清代，本区的铅锡矿有较大规模的开采。宋代文献记载，本区有银矿铅矿并生的丰济银场和横街、黄岗、锦田三个锡场。近年，揭阳车田等处在文物普查中，也发现宋代矿场遗址。在本区，锡矿的开采经久不衰，一直延续到现代。长期利用，使本区的工匠在锡铅器皿的制作工艺方面，有很高的水平。潮州出产的铅锡器享有盛名。

本区年代最早的铁器出土于澄海龟山汉代遗址。在这个遗址还发掘出制造铁器的过程留下的铁渣，但是，没有发现炼铁的遗迹。从本区晋唐以后墓葬遗址出土的器物观察，铁器已经在日常生产和生活中经常使用。而利用本地的铁矿冶炼为铁，却等到明代才见诸文献记载。清代，本区的揭阳、饶平、南澳等县共有几十座铁炉。揭阳地都铁场山等处，冶炼场所遗址尚存。

矿物的利用在本地区的文化演进方面有着重要的意义。

首先，矿物被用于制作工具，推动了生产力的进步。石器在很长的时期里，是本区原住民改变环境、改善生活条件的主要工具。从用来剖开贝壳、刮剔贝肉的细小石器，到用来砍斫树木的石斧，用来挖掘土地的石锛，各种石质矿物资源，从质地良好的燧石、水晶、石英质细砂岩，到质地较差的板岩、粗砂岩，都被利用了。在这个过程，本地区的文明，走过了从采集、狩猎，到农耕的漫长岁月。由于金属工具的使用，本区居民能够更充分去开发自然资源。参天的原生乔木被采伐，巍巍的花岗岩石被开凿，随后，建起一座座木架房屋，造出一艘艘小舟巨舰，石板桥横跨江河，石塔高耸云天，文化景观取代了自然景观。

其次，蕴藏量大、品质优良的矿物资源的充分开发，造就了本地区的优势行业和优质名产。瓷土的利用是最显著的例子。韩江流域多产瓷土，瓷器生产有很悠久的传统。本区的瓷器生产至迟从唐高宗仪凤年间（676~679）就开始了，潮州市的南郊和北郊发现的唐代瓷窑遗址，已经有一定的规模。北宋是本区瓷器生产最发达的时代，笔架山麓的大龙窑，长度在 100 米上下，估计每窑至少可以烧制瓷器20万件！北宋以后，本区的陶瓷业除了在改朝换代地方动荡的时期，有过暂时的衰退之外，一直是本区从业人口最多、产品外销量最大的手工行业。宋代笔架山窑的瓷器，使用了刻花、剔花、印花、贴花、堆花等多种手法，工艺丰富多彩，产品中佛像、人像、小动物等工艺瓷，占有很大的比例。工艺美术瓷器制作的传统，被本区陶瓷业的师傅们继承下来，发扬光大。直到今天，美术瓷仍然是本区陶瓷业的名产。

第三节　潮汕地区地理景观的历史变迁

景观指人们对某一地域环境的所有感觉和印象的集合。它是自然环境和人类活动的统一体，或者说，是人类活动累加在自然环境上面的文化印记。在一个地域社会历史的发展进程中，随着人们对自然环境的不断开发利用，景观总是持续地迭换着，显示出这一地区文化演进的情况。实际上，在第一节里，我们在探讨本地区自然环境演变的过程中，对景观的历史变迁已经有所讨论。在这一节里，我们将变换一个角度，比较系统地描述本地区地理景观历史变迁的概况。

一　纪元前本区地理景观的变迁

下面，我们所描述的是，中原汉文化直接进入本区以前，也就是本区始建制而统属于中央政府之前的景观变化。我们几乎不可能获得有关这一阶段本区历史的可靠文献，某些地方志书上的点滴记载，大多不过是揣测之辞。我们只能借助数十年来本区的考古发现进行描述。其间免不了要有逻辑上的推断，不过，我们严守着先贤"于其所不知，阙如也"的教诲，力求摒除远离事实的臆想。这一阶段历时相当漫长，我们将它分成两个时期来描述。

新石器时期（距今3500～8000年以前）

近几十年来众多新石器时代文化遗址的发现和发掘，使我们有理由相信，在这一时期，本区已经有了十分活跃的人类活动。

距今3500~8000年以前，今天的韩江三角洲平原还是古海湾，在古海湾沿岸和岛屿上，本区的原始居民选择一些临海的低丘台地，例如潮安陈桥沟北、塔下石尾山，澄海内底和南澳象山——做营地，这些低丘台地一般高出水面10米左右，背面有林木茂密的高丘陵作为屏障，距离营地不远的地方有小河流或者湖沼可以汲水。原始居民在营地附近的山林里采集可以食用的植物嫩叶和果实，用石铲石锛挖掘芋、薯的块茎，用石戈骨矢猎狩鸟兽。他们把被驯养的猪和牛放育在山麓草坡上。他们借助原始的独木舟在海湾中捕鱼、拾贝。海边礁石上盛产的牡蛎，更是他们重要的食物。为了把这种鲜美的食品从坚硬的蚝山中挖出，他们制造出名为"蚝蛎啄"的工具。日月更迭，年复一年，营地附近的贝壳竟然堆积如山。

离海稍远的丘陵地带，在榕江、练江、龙江的上游和小支流附近的小山冈上，分布着另外一些居住营地。这些营地一般建立在距离河面10~30米的山顶的平台或凹地上，周围有更高的山峰围绕着，向阳而避风。在一些河谷或小盆地，营地比较集中地分布，形成颇具规模的聚居区。例如，在练江支流金溪河中游，方圆 2.5平方千米的范围内，本区的原始居民至少建立了10个营地。他们在这些营地生活了相当漫长的岁月，从狩猎、采集过渡到半农耕社会。营地中有用竹子和茅草搭起来的遮风避雨的棚寮，有制陶用的小型窑穴，居民们利用营地附近的瓷土和柴草，烧制陶器。金溪河就从营地前面流过。河谷的开阔处，河水潴秧在低洼地段，成为小沼。河流附近有些台地已经开垦，种植起山芋、薯类和旱稻；在能够引水的低地和池沼近岸处，也点种下适合水耕的原始稻种。到距今3500年的新石器时代晚期，在上述地带，已经呈现着一派农耕文化景观。

这一时期，本区和浙闽、珠江口之间，沿海交通开始发展起来。交通的发展带来了本区和东南沿海原始居民之间的文化交流，石器和陶器风格方面的某些雷同，就是这种交流的结果。

青铜时代（距今2100～3500年前后）

这一时期，大约从商代中期延续到西汉前期，可以分成前后两个阶段。

前一个阶段（距今2800~3500年前后），在粤东和闽西南地区，共存着一种被考古学界称为"浮滨文化"的考古学文化，我们倾向于把这种文化所覆盖的区域视为一个小方国（饶宗颐《从浮滨遗物论其周遭史地与南海国的问题》）。在这一个阶段，本区除了继续保持着同东南沿海地区的文化交流之外，在交通方面由于韩江上游汀江赣江通道的打通，通过江西为中介，同中原商周文化开始有所接触。饶平顶大埔出土的青铜戈，就是这种接触的物证。本区开始进入青铜文化时代。虽然在本区以外的一些浮滨文化遗址中（例如福建南安大盈寨山墓葬），出土了数量较多的青铜器，包括一些青铜工具；但是，这一阶段，本区的青铜文化并不发达，已发现的遗址中，只有少量的青铜兵器，石器仍然在生活和生产中大量使用。

这一阶段，本区的原住民生产和生活方式基本上与新石器时代晚期相同。但滨海地带和诸江河中上游和支流河谷盆地的开发面积比新石器时代晚期扩大了。大型陶器和酒器的出现，说明了粮食生产已经有较大的规模，农耕文化景观越发突出。迁移式的耕作方法，在已开发地区造成一些废弃的居址和耕地，并在若干个雨季之后，滋育出次生的丰草长林。植被没有破坏。

后一个阶段（距今2100～2800年），本区经梅江与东江、北江上游地区的交通联系也建立了。公元前355年楚灭越后，有部分越国人沿海路向南迁播，给闽粤地区带来了更为先进的文化。结果，在本区持续了几个世纪的浮滨文化，戏剧性地突然销声匿迹，一种几乎覆盖着整个岭南地区的新的文化类型取代了它。这种新的文化类型以大量越式青铜器和夔纹陶为特征。在本区，这一阶段的青铜器、印纹硬陶和原始瓷器，明显有越国文化的影响。

这一阶段，南迁越国人传播的先进稻作技术对本区的景观产生了很大的影响。由于石器中犁、锄、铲、大型锛等农具和青铜农器的使用，稻作农业的经营规模大大超过前一阶段，榕江中游出现了稻作区。原始的水稻点种耕作制度，也被火耕水耨制所替代。耕作制度的进步，使已经开垦的土地能有更多的产出，定居生活稍有保证。于是，本区的原住民开始建立比较大型的固定聚居点。粮食供应稍为充足，手工制造业也就得到更快的发展。烧陶窑场的规模扩大了；石器制作工场逐渐萎缩，取而代之，从事铜锡铸造的作坊开始出现。与此相应，人们开采瓷土、矿砂为原料，刈草伐木做燃料，郁闭的山林自然环境也留下人类活动的印痕。这一阶段，在本区的景观方面也许有一点值得提起的，那就是军事气氛的浓烈——近年来出土的众多青铜武器，便是明证。

秦王朝对岭南百越之君的征服行动，似乎未曾波及本区——至少在今天，尚没有十分确凿坚实的材料，可以证明秦人已经到过本区。秦末汉初，南越国自立于岭南，南越的君主赵佗原来是南征的秦人，居南土日久，在文化上已经越化。故其时本区虽属南越辖土，而地处边境，景观上并没有很多变化。

⚫ 纪元前 1 世纪至公元 10 世纪本区地理景观的变化

汉武帝元鼎六年（前111），汉平南越，岭南地区进入了国家版图。从这一时期起，汉文化直接进入本区，本区开始有了隶属于中央政权的县郡建制。汉文化的输入，必定造成本区地理景观的变化。但要对这一时期的景观变化进行具体的描述，仍然是一件相当困难的事情：可能获得的有关这一阶段本区历史的文献资料，依然不多，而这一个时段的考古发现甚至比前一时期更少。下面的描述，也只是在忠实于材料的前提下，尽力而为之。这一节，仍分两个阶段来描述。

汉晋南朝时期（前111～600）

来到本地区的中原移民渐渐增加，本地原住民汉化程度也越来越深。本区的人口仍然稀疏，生产力水平与前一时期相比，进步缓慢。农业开发所利用的土地仍以台地、低丘和山间盆地为主，稻作农业占有较大的比重。在榕江、练江中上游和韩江中游河谷地段，有较为集中的聚居点。丘陵和山地依然草木丰茂，生活着水鹿、猪獾等食草动物。沿海，盛产鱼虾贝类。这些都成为居民们猎取捕获的对象。在本地居民的食谱里，肉类，尤其是鱼虾贝蚌，早就是不可缺少的副食。汉人的移入，为本地区带来了全新的建筑形式。在韩江东溪出海口附近，龟山之麓，新居民利用低矮山岗，平整了几级平台，营造起三合院型的汉式建筑，梁架结构，夯土墙，瓦顶，高敞堂皇。汉式聚落景观的出现，是这一时期本区地理景观上最大的变化。

晋室东迁，又有中原移民进入本地区，这也必然会引起本区的地理景观的变化。由于资料缺乏，我们的描述只能付之阙如。唯一可能指出的是，东晋末，义熙九年（413）分东官郡（郡治在今天深圳南头）立义安郡，这是本地区设州郡一级建置的开始。义安郡领五县，众多的郡县建制，一定会造成聚落景观方面的变化。

唐五代时期（600～960）

唐代，潮州开发程度还是很低，生存环境仍旧恶劣。韩江三角洲许多地方还没有淤积成陆。山林茂密，野象成群。韩江和梅江鳄鱼出没，被称作恶溪。中原移民对本地高温多雨的热湿气候，很不适应。一直到晚唐，潮州都是有罪官宦的贬斥地。大历末（779），常衮贬潮州，《谢上表》上有"慰抚海隅，少安疲氓"之语；到元和十四年（819），韩愈贬潮州，《谢上表》也仍然说这里是"飓风鳄鱼，患祸不测""毒雾瘴气，日夕发作"。

但自从常、韩贬潮以后，本区恶劣的地理景观开始有所改善。由于北方战乱不断，中原人民纷纷又南迁，移民浪潮波及潮州，使本区人口数量较快地增长，经济开发程度也有所改观。水稻成为最重要的农作物品种，韩江三角洲上部连接榕江、练江平原，有一大片稻作区。蕉麻是纺织生产最重要的原料，蚕桑也开始在本地出现。潮州郡城迁建于这一片稻作区的东部。城西葫芦山上，有贞元十二年

（796）刺史李宿所建的观稼亭。当年李刺史，倚亭西北顾，大概已经是平畴一望，稻浪翻金了。到晚唐五代，为了捍卫这一片田园，竹竿山下有了堤围的兴筑。本地的陶瓷业开始崛起，潮州城西北的北关窑上埔到城南洪厝埔、竹园墩，集中了成片的瓷窑群。作为陶瓷外销的支撑，本地的海上航运也发展起来。巨舰大船可以乘潮上溯到潮州城下。沿海，有了煮盐的盐灶。在聚落景观方面，瓦房在本地已经很常见。北宋时，陈尧佐曾经对人说，自从宋璟到岭南任节度使，教人建瓦屋，广州才有瓦屋。岭南各郡都受影响，潮州的瓦屋建得特别多（苏东坡《与吴子野》）。揭阳新亨发现的唐代大型瓦屋遗址，就是当时聚落景观的一个实例。佛教和道教在本地流播，小北山区的一些岩洞，被辟建为石窟寺。潮州在广东的地位日见提高，唐文宗开成五年（840）的敕旨已经说"潮州是岭南大郡，与韶州略同"了（《册府元龟》卷631）。

三 公元 10 世纪至 16 世纪本区地理景观的变化

宋元时期（960～1370）

宋元两代，本地区进入全面开发时期。大批中原移民经过闽赣而落籍潮州，潮州的人口激增。大量劳动力的投入，促成了本地区经济较大规模的拓展。

农业技术的进步，改变了本地区的地理景观。首先，是出现了一些颇具规模的水利设施的修建。本地区西北部和北部，榕江、练江和黄冈河上中游的山间盆地、河谷坡地，建起了陂塘，农业垦殖的规模进一步扩大。在韩江三角洲平原的上部，利用已经淤塞的旧河道，开挖人工河芹菜沟，既可引水灌田，又可疏排积涝。潮阳河溪，乡人挖开山坡，砌石盖板填土，修建了地下涵道，又在涵道上留了18口竖井作通道，以便于清理泥沙杂物时进出。这条灌溉水渠，是一个很有特色的人工景观。其次，为了更好地开发利用韩江三角洲，经过长期实践，人们找到了筑堤御水围垦农田这一形式。宋代韩江两大支流东溪和西溪堤围已经修筑到三角洲中部，三角洲西部龙溪堡以北，江东洲和东部横山以北的农田全面开发，形成了比较稳定的农业经济环境，三角洲农业从此发展起来。

这一时期，本区的自然资源得到较为充分的利用，渔业、盐业、陶瓷业生产都十分兴旺，航运和商贸也有长足的发展，逐渐形成海洋经济类型。

从饶平到惠来，沿海有了不少渔港渔村。小江、招收、隆井三个盐场都有较大规模的生产。大概在北宋后期，王安中路过潮州，亲眼看见潮州盐业生产的盛况，咏出"万灶晨烟熬白雪"的诗句。潮州郡城（今潮州市区）临近，陶瓷业发达。东郊的笔架山，瓷窑遍布山前山后，有"百窑村"之称。从笔架山东南的仙田钵仔山，延伸到程洋岗营盘山、后湖一带，也布满瓷窑群。这一片范围甚广的瓷器工场，生产规模可以和当时著名窑场媲美。随陶瓷业发展起来的航运业进一步发达，潮州、凤岭等大港口，樯桅林立，海舶北上泉州、兴化，以至山东，南下广府、雷、琼。

交通事业的发展，对本地区地理景观的变化也产生了影响。宋哲宗时，盐官李前在今澄海程洋岗虎丘山北面，开凿了长达15里的山尾溪，沟通韩江东溪和北溪，以方便小江场盐的内运。这道古运河，为本地水网增添了一个人工景观。从福建经本区通广州的驿路（下路。上路是由韩江上溯，从梅江过东江，而后下广州，沿途多水路，在唐代已经开通），开始修筑并不断完善。上广州一段，在南宋初，开始沿途种植树木，设置铺驿，又置铺兵（古时递送公文和巡逻的兵卒）专管。东通福建一段，到南宋中期以后，也屡有整治，铺石板，修石桥，修葺庵驿，行人都觉得很方便。桥梁大多为平板桥。最长的平板桥，是练江上的和平桥。南宋乾道七年（1171）开始，经过数十年的不断完善，韩江上的桥梁也终于定型。这是一座梁桥和浮桥结合，造型独特的桥梁。它的这种特殊结构形态，一直保留到20世纪50年代。元朝，本区驿传发达，驿站制度更加健全，粤东联结闽西南与赣南的驿路建立，促进了以韩江流域为中心的闽粤赣边经济区的形成，而且一直到近代还发挥着它的作用。

唐代本区的人口，比较集中于北部的河谷台地和三角洲顶部。到这一时期，沿海的沙陇台地和三角洲平原中上部人口剧增，东部人口比西部要密集。根据《潮州志·沿革志》记载，本区北宋的行政区划曾经有如下变更：太平兴国间东部的海阳县领6乡，西部的潮阳县领2乡；元丰间海阳县领7乡35都，潮阳县领4乡16都，其中位于韩江三角洲的海阳县延德、怀德二乡，各领11都和7都。显然，人口的增长也使本区聚落数目增加了。在工商业的刺激下，人口向城市拢聚，潮州城附近人口稠密，《三阳志》记载说：

（潮州）子城外带郭而家者，西南北各五里，东以江水隔，民居才二里。

方圆十里之地人烟熙熙，可见潮州的城市规模已相当大。在城市建设方面，潮州子城和外城的城墙相继筑城。到至元二十七年（1290）大籍户，潮州城市人口，比宋代减少。这与宋元之间潮州郡城附近的陶瓷业的衰落，应有关系。

宗教的影响日益加强，也使本区的景观有所变化。庙观建筑大量增加。郡城的开元寺，灵山的开善寺，在宋代都有增修。潮阳的治平寺，揭阳的双峰寺、玄元观、招仙观，海阳的甘露寺、宝福院，府城里的玄妙观，这些闻名于本地的庙观，都在宋代建成（《明一统志》）。佛教信徒建造的浮图，高耸入云。民间，各种神庙遍布。

游览景区的建设，是这一时期本地地理景观变化的新因素。府城的金山、西湖葫芦山，潮阳的东山，经过人工整治，芟草伐木，去除芜秽，建起亭台楼阁，使人工景观与自然景观配合映衬，相得益彰。有些山中岩寺，因为有独特优美的自然景观，也成为旅游景点。

地理景观的变化，在诗人们的诗歌中十分形象地反映出来。北宋末，王安中有《潮阳道中》诗：

火轮升日路初分，雷鼓翻潮脚底闻。万灶晨烟熬白雪，一川秋穗割黄云。

岭茅已远无深瘴，溪鳄方逃畏旧文。此若有田能借客，康成终欲老耕耘。当时潮州驿道经过，已是一派富庶的农耕鱼盐景观，给诗人留下深刻印象，甚至萌生了在这里隐居终老的念头。南宋时期，潮州社会经济的发展程度，更加接近江南先进地区的水平，大诗人杨万里有《揭阳道中》诗赞美说：

地平如掌树成行，野有邮亭浦有梁，旧日潮州底处所，如今风物冠南方。

明代到清代前期（1370～1670）

这一阶段，由于实行海禁，本地区久远的工商外贸传统受到抑制。农业经济却因为获得足够的劳力，有了可观的进步。地理景观也由此而有所改易。

宋代以来韩江中上游的土地开发和三角洲的围垦，导致韩江河道的淤浅。潮州、凤岭等离海稍远的海运港口消失，为沿海的柘林、辟望、鮀浦等港口所取代。但是，朝廷的禁令，使潮州海商只能从事一些近海转运贸易，港口显然冷落得多。

宋代盛极一时的陶瓷生产，因为失去运输上的支持，终于衰落。潮州城东，外销瓷主要生产基地笔架山窑，已经完全废弃。昔日那种白天烟雾缭绕、夜晚火光烛天的景象，如江水流逝，已不能够再回复了。

也由于海禁的影响，原来地狭人稠、居民多以贸迁为业的福建泉、漳、汀三州，有大量移民迁入潮州。而本地区原有人口也持续增长。

有了充足的劳动力资源，韩江三角洲中下部的土地得到进一步开发。很多滩涂沼泽地新垦为农田，各种水利设施不断兴建和完善。韩江各分汊河道的堤防，宋元时期所修堤段经过重修或改建，提高了抗洪能力；新开发三角洲平原中下部沿江堤段，继续修筑。韩江及榕江河口兴建海堤防潮，蓄淡御咸。在兴筑堤防的同时，修建关涵，疏通旧河道，开挖新沟渠，保证了堤内农田的引水灌溉和排水防涝。这些河渠还用于水上交通。例如，嘉靖年间，沿桑浦山北侧山脚开凿的中离溪，除了发挥排灌渠道的功用，还有一个功能，就是成为龙溪等三都往来揭阳县城的交通要道。

有了充足的劳动力资源，农业生产从粗放耕作变为精耕细作，双季稻种植面积持续扩大。农业经济的商品化倾向加强。经济作物种植业崛起为最发达的商品性生产部门。甘蔗、棉麻、水果等的种植具有一定规模。嘉靖《潮州府志》记载，当时潮州种植的水果有29类，其中柑有7种，橘有2种。潮州柑已成为地方名产，郭子章《潮中杂纪》评骘说："潮之果以柑为第一品，味甘而气香，肉肥而少核，皮厚而味美，此足甲天下。"这些名优水果也作为商品出售。薛侃《开溪记》陈述开凿中离溪的理由，其中有一条，就说韩江西溪三角洲上莆、东莆、龙溪诸都，"出桔柚诸果"，因为河道湮塞，"贩鬻以脚，商者弗便也"。这一时期，潮汕平原的大部分土地已经开发并得到合理使用。丘陵边缘的低台地，种植着成片的甘蔗。水源充足的大田上，稻禾离离。韩江三角洲上，沉积土层深厚的地段，柑、橘成林，果实累累。地势较高的沙陇，也栽种起棉、麻。许多低丘陵和高台地开垦为果园，龙眼、荔枝、槟榔、橄榄、柿、柚……满园飘香。

农业经济的商品化促进了本地区的手工业和商业的繁荣，从事手工业生产和商业活动的人口剧增。入明以后因为海禁妨碍外销而呈现衰退气象的潮州陶瓷业，到嘉靖年间，重新兴旺起来。在大埔高陂、饶平九村、海阳枫溪等地又建起了密集的窑群。得到甘蔗、棉麻生产的支持，制糖、纺织等新行业悄然兴起。在产蔗区，村落外搭起金字塔形的糖寮，甘蔗收获时节，村民们榨浆熬糖，热气腾腾。嘉靖后期，韩江口外的南澳岛，走私贸易相当繁荣，四方客货汇集，私番（指外国或外族的）船只未曾断绝，成为一个重要的民间对外贸易港口。与南澳岛隔海相望的柘林湾，也时常有番船停泊，与当地居民贸易。在海上私商贸易刺激下，造船、矿冶等行业也相当兴旺。山区出现了采矿场和炼铁炉。随着商业网络的扩展，本地固定市集的数量大增。嘉靖《潮州府志》记载了郡城之外的云步、塘湖、彩塘、冠陇、辟望、梅溪等 6 个市集，并加按语说：

> 潮七县称市集者亦繁多。特书海阳者，以其旧无志也。
>
> 不尽书特志其大者，以见居积多也。

市集形成之后，吸引了很多从事工商业的人前来聚居，造成人口的集中。

这一时期，本地区持续增长的人口，以两种不同形态在本地区内部流动，造成了聚落景观的不同变化。一种流动形态，是在原来聚居地周围，作浸渍式的扩散。浸渍式的扩散，往往导致人口高度密集的大乡村的形成。另一种流动形态，是向韩江三角洲平原前沿和本地区西南部尚未开发的地区，作跳跃式的迁徙。跳跃式迁徙的结果，使本地区的聚落分布趋向平衡。

由于经济繁荣、人口增长，明代本地区内县份也不断增设。王士性《广志绎》指出：

> 潮州初止领县四：海阳、潮阳、揭阳、程乡，今增设澄海、饶平、平远、大埔、惠来、普宁六邑，此他郡所无。

新增六县中除饶平在成化十三年（1477）建置之外，其余五县，都在嘉靖年间建置。增设这么多县份，一方面是本地区经过明代二百多年的开发，地方富庶，人口众多，就像王士性所说，"今之潮非昔矣，闾阎殷富，仕女繁华，裘马管弦，不减上国"，需要进一步加强地方管理。另一方面，又与本地区在嘉靖年间的海盗倭寇之乱，不无关系。新建的县邑都筑起了城池。此外，本区内的军事要地，如水寨、大城、靖海、海门、蓬洲、神泉、三河、黄冈、丰顺、南澳，都筑了城墙。这众多城池的兴建，是这一时期本地区聚落景观的一种新风貌。本区聚落景观的另一种变化，大村寨的建立。这些村寨本为防寇防兵而筑。因为当时倭寇海盗，往往成群结队，动辄万数千人，攻夺乡村，肆行杀戮，而朝廷派来剿寇的官兵，也恃势劫掠百姓。百姓不堪其苦，或一村筑一堡，或数村合一寨，武装自保。这种做法，使潮州农村形成一批高墙深堑，人口高度密集的大聚落。明末清初本地区的动乱，造成了一些聚落的破坏。其间，清康熙元年到八年（1662~1669）迁海界，沿海居民被迫内迁，澄海县城变成空城，沿海许多市镇村庄也废弃了（《潮州志·大事志》）。迁徙到内地的居民，因陋就简，架搭起仅能遮风避雨的棚寮，作为临时住所。这几年里，本区的聚落景观，有较大的变化。

明代，本地区在景观上还有一种情况应该提起。农业经营地域的扩大，陶瓷业、造船业、矿冶业的兴起，都大大加速了本区山林的开发。加上众多人口花费的燃料，山林的植被已受到一定程度的破坏。

四　公元 17 世纪以后本区地理景观的变迁

清代前中期（1670 ~ 1840）

康熙八年（1669）展复潮州海界，二十三年（1684）台湾平定，朝廷松弛海禁法令，允许广东沿海商民人等，呈明地方官后，出海贸易。此后，本地区社会基本安定，经济发展，人口蕃盛。表现在地理景观方面，最为明显的，有水利网络的建立、众多港口的兴起和聚落形态的更新。

在农业景观方面,商品性农业经营,特别是经济作物的种植,比明代再进一步扩展。甘蔗种植面积很大。乾隆十三年(1748)潮阳县令李文藻就写过一首诗,描写潮阳的甘蔗种植情况:

岁岁相因是蔗田,灵山西下赤寮边。到冬装向苏州卖,定有冰糖一百船。

生产技术也比明代更加精细,潮汕农民用绣花功夫来种田,就是从这个时期开始的。但在景观上变化最大的,还要算水利网络的建立。三角洲平原上的水利工程,筑堤之外,由涵闸和河渠两部分组成。通过涵闸将江水引入堤围内,河渠则是围内农田的灌排脉络。在乾隆以前,各个涵闸引水河渠是各自独立的,此后,逐渐系联成网,源流相通,提高了灌溉效益。在低丘台地,陂塘的建设也由简单的筑陂拦水灌田,发展为一水之上层层筑陂,并挖渠引水灌溉远离水源的田地,构成了规模较大的灌溉水系。人口压力促使人们开始了沿海低地的围垦,泥滩草坦被开垦为咸田。围垦加剧了韩江中下游的水患,两岸的堤坝越修越高大。

开了海禁之后,本地区海上商贸活动,又活跃起来。庵埠、南港、樟林等港口相继经历了繁荣时期。

庵埠位于韩江下游梅溪西侧。清初,庵埠东面的梅溪码头,"商贾舟楫辐辏",康熙二十四年(1685)粤海关创立,第三总口就设在庵埠。到乾隆十四年(1749),因为庵埠的商业越来越繁荣,江浙福建的商舶丛集,为了加强管理,以潮州府通判移驻其地。于是庵埠成为韩江西汉上下转运的枢纽,千舟蚁聚,百舸争流,樯帆云漫,灯火星繁。澄城位于韩江东溪入海口,县城南门外有南港,康熙二十三年

（1684）开海禁后，往来南北的商船，多在这里停泊。商人们在岸上白沙地方，"建铺千百，竟聚为埠"，曾盛极一时。樟林是这一时期本区最大的港口。它位于韩江三角洲东北部，韩江北溪流过其西南之东陇后分汊出海。乾隆七年（1742），樟林扩埠，在樟林沟两旁盖建102间铺屋。这时的樟林，已经是一个粗具规模的商港，有商船户70家，成为各种货物米谷的集散地。到嘉庆年间，樟林发展成一个分6社8街的大市镇，"闽商浙客，巨舰高桅，扬帆挂席，出入往来"，商贸活动，极为繁荣。

商品化农业和工商业的繁荣，使本地区涌现了大批殷富人家。这些富户将积聚的财富，用于宅第的建筑，引起了本区聚落形态的新变。这种聚落形态的改观，从乾隆年间已经开始。乾隆二十七年（1762）潮州知府周硕勋修纂《潮州府志》时，对本地民居有一段叙述。这段叙述形象地描绘出本区聚落的景观："望族营造屋庐，一定先建立家庙，而且建得特别壮丽。虽然村坊市集里还有很多茅舍竹篱，而城里的房屋，大多数是门高墙厚，气派不凡。海阳、潮阳、揭阳、澄海、饶平、普宁、惠来这七县，居民富裕，市镇的房屋也多高脊飞檐。家里有千金积蓄的，一定要构筑书斋，雕梁画栋，并以池台竹树点缀。"到嘉庆年间，本地的经济发展更上一层楼。许多乡村也修造宗祠，营建三合院或者四合院式的住房。高门大宅不仅仅在城邑市镇才能见到。这样的聚落景观与毗邻地区有很大的不同，颇具地方特色。

乾隆时，潮州府城成为广东第二大城市。城内和近郊"不务农业"的居民达十万户之多（乾隆《潮州府志》）。城中商贾云集，车马辐辏，外地商人来潮贸易，各自建有会馆、乡祠，作为聚会洽谈生意的场所。潮州城是闽粤赣边经济区域的贸易中心，也是繁华的旅游城市。东门之外，是最热闹的地方。四面青山，一带韩江，潮州的美景，多半聚集在这里。宋代建起的湘子桥，仍保留着梁桥与浮桥结合的特色，又兴起了桥市，成为很吸引游人的去处。城边酒楼饭庄，江上花艇游船，歌吹相应，响遏流云。当时广东有俗语说："到广不到潮，枉向广东走一遭。"

近代（1840～1949）

在鸦片战争的炮火中，中国的大门被打开了。与屈辱相伴而至的，还有社会经济结构和意识形态方面的新因素。本区，也被迫开放了汕头埠，在社会经济结构和意识形态方面，不免有所波动。这种波动，也反映在地理景观上。

沿海商埠——汕头的兴起，是近代本区地理景观上最大的变化。汕头，又称沙汕头。这是一块南海风涛荡涤，泥沙积聚而浮露的海边沙垄。在明中叶，这块新浮露的沙脊上，已有渔船聚集。康熙末，蓝鼎元在《潮州海防记》中说"潮属港澳虽多，商艘往来，不过旗岭、汕头、神泉、甲子"。到嘉庆年间，汕头成为与樟林齐名的商埠。而汕头经梅溪，能与潮州上下交通；横过牛田洋，可达潮阳惠来；溯榕江而上，可抵揭阳普宁。地理位置的优越，使得汕头能够在嘉庆以后，取代庵埠，压倒樟林，确立粤东第一商贸港口，闽粤赣边经济区域对外开放门户的地位。并且在1862年开埠以后，逐渐超过潮州府城，成为全国屈指可数的海港贸易城市。新兴的汕头以一种完全不同于旧城邑的城市聚落形态，崛起在粤东大地上。面向街道的洋式楼房，放射式的街区，显示出它开放的文化性格。

在其他城镇和乡村，南洋华侨回乡营筑宅居，都在传统建筑形式上注入了西式建筑的因素。小洋楼在全区各地随处可见，新建的祠堂和庙宇也多如繁星。这种奇异的聚落景观面貌，用物态形式表现了潮汕人保守性格和开放意识的融混。

同样表现出开放性格的，还有工业交通方面的景观。这一时期，潮汕有了铁路和公路，内河也开始有轮船行走。发电厂、制糖厂、纺织厂，出现在潮汕大地上，高高耸立的大烟囱成为一种崭新的景观。

在农业景观方面，只有沿海滩涂的围垦，能带来些许景观变化。

现代（1949年以后）

用地理景观作为标尺，这一时期应该分作两个阶段。

1949~1981年是第一个阶段。与前一个时期相比，这一个阶段最大的景观变化是由平原地区的农田水利建设引起的。

50年代起，韩江三角洲下部，第三列岛丘以南，开始河道整治。韩江北溪、东溪和西溪在这里分汊成17道支流出海，水网交错，将农田分割成几十个小围。经过整治，这17道分汊出海口被堵塞了11道，只留下6道。这六道河汊加固了堤岸，又先后在下游建设了桥闸，使河道成为平原上的水库。几十个小围合并成7个联围。在联围内，结合土地平整，建立自流化排灌渠道系统。韩江三角洲西部，通过涵闸引水，先后建成了北关、安揭、东凤、大鉴等引韩灌溉工程。榕练两江平原，则通过在榕江上游修筑大中型水库，和在榕江上建设拦河闸，建设了几项引榕灌溉工程。经过二十多年的水利建设，潮汕平原的水网景观焕然一新。

水利建设的完善，保证了灌溉的用水。在这个基础上，本地区开始了沿海滩涂的大面积围垦。自20世纪50年代起，到20世纪80年代初，本地区围垦面积达到31.5万亩，占潮汕平原总面积的12%。

在"以粮为纲"的思想指导下，农田水利的兴建，使潮汕平原成为全国有名的水稻高产区。踏进潮汕，平畴千里，"稻浪随风卷"，一派稻作农业景观。

1981年以来是第二个阶段。改革开放政策对本区的景观变化产生了巨大的影响。

这种变化首先体现在交通方面。广梅汕铁路和深汕高速公路的东段延伸进本地区。公路干线全面拓宽，改铺水泥路面。地区性公路，甚至乡村道路也都用水泥铺设。本地区形成了密集而畅通的陆运网络。

这种变化也体现在聚落景观方面。变化最大的是汕头市，市区扩大，高层建筑林立，豪华的装修，绚丽的霓虹灯饰，显示出现代都市的风貌。其他市县城区和公路干道附近的乡镇，经过改建、扩建，也呈现了现代城镇聚落景观。乡村面貌也有很大变化，农民们在旧聚落周围营建成片的新居。这些新居，或者依照传统样式建造，或者建成带有庭院的低层小楼房。在这种崭新的聚落景观里，最引人注目的是漂亮的学校、壮观的行政大楼、装饰华美的祠堂和庙宇。显然，这些建筑中，有着传统文化观念的凝聚。

本章主要参考文献目录

1.〔清〕廖廷臣等纂:《广东舆地图说》(据宣统元年广东参谋处重印本影印),台北:成文出版社,1967年。

2. 李平日、黄镇国、宗永强、张仲英著:《韩江三角洲》,北京:海洋出版社,1987年。

3. 王琳乾、陈大石、萧有馥编著:《潮汕自然地理》,广州:广东人民出版社,1992年。

4. 任美锷、包浩生主编:《中国自然区域及开发整治》,北京:科学出版社,1992年。

5.〔清〕不著绘制图人姓名:《广东舆地全图》(据宣统元年广东参谋处测绘科制图股印本影印),台北:成文出版社,1967年。

6. 广东省测绘局编绘:《广东省县图集(内部用图)》,广州:广东省测绘局,1982年。

7. 吴珏纂辑、饶宗颐审订:《潮州志·实业志·矿业》,汕头:潮州修志馆,1949年。

8. 陈恺撰、饶宗颐鉴定:《潮州志·地质志》,汕头:潮州修志馆,1949年。

9. 陈鹤九主编:《汕头市综合农业区划》,汕头市农业区划办公室印行,1985年。

10. 郑奕宣主编:《汕头市农业自然资源简集》,汕头市农业区划办公室印行,1986年。

11. 吴修仁著:《潮汕常见经济动物(初稿)》,广东省汕头市生物学会印行,1987年。

12. 吴修仁著:《广东潮州凤凰山植物资源调查报告》,无出版单位,1988年。

13. 吴修仁编著：《潮汕植物志要》，广东省汕头市生物学会印行，1993年。

14. 〔苏〕B.C.热库林著，韩光辉译：《历史地理学：对象和方法》，北京：北京大学出版社，1992年。

15. 司徒尚纪：《广东文化地理》，广州：广东人民出版社，1993年。

16. 陈历明编：《潮汕考古文集》，汕头：汕头大学出版社，1993年。

17. 黄挺编：《饶宗颐潮汕地方史论集》，汕头：汕头大学出版社，1996年。

18. 邱立诚编：《澄海龟山汉代遗址》，广州：广东人民出版社，1997年。

19. 解缙主纂：《永乐大典》，北京：中华书局，1960年影印本，卷5343、卷5345《潮州府》。

20. 吴颖纂：《（顺治）潮州府志》，广州：广东人民出版社，1996年影印顺治十八（1661）年刻本。

21. 周硕勋修：《（乾隆）潮州府志》，台北：成文出版社，1966年影印光绪十九（1893）年重刻本。

22. 萧麟趾纂：《普宁县志》，乾隆十年（1745）刻本。

23. 刘业勤纂辑：《（乾隆）揭阳县志》，乾隆四十四年（1779）刻本。

24. 李书吉等修：《（嘉庆）澄海县志》，台北：成文出版社，1966年影印道光九年（1829）增补本。

25. 张其翰纂：《（光绪）潮阳县志》，台北：成文出版社，1966年影印光绪十年（1884）刻本。

26. 饶宗颐总纂：《潮州志》，汕头：潮州修志馆，1949年。

27. 潮汕百科全书编辑委员会编著：《潮汕百科全书》，北京：中国大百科全书出版社，1994年。

第二章　潮汕人

潮汕人是汉民族中具有自己十分独特的文化面貌的一个分支。

在漫长的历史发展进程中，原来属于不同种族、不同血缘的人们，在粤东南背山面海的地理环境里，碰撞、交流、融合，逐步形成了自己独特的经济生活方式、独特的文化认同意识、独特的风俗习惯，并使用着一种共同的汉语方言——潮汕话。这些共有的文化特征，使得他们有别于周边的其他民系——广府人、客家人和福建人。他们自称、别人也称他们为"潮汕人"。

当我们叙述着潮汕人这一民系逐步形成的历史进程时，实际上，我们也在讨论潮汕文化的起源和发展。

第一节　潮汕地区的原住民及其文化

这一节，我们将依靠考古学方面的研究成果，对秦汉以前本地区的原住民和他们的文化进行描述。重点分析陈桥人和浮滨人的文化发展情况，说明他们与现代潮汕人的关系。

● 4000 年以前的生活在潮汕地区的古人类

近年，在韩江口外的南澳岛后宅镇象山麓，发现了一处古人类活动遗址。据考古专家的推断，这一处考古文化遗址的年代，距离今天已经在8000年以上。它与闽南的"漳州史前文化"，属于同一个文化系统。象山遗址采集到的文化遗物大多是长度不到 3 厘米的细小石器，石器的种类有削割器、尖状器、石钻和雕刻器。当时生活在这里的古人类，似乎过着一种相当单纯的经济生活，他们用这些细小石器当工具，在海滩上捕捞采集鱼虾贝类作食物。由于这个遗址还没有经过科学发掘，其他遗物很少，对于这个遗址的主人的情况，还难以确凿了解。

在本区古海岸、古河口附近的沙陇或低台地上，发掘出一些距今6000~5500年的贝丘遗址。其中以潮安陈桥文化遗址，最有代表性。本区另外几个贝丘遗址：潮安石尾山、海角山，澄海内底、梅陇等遗址，与陈桥遗址文化面貌接近，应属于同一种文化。在"地理景观的历史变迁"一节，我们描述了陈桥人的生活场景。那么，陈桥人又处在一种什么样的物质文化水平上呢？

在陈桥遗址发现的石器，种类较少。大部分是打制石器，有用河砾石打制而成的蚝蛎啄、手斧状器、砍斫器和敲砸器；磨制石器甚少，只有用细砂岩打制后再磨制的几件石锛。陈桥人在使用石器的同时，也使用骨器。

陈桥遗址出土的陶器全是粗砂陶。胎色杂，灰色最多，也有红色和黑色的。器形以罐和钵为主。陶器表面磨光，部分施红彩，纹饰多贝纹：一种是利用贝壳的花纹，在陶器表面印出点纹、齿纹，一种是利用贝壳边缘，在陶器上刻画出线饰。陈桥遗址的陶器的特点很突出，1961年发表的报告书就说："这里的陶器，不论质料、形制和装饰，都和广东及邻近省区一般新石器时代遗址所出土的有所不同，是很值得注意的现象。"

其实，早在30年代，意大利传教士麦兆良（Fr. R. Maglioni）在海丰沙坑西（SOW）已经发现了有同样特征的陶器，并对它作了描写。继陈桥遗址之后，考古学家又在福建金门富国墩、平潭南厝场和平潭县海坛岛壳丘头等遗址中发现了这种"饰篦点纹和贝齿纹"的粗砂陶器。这些发现在大陆未曾引起学者们的注意，而在台湾地区和国外却有很大的反响。著名的考古学家张光直教授，就对这种陶器的文化性质作了说明。他说：

这几个遗址出土的陶器，从器形和纹饰上，构成中国新石器时代在公元前五千年到二千年前这一段时期之内的一个新的文化，与华北的仰韶文化和大汶口文化，长江中游的大溪文化、长江下游的马家浜文化和河姆渡文化平行存在。因为富国墩的发现而导致这个文化的新认识，我们不妨称之为富国墩文化。目前这个文化的分布，北到闽江流域的溪头，南到广东东部的海丰和潮安，中间包括金门富国墩与平潭。台湾的大坌坑文化与这个富国墩文化的关系非常密切，两种文化的显著特征都具备的遗址在台湾有台南八甲村，在福建有平潭。这是两个文化，还是一个文化的两种类型，现在还不敢说定。如是后者，不妨把这整个文化称为大坌坑文化，下面再分两个类型，即大坌坑类型与富国墩的类型。

从大坌坑文化的核心区域（台湾海峡两岸）向西，沿着广东的海岸一直到越南有不少时代相当的遗址，以绳纹陶器为特征，并有典型的双道或三道的篦划纹，但用贝壳缘部作为篦具的划纹，在已知的考古文献中似乎罕见。

更让学者们感兴趣的是，包括陈桥遗址在内的"大坌坑·富国墩文化"的主人究竟是什么人种？

这个问题的提出，是由台湾地区的民族考古研究引起的。汉族人进入台湾岛的时间，在明末。在这300多年时间里，台湾地区的原住民，居住在平原地区的、被称作"平埔族"那一部分，汉化了；居住在山区的"高山族"，汉化程度很浅，至今仍然保留着自己的语言和文化。高山族的语言属于南岛语系。南岛语系是分布在太平洋众多岛屿上面的一个大的语系。它的分布地域相当辽阔，几乎遍布整个太平洋水域的四分之三。学者们对使用南岛语的民族的来源，分别从语言学和考古学的角度进行研究。语言学家研究的结果表明：南岛语族的祖先，应该是住在热带的海滨地区；他们已经懂得种植芋、薯、稻、粟和果树，也进行狩猎，浅海的捕捞活动在他们的生活中更占据重要位置；他们能够制作陶器，有石、木、竹器工具，使用蚌贝；他们懂得纺织，有树皮布，居住在干阑式（也叫"干兰式"）的房子里；造船工业和航海技术很发达。由于台湾地区的环境特征与上述研究结果吻合，高山族的历史文化研究就引起了学者们的关注。"大坌坑·富国墩文化"的考古学研究表明，这些遗址所反映文化内容，与语言学家所拟测的原始南岛语族的文化基本相同。也就是说，包括陈桥遗址在内的"大坌坑·富国墩文化"的主人可能是现代使用南岛语的民族的祖先。另外，也有一些考古学家和人类学家认为，高山族的祖先是分成好几批从大陆东南沿海迁移到台湾地区的。其中年代最早的大约在距今6500年前，最迟的在距今2500~2000年前。

在台湾地区是不是原始南岛语族的老家这个问题上，学者们各持己见。但是，原始南岛语族的老家在中国东南沿海，基本是他们共同的看法。唯一还需要解决的问题是，大陆东南沿海的原始南岛语族后来为何销声匿迹？他们到底哪里去了？已经有一些学者试图回答这个问题。不过，问题的最终答案恐怕还有赖于更深入的、多学科的研究才能得到。然而，无论如何，陈桥人不是现代潮汕人的祖先，这一点是毫无疑问的。

新石器时代晚期，本区发现的古人类活动遗址比较多。从总的情况看，这一时期本地区的考古文化以几何印纹陶为特征，与陈桥遗址的文化面貌有很大的差别。另一方面，本区考古文化接受了来自北方和东北相邻地域考古文化的影响。揭阳宝山岽和金鸡岽两个考古遗址出土的陶器，有瓦形足和丁形足的夹砂陶鼎、泥质陶豆、盘、罐，在分布于粤北和赣江流域的"石峡·樊城堆文化"遗址中，也可以见到同类器物，足见这一时期本区与粤北和赣江流域的原始文化已经开始交流。在前一时期，陈桥人所属的"大坌坑·富国墩文化"，与位于这个文化东北面的河姆渡文化，文化内涵有很大不同。而在这一时期，本区很多文化遗址都有鸡形壶出土，其中以普宁后山文化遗址所出最为典型。在与陈桥文化同时的河姆渡第三期文化，遗存中有一种叫作"垂囊盉"的器物，就是鸡形壶的祖型。另外，在上海、浙江、福建的一些考古遗址中出土的鸭形壶，也与鸡形壶有密切关系。说明这一时期本区已经接受来自东北的河姆渡文化的影响。

新石器时代晚期生活在本区的古人类，显然已经进入农耕社会，他们的生活方式与陈桥人相比，已经发生较大的变化，而与相邻地区在文化上有了更多的一致性。

浮滨文化的主人

1974年以后本地发掘出数目较多的被称作"浮滨文化"的考古文化遗址，这类遗址的年代，稍后于后山文化遗址，距今3400~2900年（相当于商代中后期到西周前期）。浮滨文化遗存主要分布于粤东的榕江、韩江与闽南的九龙江、晋江等四个流域。刚好与现代闽南语系（福老民系）分布的区域相同。从已发掘的文化遗址中可以分析出浮滨文化的主人在经济、社会、文化方面的发展状态。

从经济形态看：1.浮滨人已经踏进了青铜文明的门槛。许多浮滨文化期的墓葬，都出土了青铜武器和青铜工具。在福建南安大盈寨山甚至有成批青铜器发现，包括有戈五种，戚一件，匕首二件，矛一件，有段锛二件和铃八件。有些遗址还发现浮滨人冶炼铸造青铜器的迹象。2.浮滨人的制陶技术很有自己的特点。一方面浮滨文化遗址出土的陶器，装饰手法简单。另一方面，浮滨文化的主人又能够制作大型的陶器，如大口尊；而且已经掌握了施釉技术，能够生产施釉陶器。3.浮滨人继承了在他们之先生活在本区的原始人类的航海传统，发展了海上交通和贸易。目前在珠江口两岸地区发现一些浮滨文化遗物，如香港大屿山蟹地湾出土的釉陶豆，应该就是通过海路从浮滨文化区输入的。

从社会形态看，1.浮滨文化遗址的墓葬形式，不是像本区新石器时代的墓葬那样，有基本相同的朝向和规格；一般都是在一个墓地里，大型墓居于中心，殉葬品较多，中小型墓围绕大型墓，分布周围，殉葬品少。这种墓葬形态反映浮滨人已经进入了等级社会，出现了不同的社会集团。2.在揭阳的浮滨文化遗址，出土了两件石质牙璋，牙璋是礼器，用于向上帝和祖先神明告成功，有着权杖的作用。这也说明浮滨人的社会中明显地已经有了等级的差别。3.在男性浮滨人的墓葬中，随葬品一般都带有武器，在饶平，有三分之一的墓随葬戈或矛。这种情况反映了浮滨人的社会，有一种尚武的习俗。这或者可以说明，当时的各个原始部落之间的战争较为频繁地发生。

从文化形态看，青铜器和施釉陶的制作，礼器的出现，都说明浮滨人进入了文明社会阶段。浮滨人进入文明社会的另一个标志，是刻划符号的出现。浮滨文化遗址出土的陶器上，已经发现了近30种刻划符号，它们多刻划于器物的肩腹部及豆把上。目前所见的这些刻划符号一般都是单个存在，很难确认它们就是文字。但是，使用符号这一行为本身，也足以说明浮滨文化已发展到一定的水平。

浮滨文化中，明显含有中原商文化的因素。中原商文化对浮滨文化的影响，是以江西吴城商文化为中介而实现的。青铜戈、大口尊、釉陶这类遗物在形态上的接近和众多相同的刻划符号，都反映吴城文化与浮滨文化之间关系的密切。但是这种中原商文化因素已经融合于原住民文化，发生变异。浮滨文化仍然是一种面貌独特的原住民文化，是南方地区众多青铜文化中的一种。饶宗颐教授曾经就浮滨刻划符号的"王"标记，推断说，这"似乎表示浮滨在殷周之际曾经是属于越族的一个王国"（《从浮滨遗物论其周遭史地与南海国的问题》）。饶教授这里所讲的越族，指的应是当时生活在南方地区的百越民族。宋代欧阳忞所著的《舆地广记》第35卷《广南东路》说：

> 潮州，春秋为七闽地，战国为越人所居。

从本区已经发现的考古遗存看，春秋战国时期遗存的文化形态比较一致，与南越族基本相同（详后）。《舆地广记》的说法是有点问题。但如果将本区"为七闽地"的时间前推到西周，与浮滨文化联系起来，倒是近于事实。"七闽"这个词，最早是在《周礼》里面出现的，汉代大儒郑玄认为七闽是七个臣服周朝的闽邦国。他引用《国语·郑语》"闽芈，蛮矣"这句话来作注解。芈是楚国姓，郑玄认为，闽和楚是南方蛮族的两个支派。江西在商周属楚地，从吴城文化和浮滨文化的关系来看《国语》"闽芈，蛮矣"这句话，是蛮有意思的，它给我们启示：浮滨人所建立的王国，可能就是古文献所说的"七闽"邦国之一。

闽、芈（楚）、越是一种区别的讲法，笼统而言，都可以唤作蛮或者百越。看来，浮滨人是当时杂处在南方地区众多百越种姓的一种，浮滨人使用的语言属于汉藏语系是没有问题的。虽然浮滨文化遗存的分布，同现代使用闽南语的福老民系的分布区域相当一致，但是，还不能够确认，浮滨人和现代潮汕人在血缘和文化上有多少关系。

距今2700~2200年（相当于春秋战国时期）的潮汕考古遗址，

南越族特有的夔纹陶器和越式青铜兵器大量出现。比较典型的文化遗址，有揭阳埔田马头崬上层、揭阳地都蜈蚣山②A层、揭阳仙桥赤岭口、揭阳云路石厝岭、揭阳曲溪金山顶、潮安归湖神山，这些遗址出土的陶器都是几何印纹陶，并且毫无例外地都有夔纹装饰，大部分有米字纹饰。另外，在揭阳埔田茂林山、揭阳仙桥平林、揭阳云路中夏、揭西坪上赤岭埔发掘的这一时期的墓葬中，也出土了夔纹和米字纹陶，同时出土的，还有青铜斧、钺、剑、戈、矛、镞等兵器。夔纹是南越族陶器特有的纹饰，春秋时期遍布整个珠江流域。出土的青铜兵器，如中夏墓带"王"字标记的青铜矛，也是西江流域常见的。这表明当时来自西边珠江流域的南越文化影响了本区固有的原住民文化。这种影响是剧烈的，替换式的，例如揭阳埔田马头崬上层和地都蜈蚣山②A层遗址中，这种新文化形态就将原住民的浮滨文化整个地覆压在下面。说明在这一段时间里，南越文化以很强劲的势头渗入本地，并改变了原住民文化的面貌。春秋时期流行于吴越的米字纹，也在本区出现；中夏村战国墓出土的原始瓷匜，也和上海、安徽出土的同类器相近似。这又显示了来自东北的吴越文化的影响。上边说过，在公元前355年楚灭越后，有部分越国人沿海路向南迁播。联系这一时期本区考古文化面貌变化的剧烈，可以断定，这种变化是越国人在珠江流域立足后，进入本区，或者直接抵达本区而造成的。南越文化对浮滨文化的替代，可能通过南越人对浮滨人的征服而得以实现，出土的众多青铜武器，便显示了当时军事气氛的浓烈。

从这一时期开始，南越人在很长一段时间里，成为本地区的主人。

第二节　潮汕历代移民与文化交流

● 秦汉时期汉文化向岭东扩展

一直到秦汉以后，汉文化才对本地区有所影响。而这种影响仍然是通过南越为中介来实现。

秦戍五岭，有没有来到本地区，至今众说纷纭。五岭之中，是否包括揭阳岭，文献记载原来就有异辞，这是一；都认为有揭阳岭的，对揭阳岭的位置，意见也还不能一致，这是二。而年代较早的汉代文献，如《史记》，并未提到五岭。照《史记》的记载，秦始皇对五岭用兵，设置桂林、象、南海三郡，地域在广西东部、越南北部和广东的珠江流域，似乎未到达本地区。在考古方面，也还没有十分可靠的材料，可以证明秦人已经到过本区。

秦末汉初，南越国自立于岭南。南越的君主赵佗原来是南征的秦人，居南土日久，在习俗上已经越化。但是南越国的各项制度，都仿效秦汉，郡县制就是其中最重要的一项。南越在南海郡增设揭阳县，本区的行政建置，就从这时开始。中原人也在这时候从南越转入本区。中华人民共和国成立后，本区发现的汉代遗址，有揭阳埔田鼎盖山、揭阳玉窖三虎山、澄海龟山和潮安二塘龟山，其中澄海龟山遗址可能是汉政权的一处官署，但出土遗物一些仍有越文化的风格，其他遗址则原住民风格极为浓厚，应该是越人的居址。墓葬的情况也基本相同，只有揭阳白塔宝联寨山一处木椁墓，是岭北传入的葬式，随葬品汉式和越式兼而有之，可能是汉人或者是汉化程度很高的越人的墓葬，其他墓葬的随葬品，仍以越式居多。可见，即使到汉平南越之后，进入本区的汉族人仍然不多，他们与本地的越人杂处，虽有部分越人逐渐汉化，但本地区文化的汉化程度，远远不及珠江流域，特别是西江地区。从考古遗存中，还可以观察到一个明显的值得注意的情况，那就是，本区与广东各地的文化面貌基本一致，而与福建地区却有很大差别。但汉人对本地原住民的控制能力，似乎相当有限。《三国志》上有一条材料很能说明问题。《吴书·锺离牧传》注引《会稽典录》说，锺离牧任南海太守时，"揭阳县贼率曾夏等，众数千人，历十馀年，以侯爵、杂缯千匹，下书购募，绝不可得。牧遣使慰譬，皆首服，自改为良民"。照汉代本地的实际情况看，汉人数量不可能多达数千人，曾夏等应为越族首领，因汉末乱，聚众自保，到赤乌五年才被锺离牧招为有户籍的居民。

⬤ 晋唐时期中原主流文化的传入

晋唐时期，中原主流文化在本地区的影响逐渐扩大。这一时期主流文化与本地原住民文化的交流融合，有三个情况值得我们注意。

两晋南朝的中原移民

晋室东迁，大批中原汉人也移民长江以南地区。按照比较权威的看法，这次移民潮的浪头，涌到五岭和武夷山以北，就停住了，未能进入今天的广东、福建。实际上，有些移民在江南并没有停留多久，便又继续南迁。其中有一些进入了本地区。这种情况，在考古和文献两方面，都可以获得证明：在考古方面，虽然本区至今尚未发现东晋南朝遗址，但发现了数处汉式墓葬。这些墓葬都是用砖砌成的砖室墓，其中有些还挖出纪年墓砖。例如潮安归湖清理出带有"泰元十一年十月一日"铭文的墓砖，潮阳铜盂也清理出带有"泰元十二年八月二日作"铭文的墓砖，是东晋墓；揭阳平林赤岭口二号墓有"大明四年"砖铭，是南朝宋墓。在文献方面，《晋书·地理志》《宋书·州郡志》《元和郡县志》《太平寰宇记》和许多本地方志，都有东晋本区开始建置的记载。按《宋书·州郡志》的记载，东晋义熙九年（413）置义安郡是本地区州郡一级建制的开始。义安郡下设立五个县：海阳、绥安、海宁、潮阳和义招，它的地域，包括粤东和闽南。郡县的设置，说明本地在编人口增加。这些新增在编人口，除了先迁入的移民和原来已经汉化的原住民之外，多数是南迁中原移民。义招县就是最明白不过的例子。《舆地纪胜》因《南越志》说："义招，昔流民营，义熙九年立为县。"所谓流民营，就是中原移民的营地，大概移民已有一定数量，就将他们收编入籍，并设县管理。

值得注意的是，在这一阶段，南来的中原移民与本地原住民似乎处于一种隔离状态。80年代的文物普查中，本地区发掘清理了东晋六朝砖室墓10余座。这些墓葬，从墓室的形制到出土的殉葬品，完全保留着中原的风格，与江南地区同时期的墓葬几乎没有什么区别。有人认为，这种情况表示当时汉文化与本地的原住民文化融合统一，原住民文化逐渐消亡。但是，本地原住民在隋唐仍以十分强劲的力量与中原移民对抗，而且直到宋元时期，汉文化已经成为本地主流文化，原住民民族也还有相当大的势力。所以以为这一阶段汉文化与本地的原住民文化已经融合统一的看法，未免过于乐观。在我们看来，这些墓葬显示的文化风格，倒是反映了汉族移民与本地原住民之间关系的疏远。

初唐潮州的俚僚与陈元光为首的中原移民的争斗

高宗武后时，陈政、陈元光父子屡次平定泉潮间蛮僚啸乱，是中原文化与本地原住民文化通过战争的形式不断地互相接触的过程。

先从隋唐时本地区原住民族的情况谈起。

《隋书·南蛮传·序》说：

> 南蛮杂类，与华人错居，曰蜒，曰獽，曰俚，曰僚，曰㐌。俱无君长，随山洞而居，古先所谓百越是也。其俗断发文身，好相攻讨，浸以微弱，稍属于中国，皆列为郡县，同之齐人，不复详载。

如上所述，自汉代起，本地区原住民，已经有一部分逐渐汉化。这部分汉化了的原住民融合在南迁的中原移民之中。东晋时，开始设置义安郡进行管理。到隋唐之际，未曾与汉人融混为一的潮州原住民，根据史籍记载，有僚、俚两种。

俚人是岭南原住民，它是秦汉时的百越、魏晋时的南蛮中的一种。现代的壮族，就是俚人的后裔。俚人较早接受汉文化的影响，不少部族的首领原来就是汉人。汉晋以来，为中央政府所"羁縻"。当国家无事，俚人臣服属为齐民；国家板荡，俚峒酋豪则聚众蜂起，各据一方。高凉冯氏是俚人中最著名的一族。冯盎隋文帝时平僚有功授封，隋亡，聚众数万，占据百粤西部二十余州。杨世略也是一位有名的俚人渠帅，隋唐之交，占据粤东循、潮二州（《新唐书·高祖记》）。可知当时岭南都处在俚人渠帅的统治之下。

僚人亦称蛮僚或僚蛮，是自古居住在闽粤赣边界的原住民。南宋以后，被称为畲、蛋的民族，就是僚人的后裔。汉人势力进入岭南以来，僚蛮与汉人的关系较为隔绝，经常处于对立的状态。福建《白石丁氏古谱·懿迹记》有一段关于本地僚蛮原住民与中原移民对立的记录：

> 泉潮之间，故绥安地也，负山阻海，林泽荒僻，为僚蛮之薮，互相引援，出没无常，岁为闽广患。且凶顽杂处，势最猖獗，守戍难之。自六朝以来，戍闽者屯兵于泉郡之西，九龙江之首，阻江为险，插柳为营。江当溪海之交，两山夹峙，波涛激涌，与贼势相持者久之。

自晋立义安郡，隋改为潮州，绥安一直是其辖地。可知本地建置以来，僚蛮原住民并不受汉族政权管辖。到隋文帝时，潮州僚人叛乱，朝廷假借俚人的力量平定了它。《唐书·冯盎传》就记载说，隋仁寿初（601），潮、成等五州僚人叛乱，冯盎赶到京师报告，并请求朝廷征伐。乱平，有功，授紫金光禄大夫、汉阳太守。此后，潮州又被俚帅杨世略占据，本地僚蛮原住民应在俚人统治之下，俚僚杂处。

到唐高祖武德五年（622），杨世略以潮、循二州与冯盎同时降唐，授循州总管。那时原住民势力在本地区仍然占据着优势。

高宗武后时，泉潮间蛮僚屡次啸乱。朝廷依借本地豪强陈政、陈元光父子进行镇压。陈氏是中原移民，陈政的父亲陈洪隋末出任义安郡丞，他这一族，从此就在本地定居。这是中原移民与本地原住民之间的大规模的较量。

总章二年（669），泉潮间蛮僚啸乱，陈政以广州扬威府将领奉调为镇将，出守泉潮之间的九龙江首。《丁氏古谱》记载了陈政平叛经过：

> 将军政阴谋遣人沿溪而北，就上流结筏连渡，从间道袭击之，遂建寨柳营江之西，以为进取。恩威并著，土黎附焉，辖其地为唐化里。而龙江以东之民，陆续渡江田之。且战且招，追狨寇于盘陀梁山之下，尽歼之。愿附者抚而籍之。

所谓土黎，即是俚人。陈政采用招抚和武力镇压相结合的办法，利用俚人和僚人的矛盾，孤立僚蛮，平定了啸乱。取得这一仗的胜利以后，陈政步步为营，向西进逼，把蛮僚压到深山里。《丁氏古谱》又讲述了这段史实：

> 咸亨四年（673）癸酉，请于朝，移镇漳浦以拒潮寇，阻盘陀诸山为寨。仪凤之初（676），抚循既熟，复进屯于梁山之外，而凶顽不敌者率引遁丛林邃谷中。犹虞出没，乃募众民，得五十八姓，徙云霄地，听自垦田，共为声援。

这被招募为兵的58姓民众，应该也是中原移民，才在后起的文献里，讹为自中原前来增援的58姓军校。以后，这些中原移民在陈氏对蛮僚的战争中，成为主力。

仪凤二年（677），崖山陈谦攻陷冈州（今广东新会），联结潮州蛮僚苗自成、雷万兴，又攻陷潮阳。这时，陈政新病故，潮州刺史常怀德派遣陈元光为将征讨。陈元光经过大大小小百余战，才平息了这场啸乱（乾隆《潮州府志》）。永隆二年（681），岭南蛮僚又乱，陈元光再一次参加平乱战争。潮州西北部的蛮僚相率归附（《读史方舆纪要》）。垂拱二年（686）置漳州，陈元光为首任刺史。但是，本地蛮僚并未完全受管束，景龙二年（708），潮州蛮僚雷万兴等又作乱，陈元光轻骑进讨，被僚将蓝奉高所杀。陈元光死后，他的儿子陈珦接任漳州刺史。开元三年（715），陈珦率领勇士夜袭僚峒，杀了蓝奉高，降伏蛮僚馀众，为父亲报了仇。唐代初期潮州的中原移民与本地原住民之间的这场较量，经历了半个世纪才告一段落。

这场较量推动了本地的民族融合，加速了汉文化在本地的传播。

但是，被同化的蛮僚为数甚少。本地的蛮僚还保留着强大的力量。直到长庆三年（823），礼部尚书郑权就任岭南节度使，韩愈为他写了《送郑尚书序》，还特别为他介绍了本地蛮僚的情况和节制他们的办法。他说：

> 蛮夷悍轻，易怨以变。其南州皆岸大海，多洲岛，帆风一日踔数千里，漫澜不见踪迹。控御失所，依险阻，结党仇，机毒矢以待将吏，撞搪呼号以相和应，蜂屯蚁杂，不可爬梳。好则人，怒则兽。故常薄其征入，简节而疏目，时有所遗漏，不究切之，长养以儿子。至纷不可治，乃草剃而禽狝之，尽根株痛断乃止。

南州当包括潮州在内。当时蛮僚虽然已受羁縻，但仍不容易管辖。

韩愈刺潮的文化意义

元和十四年（819）韩愈贬潮，在本地区历史上，是一个具有重大文化意义的事件。韩愈在潮州8个月，却为潮州人做了不少好事：

一是驱鳄。这件事，有《旧唐书·韩愈传》记载，韩愈自己的文集中，也还保存着《鳄鱼文》这篇文章。

二是兴学。嘉靖《潮州府志·官师志》记载说：韩愈"以谏迎佛骨谪潮州刺史，首置乡校，延赵德为师，捐俸百千为举本，收其盈余给学生厨馔费。自是潮笃于文行"。这件事正史没有记录，但韩愈的文集里有《潮州请置乡校牒》，苏轼写《潮州韩文公庙碑》的时候，也特别强调韩愈兴学的功绩。

三是关心民瘼。韩愈的文集中有《祭大湖神文》《祭城隍文》《祭界石神文》《祭止雨文》等几篇文章，是在潮州写的。这些文章，都因为这一年（891年）夏天淫雨不停，妨害农桑而作，可以看出韩愈对百姓的关心。

四是释放奴隶。这件事，正史把它放在韩愈移官袁州之后，韩愈的学生皇甫湜《韩文公神道碑》却说韩愈在潮州，"掠卖之口，计庸免之。未相计直，辄与钱赎，及还著之赦令。转刺袁州，治袁州如潮"。可见韩愈在潮州已经有释放奴隶的措施和行动。南朝以来，岭南地区掠卖生口（奴隶或俘虏）的风气盛行，到唐代，此风依旧不息。唐宪宗曾经以很严厉的律令，加以禁止。韩愈在潮州任上，着力执行这一律令。

《永乐大典》卷5343 "潮州府"里的韩愈像

以上四件事，都见之文献记

载。其中驱鳄和兴学，与本区文化发展最有关系。

　　驱鳄是个很有趣的话题。这件事，正史所载，《韩集》有文，而自古来偏偏有许多争议。争得最厉害的有两个话头。一个话头很新，近年的事：唐代潮州有无鳄鱼？这本来是一个无须争论的问题。唐代潮州的气候比现在要湿热，有野象鳄鱼等热带动物活动并不奇怪。著名地理学家曾昭璇教授在1988年发表的学术论文《韩江流域的鳄鱼分布》中，对古代潮州的鳄鱼有详细的研究，可为定论。但问题在于，争论的一方，即持"潮州自古无鳄"论者，将话头重新提起，目的是清除对韩愈的迷信观念。所以，争论便涉及另外一个更加古老的话头：如何看待《鳄鱼文》？

　　《鳄鱼文》真为韩江上食民畜的鳄鱼而作吗？用"与刺史亢拒，争为长雄"这样的言辞，真的是在谴责鳄鱼吗？

　　北宋政治家王安石对《鳄鱼文》就颇有微词，他在《送潮州吕使君》诗中批评韩愈，说："不必移鳄鱼，诡怪以疑民。"王安石不愧为文章家，他把《鳄鱼文》当作移文来读（诗中"移鳄鱼"三个字，历来被理解为"鳄鱼西徙"的同义语，实在是一种误读。移，是古代一种文体的名称，移文，也就是檄文，一般用于声讨和谴责），并用"诡怪"二字来评论它，真恰当不过。韩愈写文章，喜欢用一种奇奇怪怪的文风来表达自己的思想情感，这就是"诡怪"。看来，王安石虽然对《鳄鱼文》有微词，却是读懂了它，知道韩愈声讨的，是那些冥顽不服王化者，所以他对吕使君说，宣扬皇权官威，声讨目无王法者，应该堂堂正正，不必假托《鳄鱼文》这种诡怪文字，使人疑惑。

　　读懂《鳄鱼文》的，不只王安石。南宋陈徐庆在《韩山亭记》中把知州曾造的政绩与韩愈相比拟，说，"禁暴戢奸，如清潭鳄；修学

待士，如立师训"，把暴徒奸人比作鳄鱼。清代《古文观止》的编者
吴楚材、吴调侯评点《鳄鱼文》说："全篇只是不许鳄鱼杂处此土，
处处提出天子二字、刺史二字压服他。如问罪之师，正正堂堂之阵，
能令反侧子心寒胆颤。"以为鳄鱼是指反复无常、桀骜不驯的"反侧
子"。他们都读懂了《鳄鱼文》。

韩愈在《鳄鱼文》所声讨的"反侧子"又是什么人呢？联系上一
节提到的《送郑尚书序》，《鳄鱼文》声讨的对象就很清楚了：那就
是"好则人，怒则兽"的蛮夷！那么，韩愈的驱鳄，实际上反映了他
对不受羁縻的本地原住民的态度：驱之于化外，划界而治。可见，就
是到了中唐，本地的汉族人和原住民的关系仍是疏远的。

兴办乡校是一个人所熟知的事件。韩愈的《潮州请置乡校牒》
说，潮州以前虽有学校，却荒废已久，读书人少，百姓和官府的下
层办事人员文化素质都很差。因此，他捐了俸钱办学，并举荐赵德
为教师。驱鳄是针对本地未归化原住民的行动，兴学则是为提高已
在籍汉民和汉化原住民的礼教观念而采取的措施。两者目标是一
致的，同样是在潮州推行儒家之学和天子的教化。苏轼认为，韩愈
贬潮之前"潮之人未知学，公命进士赵德为之师，自是潮之人笃于
文行，延及齐民，至于今号称易治"（《潮州韩文公庙记》）。这
种说法，自吴澄而下，多有人反对。其实，苏轼并非把韩愈贬斥以
前的潮州视为文化荒野，他在《与吴子野论韩文公庙碑书》中也说
道："潮州自文公未来到，则已有文行之士如赵德者，盖风俗之美
久矣。"《潮州韩文公庙记》只不过是从潮州人口的教育程度和整
个社会文化的发展着眼，而把韩愈看作开始向社会中下层普及儒家
文化的代表、看作转变潮州社会风气的百世之师，这应该是无可非
议的。

第三节 潮汕民系的形成与发展

⚊ 宋元时期闽文化的西渐

宋元时期闽文化的西渐是潮汕文化形成的重要环节。宋元时期，闽文化空前繁荣，中华主流文化以闽文化为中介，对本地区影响的力度加强。也是在这一时期，由于闽人对本地区大量移民，闽地风俗濡染岭东，故南宋的《方舆胜览·潮州》已经有"虽境土有闽广之异，而风俗无潮漳之分"的记载。另外，本地原住民的少数民族在这一时期也加速与移民融合。潮汕民系在这时开始形成。时至今日，历史上政区基本上隶属广东的潮汕，文化面貌却接近闽台，就是在这一时期打下基础的。

宋元时期闽文化影响本地区，主要通过两个途径。

闽人的出仕潮州，在本地培壅了邹鲁之风

宋代潮州职官大多是闽人。以知州为例，北宋时期潮州知州籍贯可以考知的共31人，其中闽人17人，占55%；南宋时期潮州知州籍贯可以考知的有90人，其中闽人57人，占63%。州县属官之中，闽人更多。当时闽籍仕潮官师，尊崇韩愈，慨然以兴学明道为己任。饶宗颐先生有《宋代莅潮官师与蜀学及闽学》一文，介绍详尽，可以参考。

这些闽籍官员，继承韩愈开启的兴学传统，普遍重视教育。保留在《永乐大典》中的宋元方志，对此有很详细的记载。他们的做法，可以归纳成三个方面。

第一，是兴建州县学官学舍，创办书院。学官和书院是兴学育人的基本设施，南宋时期兴建、修治过学官学舍的知州方略、谢明之、游义肃、孙叔谨、章元振、朱江、林票（从山）、曾噩、牟溁等，都是闽人。除了官学之外，潮州在宋代兴办了韩山书院和元公书院两座书院。书院的创建者不是闽人，但复兴韩山书院的知州郑良臣，扩建元公书院的知州陈玮，也都是闽人。方志说："潮二书院，他郡所无。"这里面，有闽籍官员的功劳。第二，是教习礼乐。礼乐自古以来是儒家教育的重要内容，一贯很得到闽籍官员的注重。南宋初，潮州学官先在黎盛的寇乱中被焚，几年后又遭遇大火灾，乐器不是散失，就是被烧毁。绍兴十二年（1142），莆田人林霆来任潮州州学教官，配齐乐器，按音律考定乐章，并在假日亲自带领学生练习奏乐歌唱。以后，知州长乐曾噩按照朱熹所定的制度配备了祭祀孔子的礼器，兴化陈圭捐资改做礼服。林霆的嫡裔林光世出任知州，又亲自教学生着服行礼，操器奏乐。这几个人，也是闽人。第三是办置、扩充学田，保证了办学经费的来源。北宋潮州州学学生名额120人，南宋增加到180人，每逢举行科举考试那年，又临时增加20个名额。这些学生，由本州拨给膳食津贴。津贴经费的来源，就靠学田租税的收入。因此，官员们对增拨学田这件事，都很在意。《三阳图志》记录了南宋时期拨田增加学廪的知州16人，其中曾汪、黄定、黄杞、林票（从山）、黄自求、陈憺、孙叔谨、叶观、陈圭、游义肃等10个人，都是闽籍。郑良臣复兴韩山书院亦拨学田，而林寿公、陈圭又再增拨，这3人，也都是闽人。

在这些官员的努力下，本地区民众的教育程度有很大的提高。

《三阳志》记述了南宋后期参加贡举考试人数日益增多的情况，就是一个例证：淳熙元年（1174），参加考试的士子只有3000人，到嘉泰四年（1204），有4000多人。以后读书人越来越多，参加考试的人也比前增加。到绍定元年（1228）已增加到6600人，而咸淳三年（1267）竟然超过10 000人。在不到100年的时间里，参加贡举考试的人数从3000人增加到10 000以上。这一年（1267）本地区人口数在700 000人左右，也就是说，在本地，每70个人就有一个人参加考试!在民众的教育程度普遍提高的状况下，出现了一批精英。太平兴国四年（979年），海阳人谢言以"草泽应诏"，成为宋代本地第一个及第进士（嘉靖《潮州府志》）。于是，《方舆胜览》说，潮人"联名桂籍，自太平兴国始"。此时，距北宋建国还不到20年。自此后到宋末止，本地区共有139人登进士第。其中正奏进士95人，特奏进士44人。宋代潮州教育状况，与唐代相比，有显著的发展。

随着教育的发展，中华主流文化在潮州迅速传播，潮州社会文化的发展水平已经不低于发达地区，所以《方舆胜览》称誉潮州说，"封疆虽隶于炎方，文物不殊于上国"。同时，"海滨邹鲁"也成为人们对潮州的美称。

显然，闽籍官员的兴学传道，在其间起了很大作用。

闽人的移民潮州，使本地风俗与闽南趋于一致

晚唐以前，无论从全国还是从广东看，本地都属于荒僻之区，人口稀少。北宋以来，韩江三角洲的开发利用，使本区的生存环境日益改善，来自闽地的移民日益增多，人口数量发展很快。

我们曾经对《潮州志·民族志（稿本）》和《澄海百家姓》两种资料进行统计，宋元两代移民本地区的家族共有62个，其中北宋时迁入的有13个，南宋时迁入的有28个，宋元间迁入的有10个，元代迁入的有11个。这些迁移入潮的家族大多数来自福建，特别是福建的泉州和兴化军（莆田），只有少数家族来自江西、浙江和江苏等省。

闽人移民潮州在文化上的意义，首先是将比较先进的农业生产技术经验，特别是将从事工商业的传统带到本地区，促使本地区生产力的发展。宋代的福建，地狭人稠的矛盾已经相当严重。在这种情势下面，从事农业的农民，一定要讲究耕作技术，留心水利建设，而有了技术经验的积累；又有大批人口另求生路，从事手工业和商业活动。福建人的经商，在北宋已很出名。大文学家苏东坡就说："惟福建一路，多以海商为业。"（《东坡集·论高丽进奉状》）欧阳修有更加生动的描写："闽商海贾，风帆浪舶，出入于江涛浩渺、烟云杳霭之间。"（《文忠集·在美堂记》）闽人移民的进入，促使本地区农业和手工业生产的水平提高，海上运输和贸易活跃。发展情况，在上面一节已经述及。潮汕人的善贾，在此时已见端倪。

其次，移潮闽人之中的宦仕与世家，有很多成为本地望族。兹据饶宗颐先生《潮州志·民族志》稿本和本地其他方志，举例如下：

宋神宗元丰年间，江西庐陵人彭延年谪知潮州，因乐潮州山水，定居在揭阳浦口，有《浦口村居》诗。裔孙分居潮中各县，人口颇多。当时浙江龙游人袁琛也因贬谪而落籍海阳。子孙繁衍，成为潮、澄、揭望族。

福建晋江人陈坦，在宋哲宗元符年间任海阳令。因多行惠政，任满后被百姓攀留，落籍海阳秋溪。

福建莆田人郑徽，曾任广东运使。高宗建炎间，携家来潮，卜居潮阳隆井都。子、孙都举进士。另一位莆田人黄詹，高宗建炎时任潮州通判，代理知州事。落籍潮阳，子孙多从仕。

江南高邮人孙乙，高宗绍兴间任揭阳令。任职期满，因喜欢当地山川民风，占籍揭阳，子孙世居渔湖。

福建莆田人丘君与，为丘氏迁潮始祖。高宗绍兴间任梅州知州，与潮州士绅交往因携家落籍，子孙多居饶平。

福州人林绍坚，曾任侍御史银青光禄大夫。高宗绍兴时，移家来潮，居莲塘。林绍坚施舍田产于潮州开元寺，开元寺供奉他的牌位至今。其子孙豪富，亦多施田寺院。

孝宗淳熙间，江苏常州人丁允元，知潮军州事，多善政。秩满占籍潮州附郭仙田乡，蔚为大族，后裔散居各县。

福建建阳李子昌进士，宁宗嘉定年间，偕父同来潮州落籍，子孙世居揭阳梅岗。

福建莆田人魏廷弼，理宗嘉熙间知潮州事。有惠政，甚得人民爱戴。因家潮阳，后迁澄海，子孙世居蓬洲富砂乡。他的弟弟魏廷璧，也随后来迁，子孙世居揭阳渔湖都。

福建兴化进士陈憺，宋光宗绍熙年间任潮州州学教授，宁宗嘉定时，知潮军州事。先后在潮州为官多年，秩满，士人百姓恳留，家潮阳濠浦。他的后裔到明清时，登第出仕的，还有不少人。

福建龙溪人萧询，理宗端平时任潮阳县令，因卜居南桥。为潮阳萧氏始祖。子孙繁衍，多仕宦。

理宗淳祐间，潮阳令陈汤征徙家潮阳，今柳岗乡陈氏即其后裔。方志说陈汤征是河南固始人，当时河南沦为金国的疆土已久，陈汤征哪还能够出仕于南朝？宋代福建人喜欢认籍河南固始，陈汤征恐怕还是福建人吧。

福建莆田人邱成满，宋度宗咸淳间以翰林承旨谪宣政大夫、潮州安置，因占籍于潮州。

这些望族很注重自己家族的历史和文化传统。潮汕人至今仍重视宗族血缘关系，应于此时奠定基础。

闽籍移民与潮州风俗

闽人移民潮州，将闽地风俗，从方言、民间宗教信仰到日常生活习惯带入本地区。闽潮同俗，自此时已然。这一点与地方文化关系最大，故不避拖沓，多讲几句。

先说方言。上面谈到，自秦汉一直到唐五代，大体上，本地区与广府的关系要远远比它同福建的关系密切。当时本地区的语言与福建应该有一定的距离。因为晋唐时，本地的移民与原住民关系也相当隔绝，他们使用的语言，恐怕仍旧保留了很多中原音韵。这种推测，有一个例证：韩愈刺潮，能够指挥属吏秦济、史虚己，而他跟赵德、大颠交往，一定更是可以随心所欲地畅谈，完全没有他到阳山时碰到的那种语言障碍。这不正好说明，当时的潮州人还讲中州话吗？宋代以后，闽人向本地区作板块式的移民，本地早先的移民语言被覆盖了。在这种背景下，就有了"韩愈正音"的传说。这个传说载在《永乐大典》第5343卷《潮州府·风俗形胜》，抄录如下：

> 郡以东，其地曰白瓷窑，曰水南，去城不五、七里，乃外操一音，俗谓之"不老"。或曰韩公出刺之时，以正音为郡人诲，一失其真，遂复不变。市井间六七十载以前，犹有操是音者，今不闻矣。惟白瓷窑、水南之人相习犹故。吁！文公能一潮阳之人于诗书之习，独不能语音变哉？是未可知者。

这段传说中的"不老"音，究竟是一种什么样的语言？有人说，

"不老"音是少数民族语言，是畲族话。有人说，"不老"音是中州语，是"当时的普通话"。推敲一下，第一种说法有些漏洞。《永乐大典·潮州府·风俗形胜》引用的另外一段记载，谈到嘉定十四年（1221）知州曾噩在潮州移风易俗，可知这段文献资料来源于1221年以后编纂的宋代方志。从这个时间倒推六七十年，在南宋绍兴年间。虽然现在畲族自己的语言已经基本消失，无从知道它的原本面目，但它与汉语差别很大是可以肯定的。无法想象南宋初期潮州城会流行畲族话。后一种说法，比较可取。细读原文，"不老"音与当时潮州通行的语言，应有所不同。说"失真"，说"不变"，都是相对于通行的话语而言。由于两宋闽人，特别是泉州、兴化二地的居民，大量移居潮州，闽南话成为本地区通行的语言，而原来本地人所操的"不老"音，也就逐渐消亡。

次看风俗。宋代福建的地狭人稠，迫使居民转事他业。做工经商之外，业儒和出家在福建亦蔚为风俗。闽人迁潮，把这些风俗也带到潮州。南宋，好读书已成为潮州民风的一大特色。《永乐大典》卷5343《潮州府·风俗形胜》引用《潮阳志》说：

（宋）孝宗尝问（王）大宝："潮风俗如何？"大宝对曰："地瘦栽松柏，家贫子读书。"习尚至今然。

很有趣的是，明代弘治的《兴化府志》讲述宋代风俗，也提到"家贫子读书"这句话。出家的风俗，在文献上还找不到直接材料，但是在"地理景观"一节我们已经讲过，宋代在本地区兴修和新建了不少寺院宫观，这些寺院宫观的修建，一定要以有人出家作为前提。宋代本地区信佛风气很浓却是毫无疑问的，因为到现在还能够看到很多捐金奉佛或者修造祈福的实物资料。现在流行于本地区和东南亚的大峰祖师崇拜，也是宋代潮州民间信佛风气的流衍。

再谈民间信仰。宋代福建民间信仰风气特别浓烈，《宋史·地理志》都说"其俗信鬼尚祀"。由于移民大量进入潮州，有不少福建民间信仰传播到了本地区。例如妈祖信仰和陈元光信仰都在宋代就已经在本地区扎根。

妈祖的原型是五代宋初莆田湄洲岛上的一位巫女，传说她能用法术为渔民解决种种危难，死后受到渔民、船民信奉崇拜，到北宋末年就被神化为能够助顺安澜的海上女神。潮州最早的妈祖庙也出现在宋代。陈天资《东里志·疆域志》"祠庙·天后庙"条记载："天后宫……一在深澳，宋时番舶建"，可见妈祖信仰在宋代已经传入本地区。南澳岛的妈祖庙是从事海外贸易的商人（番舶）建起的。另外，南宋修成的《临汀志》，记载着一座嘉熙年间（1237~1240）创建的三圣妃宫，说这座祭祀包括妈祖在内三位女神的三圣妃庙，是由往来汀江、韩江上的运盐船工建造的，它在潮州有一座祖庙。这条史料说明，南宋时潮州除南澳有妈祖庙外，至少还有一座妈祖庙。这座庙应该是移民所建，而往来韩江上的船工又把福建传入的妈祖信仰再从潮州传到闽西山区。

陈元光是一位历史人物，关于他的事迹，我们在上面已经介绍过。他请建漳州，又首任刺史，很受漳州人民的尊崇，死后被庙祀。到北宋神宗熙宁八年（1075），陈元光被朝廷封为忠应侯，此后屡有加封，地位极为崇高。说明至迟到北宋中叶，陈元光已经从一位历史人物，被改造成为一位民间神明。这种信仰也随着移民的浪潮传播到潮州。宋徽宗政和三年（1113），漳州陈元光祖庙获赐"威惠"庙额。只过了几十年，潮州也建了威惠庙。现在，潮州西湖葫芦山，还保留着一面《重修威惠庙题记》摩崖石刻。石刻文说：

> 威惠庙日就圮坏，邦人无有身其职者。玉牒赵希蓬毕力
> 就事，以嘉定壬申三月朔兴役，逾年春告成。敬书以志岁月，
> 六弟希道书。

嘉定壬申即公元1212年。石刻说明，在嘉定壬申之前一段时间，潮州就有威惠庙。

从上举三个方面可以看到，宋代闽人的移民潮州，促使了闽文化特别是民俗文化向潮州迅速传播。

宋元之交潮州的畲民

在两宋300多年的时间里，文献已经极少提到本地蛮僚的情况。大概在闽人移民的大潮中，原来在本地相当活跃的蛮僚，也加速了汉化的进程。但是，他们并没有全部汉化。到南宋后期，这些很久以前就居住在本地区的少数民族，又重新出现在文献上。这时候，他们被称作"畲民"。

畲民的称呼，最早可能是出现在刘克庄的《漳州谕畲记》中。刘克庄的文章说：

> 凡溪洞种类不一，……在漳者曰畲。西畲隶龙溪，犹是
> 龙溪人也。南畲隶漳浦，其地西通潮梅，北通汀赣，奸人亡
> 命之所窟穴。畲长技止于机毒矣，汀赣贼入畲者，教以短兵
> 接战，故南畲之祸尤烈。二畲皆刀耕火耘，崖栖谷汲，……
> 有国者以不治治之。畲民不役，畲田不税（不纳田赋），其

来久矣！厥后贵家辟产，稍侵其疆；豪干诛货，稍笼其利；官吏又征求土物——蜜蜡、虎革、猿皮之类。畲人不堪，诉于郡，弗省，遂怙众据险，剽掠省地。

比较上面引用的韩愈《送郑尚书序》和刘克庄这段文字，可以看出畲民和唐代本地蛮僚的关系。有一点是很清楚的：畲民用来武装自己的"机毒"，就是韩愈文章里讲到的"机毒矢"。至于畲民的生活方式，从这两段文字里，可以看到不同的两种类型：一种是"刀耕火种"的农居生活，一种是往来海上的航海生活。而后者，或者就是明清文献上的蛋人。下面要讲到的潮州陈懿家族所统领的畲兵，就是这一种。

刘克庄的《漳州谕畲记》是为宋理宗景定三四年（1262~1263）漳州畲民之乱而作，所以他说"在漳者曰畲"。其实畲民生活在汀赣潮梅漳数州之间的大山长谷中，故潮州亦有畲民。文天祥在咸淳四年（1268）所写的《知潮州寺丞东岩先生洪公行状》中就说道：

潮与漳、汀接壤，盐寇畲民，群聚剽劫累政。以州兵单弱，山径多蹊，不能讨。

畲人在宋代本来已经羁縻，作乱是因为不堪汉族豪强与官吏的侵夺，所以只要稍加安抚，便能和汉人共处。漳州畲民之乱，就是在景定四年（1263）以受招安、编入户籍结束的。

宋元之间，畲民在本地的战争中充当了很重要的角色。

畲民是宋末张世杰在漳汀潮泉一带抗元所依凭的主要力量。饶宗颐先生《潮州志·大事志》载，景炎二年（1277）五月，张世杰攻取潮州。七月，张世杰带领陈吊眼及许夫人所统诸峒畲军，自潮州出师，围泉州，攻蒲寿庚，不下。元兵进攻潮州，许夫人战死百丈埔，后人建夫人庙纪念她。宋亡后，陈吊眼（又称陈遂）一直在潮州坚持抗元。和他一起抗元的，还有陈满统领的畲军。至正十一年（1351），陈满被招讨使陈梅镇压，陈吊眼却越战越强。漳州方志说，陈吊眼入粤，归附他的人很多，一共有五十八寨。现在，潮汕许多地方还有陈吊王寨遗迹。澄海临江寨就是其中一个，寨中有"千人井"，是当年陈吊眼的部属挖掘的，井水可供千人饮用。如果以每寨千人计算，陈吊眼统属的畲军，将近60 000人。至正十六年（1356），陈吊眼攻陷揭阳城，自称定王。又占据潮阳县城，一直到明朝洪武初才受安抚。

当时还有一支畲族武装，由潮州地方豪强陈五虎兄弟统率。《元史》卷132记载，元至元十四年（1277）十月，元兵进攻潮州，"宋都统陈懿等兄弟五人，以畲兵七千降"。陈懿等兄弟五人，统领畲兵，任宋都统，疑是战乱未起时已经受地方政府管束的畲民首领。这一家族又拥有海船多艘。至元十六年（1279），元世祖就因为陈氏兄弟"出战船百艘从征宋二王"，封予官爵。陈氏家族所拥有的这支畲族武装，应该就是韩愈所说的那种"帆风一日踔数千里，漫澜不见踪迹"，习惯于海上生活的畲人。

尽管陈吊王和陈五虎麾下的畲民，在这一时期对宋、元两朝采取很不同的态度，但是，其发展结果是相同的，那就是在宋末和元代的动乱中，本地的畲民和汉人加快了融合的进程。到明代以后，本地文献所记录的畲民的活动，比前代要少得多。

⬛ 明清时期的潮汕民系

明清时期的海防政策对潮汕民系和潮汕文化形成起着决定性影响。

海禁与闽人的又一次向潮州移民

明朝建国伊始，便出于巩固政权需要，施行锁海政策。这一政策直接影响着明代潮州社会的整个发展进程。

海禁政策使宋元以来潮州发达的海上贸易，受到极大的冲击。潮州海商为了继续从事海上贸易，多冒充贡使，或以通事身份，诱番船以入贡为名前来通商。正统海禁稍松，潮州海商又络绎私自出海贸易。正德年间，明政府鉴于广东地方海上贸易不可禁绝的事实，允许海外商舶由"官府抽分，公为贸易"（《明武宗实录》卷113），潮州民间私舶往来交易遂有进一步的发展。明世宗即位之后，朝廷又严海禁之令。这时，潮州的海上私市贸易已经不可抑止，南澳成为南中国海上私市贸易的中心。中外商人贸易交接于此，而后放发商舶，南下北上。从事这种海上私市贸易活动的团伙，往往以武力对抗海禁，又恃其武力攻略村寨、截劫商船，以祈取得更多的财富，酿成几十年的潮州海寇之乱。

明代海上贸易的兴衰起伏，在潮州的社会、经济、文化等各个方面产生了连锁性作用。

由于实行海禁，福建下三州又有大量移民迁入本地区。揭阳县计划生育办公室1985年对全县 236个村寨的建村时间和迁入地进行调查。这项调查的结果表明，榕江流域明代创建的村落有107个，占45.3%，多于宋元以前建村总和91个。这些村落从福建移民迁入本地的占了三分之二（《揭阳县人口志》）。整个韩江三角洲的情况，还没有充分的材料可以说明，姑且举潮安县浮洋镇为例：浮洋镇位于韩江西溪西岸三角洲中部，全镇共有94个自然村，基本上建村于明代以前。其中明代建村的有61个，比宋元之前所建的村子多三分之一。在明代所建的61个村子中，万历以后建村的只有8个。在明初至嘉靖间建村的53个村子中，除迁入地未明者11个外，从福建直接迁入的有30个，其余自本县或本州各县辗转迁入者，多数仍然是来自福建（《浮洋镇志》）。

福建新移民的迁入，为韩江三角洲的进一步开发提供了更加充足的劳动力资源。水利的兴修和双季稻种植面积的扩大，使本地的粮食产量平稳上升。这一时期，潮州仍有余粮可以输出福建。在人口增长的刺激下，农业商品化的倾向明显加强，手工业和商业也重新繁荣起来。由于民间贸易日益活跃，商人的社会地位提高，潮州从事手工业生产和商业活动的人口剧增。潮人善贾的特点，因此而进一步加强，成为传统。

经济增长促进了文教的发展。洪武八年（1375）朝廷诏有司立社学，但在潮州并未曾表现出施行效果。正统元年（1436）潮州知府王源才在本州设立社学，他在所写的《海阳县学文庙记》中叙述了社学办学措施和学校对潮州民风所产生的良好影响：

> 韩子远矣，是其横诈仇杀之风，又复如昔。予奉皇帝玺书，令以礼义为教，于是遵立社学十余所，诲民间子弟；置乡校数百余处，设乡正副，萃诸儒士月朔讲论理致，旌淑别慝。横诈者销，慕义者众。

文中的乡校指乡约所，是为了对民众进行道德教育而设置的一种教育机构。潮州举行乡约，就是从王源开始的。到正德嘉靖间，潮州士绅薛侃等拜大儒王阳明为师，又回本地，聚众讲习王阳明的学说，并积极推行乡约。其时广东督学魏校也传檄各府县毁淫祠立社学。在这些官员和士绅的共同努力下，儒家文化渗透到下层社会。追远报本、荣宗耀祖的理念被潮汕人普遍接受。

各类公私学校的兴办，使潮州人口教育程度有所提高。这在科举方面也表现出来。从正德元年（1506）至嘉靖三十年（1551），一共举行15次会试，潮州中了进士的，一共有45人，占广东进士总数187人的24.1%。其中嘉靖十一年（1532）海阳林大钦高中状元，嘉靖二十三年（1544）广东进士10人潮州占了7人，都是破天荒的。由于文化水平和道德风尚的进步，本地区"海滨邹鲁"的美称又为人所津津乐道。

嘉靖万历间的寇乱与潮汕民系的形成

嘉靖以后朝廷的严海禁之令和因此而加剧的海寇之乱，在两个方面对潮汕民系和文化的形成发展有着深刻的影响。

一方面是嘉靖万历间，纵横东南沿海的几个大海寇商人集团，在明政府军事高压的逼迫下，出走东南亚，成为早期潮籍移民。请看史书的记载：

> 吴平初据南澳，为戚继光、俞大猷所败，奔饶平凤凰山。掠民舟出海，自阳江奔安南。
>
> 林凤拥众数千，流劫海上，猖獗多年。为官军所逐，因奔外洋，攻吕宋玳瑁港，筑城拒守。
>
> 林道乾，图据闽粤不遂，又遍历琉球、吕宋、暹罗、东京、

交趾诸国，无隙可乘，复之大年，攻得之。今大年王是其裔云。

吴平后来下落不明。林凤、林道乾和他们的部属在菲律宾和暹罗定居下来了。这些海寇商人的滞留海外虽然是被迫的，但他们在东南亚的开拓，却为清代以后的潮汕移民奠定了基础。

另一方面，是沿海一带大村寨的建立。明末海寇之乱，本地居民多聚族武装自卫以御敌。这使潮州农村形成一批人口高度密集的大村寨。如和平、鸥汀、庵埠、塘湖、冠陇、南洋、樟林等寨子，聚众都超过万人。大型村寨的形成和自立，导致宗族势力的强大，潮汕人的宗族观念也因此而强化。

潮州民系的向外发展与地方文化的定型

可以说，到嘉靖后期，潮汕人在心态、观念、行为方式、语言、风俗这些方面，都有了自己的特点，潮汕民系形成并开始向外发展。

从明万历后期开始，本地区经历了数十年的动乱，一直到康熙二十三年（1684）清朝平定台湾，弛东南海禁，潮州社会才进入一个相对稳定的时期。此后五六十年间，人口增长速度较快，到乾隆中叶，本地区的粮食产出已经不敷自给。人口压力对本地区的社会经济文化产生了重大的影响。

为了解决粮食问题，有着悠久海外贸易传统的潮州商人，在政府的许可下，打造洋船，从暹罗转运稻米进口。从稻米交易开始，潮州商人在东南亚的商贸活动不断拓展。与此同时，大量潮州商民移居暹罗，形成18世纪七八十年代潮州人向东南亚的第一次移民高潮。

由于人均耕地面积日益减少，农民为了更高的劳动价值，扩大经济作物种植，农业生产进一步商品化。出现于明代后期的制糖、棉纺业应时而发达起来，潮糖、潮毯、潮蓝布，闻名南北。这又使得更多潮州人有可能专业从事商贸活动。最值得注意的是儒生的业商。清代的科举制度限制了许多读书人的仕进，而本地发达的商贸业给他们提供了施展才能的机会。儒生的业贾，大大提高了潮州商人的素质；捐纳制度，又能给业贾有成者带来与仕进相当的荣耀。这样，潮人善贾的传统上面，又添加了重商的成分。

清代潮商活跃于国内外市场，随着商人们的走南闯北，本地的一些独特的民俗事象，例如潮州戏、潮州菜、工夫茶，在与中华文化其他地域分支的交流中定型，成为人们愿意承认，也乐于接受的文化特质。这是我们在下编将要详细介绍的内容，这里暂且按下不表。

🔢 近代潮汕民系的发展

移民潮与海外潮人社会的生成

汕头开埠（1860年）以后，由于历史条件和社会环境的变化，潮汕文化有了一些新的发展。

这一时期，潮汕和中国其他地区一样，传统文化正面接受西方文化的冲击，经历了一个革旧易新的过程。例如，汕头开埠以后，新式学堂大批出现。道光二十九年（1849）到宣统三年（1911）62年间，潮汕地区改创办新式学堂，就其较主要者统计，已经超过100所。教育模式的现代化，驱动了潮汕文化的进步，潮汕人从生活方式到思想观念，都发生了巨大的变化。

这一时期，潮汕又出现三次向东南亚移民的浪潮。时间分别为1870~1910年，1926~1933年，1945~1949年。这三次移民潮，导致了海外潮人社会的生成。海内外两个潮人社会的密切联系与交往，也促进了潮汕文化的新发展。

潮汕人文化心态的进步

潮汕文化的新发展在它的很多文化特质上面都有所表现，而最主要还是反映为潮汕人文化心态的进步。具体地说，有两方面。

一是狭隘宗族观念的拓展。明清时期本地区的社会历史条件，使潮汕人形成了十分强烈而又狭隘的宗族观念。在这种观念的笼罩下，当一个潮汕移民赤手空拳来到异乡，首先想到的是投靠自己的宗亲，再谋求发展，而后者也会义不容辞地接纳他。易于立足无疑是海外潮人社会得以迅速扩大的重要原因之一。但是，这种狭隘的宗亲关系，也使早期海外潮人社会处于"小群可合，大群不可合"（梁启超《新大陆游记》）的松散状态。海外潮团的创立，远后于福建、客家和广府诸帮，就是明证。当时有人批评说："自来国人于团结观念，散而不整，松而不固，此南北各地所同也。而我潮人尤甚，相形见绌，时见讥于人者。"（赖连三《香港纪略》）20世纪初起，这种情况显然有所改善。在有识之士的倡导下，海外潮团组织纷纷成立。海外潮人在加强团结的同时，更加关心祖国和家乡。他们在潮汕办工厂，建学校，热心慈善事业。有不少海外潮人在辛亥革命和抗日战争中，倾斥家资，甚至献出生命。随着时代的进步，海外潮人狭隘的宗族观念拓展而为爱乡爱国思想。高度凝聚力成为潮汕人文化心态的一大特点。1981年以来由世界各地潮团组织轮流主办的国际潮团联谊大会声势之浩大，影响之深远，正足以证明潮人凝聚力之强。

二是开拓精神的发扬光大。明清时期，受地理环境和人口压力双重挤压，潮人出海经商和移民海外的风气日见炽盛，形成一种不避冒涉风涛，向海外发展的传统，滋育出勇于开拓的心态。近代以来，潮汕人的开拓精神进一步发扬光大。最能说明问题的，就是近几十年来潮商经营方式的转型和业务的拓展。与中国乡土社会的传统观念相应，早期潮商的经营，采取家族管理的方式，所有权和经营管理权合一。自20世纪30年代起，已经有一定经营规模的潮人工商业，逐渐采用现代化的股份制管理形式，任用有能力有经验的高层干部进行管理，把所有权和经营管理权分开，使企业管理模式更加开放。与此同时，很多潮人企业家积极拓展经营领域，从传统工商业向金融地产、交通能源、高新技术等行业进军，进而打破行业与地域界限，组成国际性大集团公司，加强了竞争能力，取得了卓越成就。潮汕人勇于开拓的文化心态在这些企业家身上，表现得最为突出。

本章主要参考文献目录

1. 陈历明编：《潮汕考古文集》，汕头：汕头大学出版社，1993 年。

2. 黄挺编：《饶宗颐潮汕地方史论集》，汕头：汕头大学出版社，1996 年。

3. 邱立诚编：《澄海龟山汉代遗址》，广州：广东人民出版社，1997 年。

4. 解缙主纂：《永乐大典》，北京：中华书局，1960 年影印本，卷 5343、卷 5345《潮州府》。

5. 周硕勋修：《（乾隆）潮州府志》，台北：成文出版社，1966 年影印 光绪十九年（1893）年重刻本。

6. 饶宗颐总纂：《潮州志》，汕头：潮州修志馆，1949 年。

7. 饶宗颐：《潮州志·民族志》（稿本），原藏汕头市图书馆。

8. 朱维干：《福建史稿（上册）》，福州：福建教育出版社，1984 年。

9. 国分直一著 林薇娜译：《关于南岛语族的故乡和南方蒙古族北渐问题 的探讨》，铃木满男主编：《福建民俗研究》，杭州：浙江人民出版社，1990 年。

10. 李亦园：《人类的视野》，上海：上海文艺出版社，1996 年。

11. 张光直：《中国东南海岸考古与南岛语族起源问题》，四川大学博物 馆等编：《南方民族考古（第一辑）》，成都：四川大学出版社，1987 年。

12. 谢重光：《〈唐岭南行军总管陈元光考〉质疑》，《汕头大学学报》 1991 年第 2 期。

13. 罗东升、姚代玖：《韩愈〈鳄鱼文〉与在潮祭鳄驱鳄的神话》，潮汕 历史文化研究中心等编：《潮学研究（四）》，汕头：汕头大学出版社，1995 年。

14. 吴松弟：《宋代福建人口研究》，《中国史研究》，1995 年第 2 期。

下 编

潮汕民俗文化

第三章　潮汕饮食文化

饮食是人类的本能，人类与生俱来需要并懂得饮食。"民以食为天"，人类要生存，要发展，不能不把饮食当作第一件大事。从求饱，到求好，到求巧，饮食又与人类文明的开始和文化的发展结伴而行。《礼记·礼运》说"夫礼之初，始于饮食"，就视饮食为文化礼俗的开始。生活在不同地域的人，都在自然环境的制约下，努力利用与开拓食物资源，从求饱到求好，形成了各自不同的饮食习惯和风俗。饮食习俗成为地域文化的重要标志之一。

　　当社会经济和文化达到一定发展水平，人们在饮食方面便会进一步追求巧——内容的精和形式的美。于是，制作方法日见繁富，加工技术花样翻新，从某一道菜的色、香、味、形、名、意的讲究，到每次用餐菜谱上的冷、热、咸、淡、先、后的配搭，饮食的文化意味越来越浓。饮食习俗的地域特征不断加强，随着商品经济的发达，在日益频繁的文化交流之中，出现了多种特点稳定、地方风味浓郁的地方菜流派。中国饮食文化越发变得纷繁而绚烂。潮州菜在这饮食文化的百花园里，艳丽夺目。

第一节　潮汕古代食俗

　　要了解古代的饮食习俗，只能凭借从地下发掘的考古资料和保留在古籍中的文献资料。可惜在潮汕，这两种资料数量很少。不过，只鳞片爪，虽不足以洞见古代潮州先民饮食习俗的全貌，毕竟还可以借助着它来探究古代潮州先民饮食习俗的梗概。

　　在上篇，我们已经谈到过潮汕的先民如何利用本地的食物资源。温暖多雨的气候，靠山面海的优越地理位置，使得本区的动植物资源十分丰富，在饮食方面给潮汕的先民以非常宽阔的选择范围。薯芋、稻米、鱼鲜和家畜，在数千年前已经成为本地居民的主食。那么，潮汕的先民是如何对这些食品进行烹调的？

　　生活在五六千年前的陈桥等地的贝丘遗址的居民，已经能够制造陶器，毫无疑问，也懂得用火烹煮食物。奇怪的是，潮汕地区出土的先秦时代的陶器中，并未发现鼎、鬲一类专用于炊事的器物。我们猜测，这个时期本区的原住民可能掘土为灶或者以石块做支架，安上陶缶来烹煮食物。揭阳油甘山和普宁牛伯公山两处考古遗址，在发掘中发现的一些灰坑遗迹，大概就是先民们使用这种烹调方式而残留下来的。至于牡蛎蚌蛤这些贝类，先民们干脆就用蚝蛎啄之类的细小石器，把它们剖开挖出，生吃了。

　　古代本地的居民的饮食材料的谱系很广，除了主食之外，蛇蛙龟鳖，大至野象，小如昆虫，无不成为他们口中的美食。现存古籍，还有很多这方面的记载。下面略举一些奇特的例子。

象鼻炙

唐代刘恂所著的《岭表录异》说：

> 广之潮、循州多野象。潮、循人或捕得象，争食其鼻，云肥脆尤堪作炙。

古代，大象在我国的分布地域要比今天广得多。商代中原地区还有象群活动，保留到今天的甲骨卜辞上面，就有获取野象和用大象作祭品的记录。《吕氏春秋·本味》篇里谈论天下美味，肉食之中，有"旄象之约"。学者们对"象约"有许多解释，有人说是大象的尾巴，有人说是大象的脂肪，有人说是大象的肚肉，有人说是大象的腰肉……但有一点看法是共同的，那就是当时人们猎取野象，作为肉食。

到唐代，中原地区大象已经绝迹，而岭南的大象仍然成群结队。刘恂是唐末人，到广州做官，因为天下动荡，留居在岭南。《岭表录异》记述了他所见所闻的岭南风俗。唐末潮循人捕象，主要目的大概是保护农作，而被猎获的大象，自然成为美味佳肴。"炙"是烹制肉食的一种方法，就是将肉放在火上烧烤。现在我们是没有品尝象鼻的口福了，不过刘恂说大象的鼻肉又肥又脆，想来有点像猪鼻子肉吧。那时候，潮州人都把象鼻当作至味，捕得大象，还争着烤象鼻吃呢。

炸蔗头龟

清代光绪间张心泰所著的《粤游小记》说：

　　潮州蔗田接壤，蔗虫往往有之，形似蚕蛹而小，味极甘美，居人每炙以佐酒。这段记载，是从梁绍壬的《两般秋雨庵随笔》里抄来的。据梁绍壬说，在潮州，这种虫子俗名蔗头龟，寄生在甘蔗老丛蔗头间。甘蔗是多年生草本植物，第一年用蔗苗扦插，叫作新丛，到冬季收割后，给蔗头培土施肥，第二年又可以分蘖萌生，茂盛如初。这二年生的甘蔗叫作老丛，收割后，蔗头间往往能掘到蔗虫。

潮州种蔗，大概要等到明代以后。在《永乐大典》所载宋元时期潮州方志中，还未见有种植甘蔗的记录。明嘉靖《潮州府志》"物产"门类，果类中有甘蔗；隆庆《潮阳县志》食用类中有砂糖。可见当时潮州已经种蔗。清代乾隆以后，潮糖北运，销售量很大。本地区甘蔗的种植面积也极广。光绪《潮阳县志》中，刊载了乾隆十七年（1752）任潮阳县令李文藻的一首诗，其中有"岁岁相因是蔗田，灵山脚下赤寮边"的句子，摹写了清代前期潮阳铜盂赤寮一带蔗田连阡的景象。这只是清代潮州甘蔗大面积种植的一个镜头。以蔗头龟为美食的奇俗，应该是在甘蔗大面积种植之后慢慢形成的。

蔗头龟的吃法，《两般秋雨庵随笔》里头讲得很详细：

　　蔗虫出土后，净洁，炊僵，晒干，抚去其足，然后以油炙之，则腹膏饱满，无上佐酒物也。

看来，梁绍壬是吃过这种又肥又香的炸蔗头龟了。

据说，几十年前，潮汕还有卖蔗头龟给人佐酒的。现在，潮汕几乎不再种蔗榨糖了。虽然还有人种着几垄果蔗，高效杀虫剂使用之后，老丛的蔗头恐怕也难再掘到蔗头龟。我们还能品尝到这种奇特的美食吗？

第二节　潮汕家常饮食

今天潮汕的家常饮食，有许多还保留着往昔的风习。一些应该在"古代食俗"中讲述的内容，我们把它留到这一节。稻米、薯芋、鱼鲜和家畜，在今天仍然是本地居民的主食。这种食物构成，与中国南方各地大致相同。不过，水土所系有异，潮汕人的家常饮食也形成了自己的一些特点。同是用大米作主粮，潮汕人喜欢熬白粥吃。下粥的菜，喜欢用腌菜、酱菜等，统称为"杂菜"。薯芋常常做成甜食，有甜汤、"羔烧""翻沙"等做法。薯粉则杂以海鲜、瓜菜，煎成粉烙，常见的有蚝烙、宅（从鱼）鱼烙、秋瓜烙、南瓜烙、萝卜烙等。鱼鲜求其鲜美，多生炊后蘸以豆酱、酱油，或者用豆酱水煮之后吃。蛤蚌蟹齐从蛴，虾蛄鱿仔，稍用盐水鱼露腌过，再加椒姜蒜醋生吃。下面，介绍几种有特色的潮汕家常饮食。

● 一　食糜

潮汕人把白粥叫作"糜"。糜和粥本来是同一种东西的不同名称，古时候或者干脆就叫作"糜粥"。把米搁在鼎里和菜汤肉汁一起熬烂，叫作糜，也叫作粥。我国第一部字书——东汉许慎的《说文解字》中就是这样解释的。东汉末的另一本字书《释名》则说："糜，煮米使糜烂也。"只用米煮而不必加菜肉。大约魏晋以后，糜的煮法，多如《释名》所言。《世说新语》里有一个故事，说陈寔家来了客人，陈寔让儿子蒸饭待客。那孩子顾着要听父亲与客人谈话，只管烧火，却忘了在蒸饭的甑上放竹席。结果，做饭的米都掉到釜里，煮成了糜。孩子只好向父亲说明理由，并只字不漏地将长辈的议论复述出来。陈寔见儿子这么聪明，很高兴，说："食糜就可以了，何必吃饭。"这种只用米煮的糜，与今天潮汕人爱吃的白粥完全一样。

在中国，食糜可能有很悠久的历史。清代段玉裁注释本《说文解字》说："黄帝初教作糜。"这只是圣人作器一类的传说罢了。中国稻作农业的起源很早。1988年，湖南省考古工作者在长江中游澧县彭头山距今9000~8000年的考古遗址中，发现稻作遗存。这比浙江河姆渡遗址所发现的稻作遗存，要早上2000多年，是迄今为止中国稻作农业的最早证据。到距今5000年左右的新石器时代晚期，人们已经能够制作陶鬲之类的炊器，也就有条件将稻米煮成糜。

古人食糜，出于两种考虑。一是节俭。家贫米缺，只好食糜。汉代乐府《东门行》歌辞说，"他家但愿富贵，贱妾与君共餔糜"，讲的就是这个意思。《宋史·范仲淹传》记范仲淹年轻时寄居亲戚家苦读，食物不充裕，就煮糜粥吃，"人不能堪，仲淹不苦也"。范仲淹的食糜粥，显然也是出于节俭。二是养生，宋代文学家张耒曾经写过一篇《粥记》，说：

> 张安定每晨起，食粥一大碗。空腹胃虚，谷气便作，所补不细。又极柔腻，与肠腑相得，最为饮食之良。妙齐和尚说，山中僧每将旦一粥，甚系利害。如或不食，则终日觉脏腑燥涸。盖粥能畅胃气，生津液也。大抵养生命，求安乐，亦无深远难知之事，不过正在寝食之间耳。

张安定和妙齐和尚吃粥，用意正在养生。元人李杲的《食物本草》说，粳米能益肠胃，通血液，和五脏，煮成粥吃更佳。这些材料的时代偏后，而古人对食粥的养生功用，知之甚早。例如，老人体弱，宜多食糜。《礼记·月令》就说古时候八月里，要赡养衰病年老者，"授几杖，行糜粥饮食"。《后汉书·礼仪志》也规定在农历八月，要查证民间户籍，年纪已到七十的老人，都授予玉杖，并让他们食糜粥。让老人食糜粥，分明是出于养生方面的考虑。这种做法，反映了中华民族养老敬老的美德，有着久远的历史传统。

潮汕地区稻作农业的起源不会很早，什么时候开始有食糜的习惯，也已经很难考订。在《食物本草》上面，可以读到潮州人食白粥的最早的记载：

> 苏轼帖云，夜饥甚，吴子野劝食白粥，云能推陈致新，利膈益胃。粥既快美，粥后一觉，妙不可言也。

吴子野，名复古，潮州人，是苏东坡的好朋友。北宋熙宁十年（1077）一月，两个人在济南初次见面，吴复古就对苏轼谈起处世养生之道，苏轼还因此写了《论养生》一文。《食物本草》引用的苏轼的这通法帖，现已失传，不过按苏吴两人的交情和法帖的内容而言，其真实性，应该毋庸置疑。苏东坡被贬到风俗习惯与北方有较大差别的岭南地区。在饮食方面，这位美食家不免要碰上许多新鲜事。吴复古便教给了他一些很有地方特点的饮食方法。例如，煨芋。岭南多产芋，本地人用以为食粮。在惠州，人们把芋用水煮熟，冷吃。这种吃法，肚子容易发胀。绍圣初（1094），苏轼贬惠州，三年（1096）年底，过访吴复古。吴复古对他讲："把芋去皮，用湿纸包了，在牛粪火中慢慢煨熟，趁热吃，则又松又腻，能益气充饥。"并动手煨好两颗芋子给他吃。东坡吃后，乘兴写了《煨芋帖》，记下吴复古所传授的方法，又以《除夕，访子野，食烧芋戏作》为题，赋诗一首：

> 松风溜溜作春寒，伴我饥肠响夜阑。牛粪火中烧芋子，
> 山人更吃懒残残。

吴复古教苏轼吃白粥，大约也在这数年之间。宋代潮州稻作农业已经相当发达。顺治《潮州府志·古迹之部》记载，元丰间（1078~1085）彭延年占籍潮州，定居官溪浦口村，著有《浦口村舍》诗。这组诗的第五首，抄录如下：

> 浦口村居好，登高望处赊。稻田千万顷，农舍两三家。
> 樵路通云磴，溪船簇蓼花。太平无事日，处处尽桑麻。

就十分形象地描绘出当时枫江两岸平原地区的稻作农业景观。毫无疑问，此时潮州居民已把稻米当作主粮。岭南炎热而潮湿的气候条件，使人容易因为流汗过多，而唇焦口燥、食欲不振，多食能养胃气、生津液的米粥，不仅适口，也的确有良好的养生作用。难怪苏东坡吃了粥之后，美美睡上一觉，连声赞叹"妙不可言"了。殆亦因为如此，潮汕人自古养成三餐多食糜的习惯，并一直保留到今天。

杂菜

在中国各地，人们可以吃到各种各样风味不同的腌菜和酱菜。潮

汕人把腌菜和酱菜统称为杂菜。最有特色的杂菜有潮州咸菜、贡菜和菜脯。

把蔬菜腌制后再吃，在中国有很久远的传统。古人把腌制过的蔬菜叫作菹和齑。菹的做法，是把蔬菜按四寸长短切成段，不足四寸长的用全棵，然后用醋淹泡，或者用开水烫过再装在坛子里让它自然发酵，类似今天的泡菜。齑的做法，是将菜切成细片，然后同菹一样腌泡制成。据《周礼》记载，周代祭祀和朝会宴席上的菜肴，有七种菹和五种齑。菹和齑的做法，到后来变得多样化了。唐代的《荆楚岁时记》中的盐菹，就是另一种做法：

> 仲冬之月，采撷霜芜菁葵等杂菜，干之并为咸菹。

齑也有加盐腌成咸菜的，例如欧阳修《寄梅圣俞》诗"我今俸禄饱余剩，念子朝夕勤盐齑"中的盐齑。还有所谓"淡咸齑"，宋本《方舆胜览》江东南康军"简寂观"条下引《梦溪笔谈》说：

> 观有竹，相传修静所植，出苦笋而味反甜。归宗寺造咸齑而味反淡。盖山中佳物也。山中人语云："简寂观中甜苦笋，归宗寺里淡咸齑。"

这种淡咸齑，大概是在制作过程，盐加得少一点，口感比一般盐齑要淡。

潮州咸菜，用本地特产卷心芥菜（潮汕俗称大菜）腌制，有酸咸菜和咸菜两种风味，制法稍有不同。酸咸菜的制法与古人做菹基本相同。大菜收割后，一般都将老叶去掉，大棵的切成两半，小的用整棵，略加曝晒，使其软化，掺和食盐装进大缸，用大石头压紧。两三天后，食盐融化，大菜也压出菜汁，再把适量的热米汤浇进缸里。以后每天都加浇米汤，直到菜缸有酸甜气味散发，菜叶由绿变黄，便可以取出食用。如果腌制过程不加米汤，适当增加食盐分量，不让腌菜发酵，腌制成的便是咸菜。

潮州贡菜，腌制方法近似古代的咸菹。贡菜也用卷心芥菜为原料，但选料比咸菜讲究，一般用芥菜的卷心部分（潮汕人把它叫作大菜蕾）。将菜蕾洗干净，剖开切成一指大小的细片，摊开曝晒三数天，至七成干，按一斤干菜加食盐和蔗糖各一两半、白酒适量的比例，揉拌均匀，装进瓮中，压实封口，密闭两个月后，就可以启封食用。

菜脯，是用萝卜腌成的咸菜干。它的制法类似《荆楚岁时记》中的盐菹。农历十一、十二月间，将萝卜收成，去叶剖开，在好风日中晾曝。到傍晚，就田头掘地为坑，先在坑底坑沿铺上稻草，把萝卜堆进坑里，放一层萝卜撒一层盐，用脚踏实。堆满之后，再盖上稻草，用大石头压住。第二天一早又把萝卜取出晾晒，傍晚如法腌制。这样反复十来次，萝卜成了咸菜干。再将它装进瓮里，压实，用稻草紧紧塞住瓮口，闷上一两个月。香甜可口的新菜脯便可以取出食用了。

曝菜脯　陈利江摄

潮汕人家常好用杂菜配糜佐饭。潮州菜馆的厨师做菜，特别是做汤，也喜欢用咸菜菜脯作配料。明虾、鲇鱼做汤，配上几片切薄的菜脯，既能除去腥味，又有菜脯特殊的清香，十分可口。海螺、猪肚做汤，配上一点酸咸菜，鲜美开胃，很能逗起客人的食欲。

潮汕人从什么时候开始腌制咸菜菜脯？因为文献不足，已经不能说清楚。不过，菹菜的腌制古已有之，咸菜和菜脯大概也早就成了潮汕人家常饭桌上的佳肴。乡下人每到年底，总要曝几担大菜萝卜，明年一年就用这咸菜菜脯配饭。城里人一般也会腌些贡菜菜脯条，日常用它下饭佐酒；自家不曾腌制，就到商店里去买。至迟到清代，潮汕的城镇中已经出现了专业加工和出售各种咸菜的商店，俗称杂菜铺，雅名则叫作酱园。酱园用大木桶腌制咸菜。林大川《韩江记》有一则记载：

> 郡开元街有永春号酱园。一日园主人因园中旧菜桶渗漏，命园丁五人修之。菜桶高一丈有奇，梯乃可上。园丁五人依次接踵上梯，俯视桶中，烟气上腾，辄昏昏跌入。……主人惊愕，急以斧破桶，见园丁皆昏倒桶内，其先入者不可救。

腌制咸菜的过程，会产生一氧化碳之类的有毒气体。大菜桶内通风不畅，有毒气体积聚，园丁吸入，中毒昏迷。从这则记载看，永春号酱园雇工在五人以上，腌菜用的大木桶高至丈余，生产规模不小。可见，当时潮州城里，杂菜的销售量是相当大的。清代，移民东南亚的潮汕人数量很多。这些身在异国的侨民，对家乡风味的杂菜仍颇偏爱，潮汕的咸菜菜脯因此远销东南亚。据《潮海关十年报告》统计，1870年潮汕销往国外的咸菜有4.6万担，1890年增加到9.3万担，1910年潮汕外销咸菜多达22.4万担。

直到现在，潮汕人还用杂菜作为礼品馈送移居外地的亲友。也许，潮汕杂菜的家乡风味很能惹起故土之思，受赠者十分珍重这些小菜，总是留着自己慢慢享用，有时，在家宴上也拿出来与客人共同品尝。近年，潮汕杂菜的保鲜技术发展得很快，原来只能保鲜几天的酸咸菜，现在也可以远销了。许多城市的食品店，都卖潮汕小菜。如果有兴趣，你能在店里买到一包颜色嫩黄、爽脆鲜美的潮州咸菜，带回家尝尝。

第三节 潮州菜

潮州菜现在可以说是风靡了整个中国。但是在许多研究中国饮食文化的学者眼里，潮州菜在饮食王国之中，只是蕞尔小邦，一般只把它归入粤菜系统。这实在很不恰当。唐振常先生在《饔飧集》里一篇谈中国菜系的文章中，就说：

八大菜系中无潮州菜，大约以为潮州菜可入粤菜一系，此又不然。通行粤菜不能包括潮州菜的特点，凡食客皆知。试看香港市上，潮州菜馆林立，何以不标粤菜馆而皆树潮州菜之名？昔日上海，潮州菜馆颇多，后来几近于无，近年才又抬头，尽管不地道。有的连工夫茶也没有，问之，答曰，茶具没有准备好。虽然，上海人还是喜欢品尝。

唐先生以席上有无工夫茶来区别潮州菜馆的地道与否，是行家言。地道的潮州菜，在客人入座后，宴席中间和结束之前，要上四五道茶。这是潮州菜的一大特色，粤菜所无。

诚然，因为地域相邻，历史渊源接近，现代交往频繁，潮州菜和粤菜在烹饪技巧特别是在用料方面，有不少相似之处。但有自己特色的菜系毕竟是从家常饮食发展提起来的，虽说是"口之于味，有同嗜焉"，地理环境与世代相承的生活习惯所造成的口味，终究还是不同。例如，潮汕人也以蛇为美味，但吃法绝异于粤语区。一般是将蛇肉撕下，切片生焯，剁段清炖，或者剁肉酱做成蛇丸——都取其清鲜，而不像广州人佐以各种配料做成浓香的三蛇羹。再说，三蛇羹是粤菜中的名牌菜，蛇丸蛇汤却是上不了正宗潮州菜谱的。

⚊ 潮菜四大特点

把潮州菜与粤菜放到一起比较，它的特色还是十分明显的。

其一，粤菜用料甚广，河海鱼鲜，禽畜野味，几乎无所不用；潮州菜用料虽然参差似之，但偏重鱼鲜，配以禽畜，野味常用者，蛙鳖而已。

重鱼鲜，与地理有关。潮汕平原河汉如网，池沼如星；海岸线长，海滩宽广。水产丰富，并且早就为潮汕人饮食所取资。潮州菜的鱼类用料，咸水鱼最重马胶鲳，淡水鱼常用乌鱼草，新近受港式潮菜的影响，石斑、鳕鱼之类，也常见于宴席上。贝类用料，本地所产有蚝、蚶、鲍鱼、响螺和日月贝等。响螺学名长辛螺，野生于本区沿海盐度较高的泥质海底，拖网渔船时有捕获。用响螺做原料的明炉烧蛋和油泡螺片，都是潮州名菜。日月贝生长在水深 5~10米的沙质海底，状如团扇，两片贝壳一红一白，故名"日月贝"；日月贝在海底以两扇贝壳急速开合，行进如飞，故又名"飞螺"。日月贝的闭壳肌俗称"带子"，极肥大，色白如玉，用以清蒸，脆嫩鲜美，是潮州菜桌上的佳品。甲壳类的沙虾、明虾、锯缘青蟹更是做潮州菜不可缺少的用料。青蟹生长于近河口的泥质海底。雄蟹和幼蟹肉白嫩而鲜甜，渔民捕得，市上卖，称作"肉蟹"。已受精的母蟹，古称"黄膏蟹"，近几十年，潮汕渔民发明人工养殖的方法，捕得之后，放养于蟹池，供给充足的饵料，大约经过20天，母蟹蟹膏饱满，背壳呈赤色，再上市出售，称作"膏蟹"，又叫"赤蟹"。生炊肉蟹和生炊膏蟹也是潮州名菜。

明炉烧响螺是潮州菜著名菜品　陈利江摄

潮州菜在用料方面，还有一个特点，就是用粗料做细菜。潮州菜中的厚菇芥菜、金瓜芋泥等，都是用普通的蔬菜为主料做成。有一个很有名的潮州菜，叫作"护国菜"，主要原料是番薯叶子。关于这个菜的来历，还有一段传说：南宋末年，宋帝昺为元兵所逼，由福建入潮州，奔波困顿，来到一座小山寺。寺僧见宋帝疲乏饥渴，却苦于寺中无物可饷，只好用番薯叶子做了羹汤献上。谁料落魄的小皇帝食后赞不绝口，并赐名"护国菜"。传说终归是传说，实际上这个名菜还是由潮州家常菜演变而来。潮汕的菜市上，番薯秧当蔬菜卖。买回来后，摘下嫩叶，开水烫过，下鼎生炒或者用豆酱油煮羹，滑爽而有一种特别的甘香。到了潮菜师傅手里，薯叶羹做得越发精细。薯叶烫软剁碎，加老鸡汤煨烂，扑鼻清香，入口滑嫩。上桌宜用白瓷小碗，衬出羹色翠如碧玉。也有加冬菇云腿同煨的，香愈浓而色斑斓，反不如单味薯叶清纯，只能算是别裁。

用番薯叶为主要食材做成的护国菜　陈利江摄

其二，粤菜风味偏重清、鲜、滑、爽，潮菜也参差似之，而相比之下，潮菜风味，更加清淡鲜美。

粤菜和潮菜的汤水，就有十分明显的区别。粤菜宴席一般只有一道汤，用于餐前餐后。汤的用料较杂，文火熬成，久熬者称作"老汤"，味厚而浓，以为最佳。潮菜宴席十二道菜中至少要有两道汤。四时用料不同，汤的品种很多。但每道汤的用料都比较单纯，鱼虾螺片，用酸菜菜脯做配菜，肉丸鱼丸，用香菜茼蒿做配菜，求其清淡鲜美。春季的竹笋排骨汤，夏天的冬瓜水蟹汤，秋日的水鸭柠檬汤，冬令的干贝萝卜汤，都是应时菜，也求清淡鲜美。潮式杂烩汤，用料也杂，蚝仔肉片，猪禽肝脏，豆腐酸菜，焯为一汤，虽然名为杂烩，而犹清淡鲜美。

潮菜的鲜美，主要靠原料的鲜活生猛，而得益于烹调的清淡。唯其清淡，鱼肉菜蔬的鲜味才能充分发挥。潮菜的烹调，炸、焗、红烧一类方法用得比粤菜少，更多地使用蒸、炒、炖、焯诸法。炒多猛火生炒，如生炒鲜鱿、生炒螺片；蒸炖多清蒸清炖，如清蒸乌耳鳗、清炖水鱼。这也是潮菜能得清淡鲜美风味的重要原因。

若说潮菜风味尽是清淡鲜美，则又不然。潮州菜谱里，也还有不少浓香特色的菜肴。最负盛名者，是沙茶牛肉和卤水鹅。

沙茶又称沙爹，是潮汕话的外来词，印尼语cate的音译。印度尼西亚人把涂上辣酱烤熟的牛羊肉串叫作cate，潮汕话的"沙茶"则专指辣酱。潮汕的沙茶酱是一种本土化了的舶来品，用辣椒、芥子、蒜头、茴香、花椒、椰丝、花生、芝麻、虾米、鳎脯等原料，碾碎，加盐、玉糠炒后，用油熬成，辛辣而又浓香。潮汕菜谱里的沙茶牛肉有两种烹调法。一种是沙茶牛肉火锅，旅居东南亚的前辈潮汕学者萧遥天先生对这道菜有一段很生动的描写，撮引于下：

在桌上置一猛火小泥炉，上安砂锅，注水，加沙爹酱，再捧上一盘盘横切的牛腿心薄片，切丝牛百叶，配绿油油的香菜。食客用筷子挟肉，挟香菜，向兴波作浪的沙爹汤中烫熟，一边烫一边吃，辛辣、香美、刺激，冷天都吃得满头大汗。

（《漫谈潮州文化》，载《泰国潮州会馆成立四十周年暨新馆落成纪念特刊》，1979.6.）

现在潮汕的饭店，沙茶火锅之外，还另备有一碗沙茶酱，让顾客蘸着吃。第二种是沙茶炒牛肉。选用牛里脊肉，薄切，用五成热生油滑透捞起，油锅下沙茶酱、酱油料酒混合烧开，再下牛肉略炒，勾芡上盘。这道菜用芥蓝做配菜，菜绿肉红，色彩悦目，味道也香鲜可口。

卤水鹅也是潮汕独特的佳肴。潮汕产大鹅，乡村里几乎家家都要宰鹅，不少村庄，还有赛大鹅的习俗呢。卤水鹅风味的独特，全靠着它独特的烹制方法。烹制卤水鹅要先"打卤"：用红糖加些许水在锅里溶开，再加入精盐和酱油，文火熬成黏稠状卤酱（这种卤酱叫作"酱色"，潮汕的酱园里可以直接买到），将治净晾干的光鹅，放入锅中，左右翻转，使其表皮沾上一层棕红的酱色。打过卤的鹅取出，鹅腹填入大蒜、葱头和南姜。取八角茴香、桂皮、川椒、丁香、甘草适量，用纱布扎包，与酱油、白酒、冰糖、南姜，香茅，加水入锅烧沸，即成卤汤。鹅在卤汤里文火慢煮，每隔20分钟左右要把鹅捞出卤汤，再翻转入锅，叫作"吊汤"。大约经过一个半钟头，卤鹅已入味，就可以出锅了。潮汕卤水鹅以澄海苏南的"贡咕鹅肉"最负盛名。其制法又别具一格，不用铁锅，而用特制的马口铁桶烹煮。一个铁桶装四只鹅，用卤汤淹住后稍留有空隙，加盖密封。卤汤初烧开，在桶里"咕咕"作响；随火候升高，蒸气撞击桶壁，其声"唝唝"如闷雷。鹅在桶中被高温的卤汤和蒸气焗熟，肉烂而香味超过一般卤鹅，故而出了名。

浓香的潮州卤鹅　陈利江摄

卤水鹅这种烹调方法未见于其他地方菜系，要寻踪溯源，也真不容易。在中国饮食文化史上，香料的使用发生得很早。在长沙马王堆汉代轪侯墓出土的文物中，有38个装食物的竹笥，其中花椒、肉桂、高良姜、香茅草等香料，与猪、牛、鸡、鹅等畜禽食料并存。但要确认当时的烹饪，已有"卤"的方法，则还缺乏证据。清代袁子才《随园食单》中有"卤鸡"一法，与潮汕卤水鹅的烹制方法约略相似：

　　囫囵鸡一只，肚内塞葱三十条，茴香二钱，用酒一斤，秋油一小半杯，先滚一枝香，加水一斤，脂油二两，一齐同煨。待鸡熟，取出脂油。水要用熟水，收浓卤一饭碗，才取起。或拆碎，或薄刀片之，仍以原卤拌食。

《随园食单》中又有"卤鸭""挂卤鸭"，可惜所载烹饪方法不详。就卤鸡而论，在鸡肚内塞大葱香料，与潮汕卤鹅大抵相同；其卤汤用酒、水、油，则比潮汕卤鹅简单得多。《随园食单》中又有"云林鹅"一法。云林是元代大画家无锡倪瓒的堂号，倪瓒喜烹饪，所撰食谱《云林堂饮食制度集》有"烧鹅"一法，相当讲究，为《随园食单》所引用。云林鹅用蒸法，但有很多环节与潮汕卤鹅十分神似。鹅洗净后，用盐、川椒末加酒和匀擦在鹅腹内，再塞上一撮葱，也与潮汕卤鹅相同；再用蜜加酒涂抹鹅的表皮，又似卤水鹅的"打卤"；而锅盖用绵纸封严将鹅蒸烂，跟"贡咕鹅肉"的卤制法更为接近。不过，与云林鹅相比，潮汕的卤水鹅的烹制更为讲究，特别是把鹅放到卤汤中文火慢煮，肯定比只用香料擦拭鹅身要入味，从而形成潮汕卤鹅浓香的特色风味。这在烹饪上也是一种进步。

其三，潮州菜注重佐食调料，调料的品种和使用的讲究，远远超过粤菜。

潮菜以清淡鲜美为基调。不过，一味清鲜，实在难调众口，恐怕也算不得美食。弥补这种缺陷，除了用浓香型菜肴和甜点配搭之外，主要靠各式调料来调和口味。潮菜所用调料花式品种之多，往往出乎外地食客的意料。潮菜常用的调料，有豆酱、鱼露、酱油，甜酱、桔油、梅羔酱，白醋、陈醋、三掺酱，沙茶、芥末、辣椒酱，豆油、麻油、川椒油。生油白醋，还常用姜、葱、蒜再加调配。这些调料，咸、甜、酸、辣、香五味俱全，可以根据需要配搭上席。

在长期饮食实践中，某个菜配上某种或某几种调料最为适口，在食家中渐渐有了共识，并约定俗成，成为规矩。例如，卤鹅一定是用蒜泥醋为佐料，牛肉丸则用沙茶或者辣椒酱为佐料，清蒸螃蟹配姜末陈醋上席，生炊鱼则佐以豆酱或者酱油，等等。饭馆上菜不按规矩配搭佐料，会被视为外行。

其实，规矩也不能看得太死，食家总会有个人的口味嗜好，一样白灼虾，喜欢甜的可以蘸桔油梅羔，喜欢咸的可以蘸酱油豆酱，喜欢酸的不妨蘸镇江陈醋，喜欢辣的也可以蘸点芥末。因此，潮汕有不少饭店，还保留着上菜之后顾客可以按自己的爱好，点配佐料的传统。

将菜肴和佐料分开，是潮州菜的创制。它造就了潮州菜的清淡的特色。有了花色繁多的配料，故潮州菜的烹饪可以不避清淡。唯其清淡，反使得食家能通过佐料的调剂，在口味方面有更加广阔的选择。这是潮州菜能够得到口味不同的众多食家认同的重要原因。

其四，潮菜筵席必用小吃配搭，这又与粤菜有别。

小吃也称小食，即点心。本来是家常在正餐之前用来充饥的简易饮食，相对于菜肴酒饭具备的大餐而言，所以叫作小吃。中国地大物博，各地气候物产不同，饮食习惯有异，这类家常简易食物在风味上也自有了差别。简易食物从家中走上社会，成了点心店中的商品，在点心师傅的手里得到提高，用料更加讲究，制作更加精美。食物的制作材料一般都采用本地土产，用料既异，风味特点自然显示出来。至于烹调方法，蒸煎烹炸，各地大抵相同，不过，受到用料的制约，点心师傅在时间的长短、火候的调节等方面，也必须有更为恰当的掌握，因而也就形成烹调方面的特点。这又使食物的地方风味更为浓烈。于是，各地有了自己的特色小吃。

粤式点心品种的丰富和制作的精美在中国应该是首屈一指的。但粤式点心多售卖于茶楼，少采用于酒楼饭店的筵席。而潮菜筵席，一般在12道菜中，要配一咸一甜两道小吃。小吃配搭上席，起了调和口味的作用，也形成了潮州菜菜单编排的特点。

潮菜席上最有特色的小吃是薯芋制品。潮汕人自古就用芋做粮食，明清以来，番薯也成为潮汕人的主粮。时长日久，就有一些很精巧的吃法，如羔烧番薯、翻沙芋，因其巧而成为小吃，而上了筵席，属于粗料细做一类。羔烧番薯选用红心番薯作原料。将番薯去皮切块，用白糖腌隔夜。取葱珠用猪油猛火爆香，薯块下锅稍炸。去油，加清水、白糖。文火将番薯烧至熟透，糖汁浓缩，便可以装盘上席。这个小吃色如赤金，绵软香甜，可观可尝。翻沙芋选用芋肉疏松的槟榔芋为原料，切块，下锅用猪油炸熟，加葱珠爆香，捞出。再用白糖加少许清水熬糖浆，掌握火候。到糖浆滴入冷水中凝结为糖粉时，熄火。把炸好的芋块、葱花倒进糖浆中，一边用勺翻转，让芋块均匀沾满糖浆，一边扇风使糖浆尽快冷却。当糖浆完全凝结，就可以装盘了。这时芋块裹着糖沙，洁白如银，糖脆芋松，也可观可尝。

常让食家赞不绝口的潮汕特色小吃，还有用番薯粉和蚝仔做主料的蚝烙。蚝烙本来也是家常食品。海边人家，秋高蚝肥，在薯粉浆里掺上葱花蚝仔，上锅烙熟，就是一顿美餐。到了小食摊，便以蚝仔为主料，用适量薯粉拌和，加葱花，上锅以猪油猛火煎炸，待蚝烙两面皆熟，就锅用铁勺切块，将蛋打散淋上，再加猪油煎至上下酥赤，出锅装盘。经过这样加工后的蚝烙，鲜美之外又加浓香，外酥内滑，口感极佳。于是潮菜师傅把这种潮汕名小食推上筵席。

潮菜的这四个特色，已经足以让它独树一帜，厕身名菜之列。

二　潮州菜的形成

先对题目作个说明：本节讨论的是，作为中国饮食文化系统中一个流派的潮州菜，是如何形成的。所谓一个流派，就是说已经发展成为中国饮食文化系统里的一个独立的子系统。这个子系统既然从属于中国饮食文化系统，它和大系统中的其他地方菜流派，必有大同；既然自成系统，则又与其他地方菜流派，必有小异。所以，要判断潮州菜如何形成，应该先在这大同小异之中，立个标准。

先说同。饮食本是人之大欲，"口之于味有同嗜焉"。从生食到熟食，而文化演进的轨迹现；从求生存到求甘旨，则饮食之道生。无论中外，莫不同此。这是人类饮食文化的大同。次说异。中国本是多民族国家，疆域广袤，文化多元。就其多元而论，发展不均，故有文野华夷之分。饮食文化亦如是。文化先进的，为华为夏，已经钟鸣鼎食。文化落后的，为蛮为夷，尚犹茹毛饮血。就其广袤而论，地域不同，又有南北风俗之别。饮食习惯亦如是。西北美粱肉，味尚浓厚。东南"饭稻羹鱼"，喜清淡。这是中国饮食文化本源的差异。再说同，秦汉以来，天下一统。东西南北，文化交流日渐频繁。表现在饮食方面，烹调技术，相互吸收，蒸煮炖焖，炸熏烧烤，都是常用技法；调味风格，互相渗透，清鲜与浓香，成为各种菜系共有的基调。这是中国饮食文化在发展中的趋同。又说异。文化趋同而各个派系共性增加，然而乡味难改，就一如乡音，各个派系在吸取别家所长的同时，也不断强化自己的风味特色。于是共性既多，个性愈见突出。这是中国饮食文化发展中的存异。共性和个性对立统一，趋同与存异同时发生。在这个过程，存异而不能趋同的，保留地方本源的习俗特色而已，没有融入大传统，当然算不得中国饮食文化的一个流派；趋同而不能存异的，失去特色，自然也不能自成流派了。中国菜的不同流派，就是在趋同与存异的辩证发展过程中形成的，潮州菜亦不例外。

地域环境和气候条件决定了潮汕地区的物产构成。动物资源特别是水产资源的丰富，以及潮汕人长期以来利用这些资源作为食品，造成本地区饮食习俗的鲜明特点。以海鲜野味为美味，在潮汕有十分久远的传统。唐代文献，例如韩愈的《南食诗》、刘恂的《岭表录异》，里面就有这类记载。那么，能不能说在中唐时期，作为中国饮食文化一大流派的潮州菜业已形成了呢？恐怕还不能。理由有二：其一，韩愈、刘恂的诗文所记，是岭南饮食风俗。其时潮人的饮食习惯，与岭南沿海诸州人并无大差别，遑论在饮食文化方面自成流派。其二，岭南人嗜好腥臊异味的饮食风格，在韩愈、刘恂看来，只是蛮荒的异俗。这正好说明其时潮州的饮食，地方特色诚有矣，却未能完全趋同而融入大传统。

这里，把话头稍扯近一点，讲几句题外又非离题甚远的话：近时颇有些酒家饭店，推出鱼生、咸蟹、腌虾姑一类潮汕民间传统食品，且诩为潮菜正宗。是大谬不然。君不见，这类菜肴一上席，潮籍主人欢呼甘美，劝客品尝；奈何外地宾客双眉紧锁，不敢举箸；或以主人盛情难却，勉强染指，也战战兢兢，如履薄冰。生吃鱼虾脍，大概是潮汕饮食特别奇异的例子，只能算是本地流传不衰的旧俗，就像《（乾隆）潮州府志·风俗》篇上说的：

> 所食大半取于海族，故蚝生、鱼生、虾生之类，辄为至味。
> 然烹鱼不去血，食蛙兼啖皮，……尚承蛮徼遗俗。

以其原始，故有特点，但难为他人所接受，也就不能融合到大传统之中。讥为嗜痂之癖，虽然过于尖刻；而举为潮菜正宗，也不免夸张。

再把话头放开去。宋元以来，大量移民涌进潮汕。明代后期开始，许多潮汕人南北经商，移居海外。人口的大流动，带来了文化的大交融。潮汕人的饮食，一方面吸收了许多外来的风味与烹调形式，出现一种强烈的趋同倾向。如果要举例，上面讲过的沙茶、卤味，就都是从外地"拿来"；对照潮州菜谱与《东京梦华录》《梦粱录》上所载的宋代食单，名目类似者也比比皆是。另一方面，潮汕人的饮食仍然保留着重鱼鲜、喜清淡的传统习惯。可以说，在宋元以后，潮汕的饮食风格在与中国饮食文化趋同的情况下，也日益显示出自己鲜明的特色。且宋元以来，潮州经济有很快的发展。到了明代嘉靖万历年间，在海上私市贸易的刺激下，潮州本地的商业活动十分活跃，《（嘉靖）潮州府志》就称，"潮七县，称市集者亦繁多"当时潮州名宦翁万达在给友人的信中也说到自己的家乡"百物流衍，贾人宾客，重茧而来"。商品经济带来了生活的富裕和城镇的繁华，万历间地理学家王士性在他的著作《广志绎》中，描写了他在潮州见到的景象："闾阎殷富，士女繁华，裘马管弦，不减上国。"这时的潮州同样出现了奢靡逾礼的社会风尚。在饮食方面，逢喜庆，甚至治丧事必设筵席宴客，成为习俗。而具备一定经济实力的地主士绅，也会以闲情逸致追求美食，不厌精细。在这样一种社会生活风气里，家常菜提高、发展，社会化而成为酒家饭店里的名菜，并出现较高水平厨师，是理所当然的。潮州菜成为中国菜的一个流派，基本条件已经成熟。

而潮州菜之最终能在中国饮食文化系统中独树一帜，与各大帮系菜肴比肩，被外地食家认可、喜欢，窃以为应在清代乾隆嘉庆以后，而潮州商人在其中起了相当重要的作用。盖其时海禁渐宽，海上贸易活动活跃。素有海上贸易传统的潮州商人，践履风波，上溯苏松津门，下至广府雷琼，南洋诸国，视若比邻，成为一个著名商帮。帆船贸易，必须等候风讯。候风期间，商人们逗留各地商埠，于是而有货栈，而有商号，而有会馆。以会馆为核心，潮州商帮自然形成。商帮会议，商人商业上的和日常的应酬活动，都喜欢在饭店里进行。偏嗜乡味，也是人之常情，故其选择多为家乡菜馆。就这样，潮州菜随着潮州商人走南闯北，挤进各种帮系菜馆林立的通都大邑。唐振常先生说到，"昔日上海，潮州菜馆颇多"，这种情况，与乾嘉以来潮州商人经营于苏、松，而后落脚上海，成为大帮派，有很大的关系。李路阳的《中国清代习俗史》"清季上海商贸习俗"一节就讲到，1843年上海开埠以后，各地菜馆纷至沓来，并形成行帮菜馆。这些菜馆以拿手绝活招揽顾客，同时以乡情、地方特色吸引同乡商贾，来发展自己。于是，在商业都市里，潮州菜在本帮商人的扶持下，与其他行帮菜馆角力。面对本籍和外地众多会吃的食家，潮菜厨师势必在保持本帮菜自家特色的同时，努力吸收他家所长，配置得宜，调和众口。潮菜筵席在清鲜的基调下配搭浓香型菜和甜品，一席之间诸味具备以合众口，可以说是一般菜系共同的做法。而潮州菜坚持清淡的烹饪风格而提供各种味道的调料让食家自己选择，这种构思，则已经超乎技而进于道了。潮州菜因此而得到越来越多的食家的喜爱。

第四节　潮汕工夫茶

在潮汕饮食文化中，工夫茶可以同潮州菜比肩齐名。许多外地人，是在潮州菜桌上见识了潮汕工夫茶的，不管是因为口味不合而浅尝辄止，还是津津有味地慢品细呷，这一小盏酽香的热茶，总会给你留下深深的印象。不过，饭桌上的工夫茶，并没有给你潮汕工夫茶的全貌。潮汕工夫茶在中国茶艺之林一枝秀出，在于它的用器精细，冲饮程式讲究，能够将乌龙茶酽香的特色，淋漓尽致地显示出来。工夫茶是潮汕人最喜好的饮品。在潮汕，几乎家家户户都备有一副白瓷釉下彩工夫茶具：茶鼓上，四只晶莹的小瓷杯，一个白瓷盖瓯或者一柄紫砂陶壶。在装饰豪华的客厅里，不失其精美；豆棚下莲缸边，配上一张小木桌，几只竹椅头，更显得素雅。或家人闲聚，或宾客登门，沏上一泡雪片，殷勤一声"食茶"，一种亲切融洽的感觉，便漫上心头。潮汕工夫茶中，充满着敬爱和谐的文化精神。

潮汕人的这种工夫茶俗是如何形成的呢？

● 一 工夫茶名称的来历

工夫茶的名称，至迟在清代雍正年间就已经出现在文献上。一开始，工夫茶是武夷岩茶的一种品牌，举凡岩茶中制作精良者，都叫作工夫茶。

雍正十二年（1734），做过福建崇安县令的陆廷灿在他所著的《续茶经》中，引用《随见录》，就说：

> 武夷茶在山上者为岩茶，水边者为洲茶。岩茶为上，洲茶次之。岩茶北山者为上，南山者次之。两山又以所产之岩为名，其最佳者，名曰"工夫茶"。工夫之上，又有"小种"，则以树为名，每株不过数两，不可多得。

乾隆十八年（1753），刘靖的《片刻馀闲集》也谈道：

> 岩茶中最高者曰老树小种，次则小种，次则小种工夫，次则工夫花香，次则茗香……

岩茶何以名"工夫茶"?《续茶经》引用康熙五十六年（1717）王草堂的《茶说》，比较详细地记载了武夷岩茶的制作过程，并与绿茶的制作比较：

> 茶采后，以竹筐匀铺，架于风日中，名曰晒青。候其青色渐收，然后再加炒焙。阳羡芥片，只蒸不炒，火焙以成；松罗龙井，皆炒而不焙，故其色纯。独武夷炒而兼焙，烹出之时，半青半红，青者乃炒色，红者乃焙色。茶采而摊，摊而撷，香气发越即炒，过时、不及皆不可。既炒既焙，复捡去其中老叶枝蒂，使之一色。释超全诗云，"如梅斯馥兰斯馨"，"心闲手敏工夫细"，形容殆尽矣。

阳羡芥片，松罗龙井，都是绿茶的名品。阳羡茶出江苏宜兴，片即罗芥茶，出浙江长兴，属于蒸青类，制作时将采下的茶叶蒸过，碾焙而成。松罗茶出安徽休宁，龙井茶出浙江杭州，属于炒青类，制作时先把茶叶用铁锅杀青，再反复揉炒而成。武夷岩茶是一种半发酵茶，它的制作过程，要经过摊、漉、炒、烘、拣几道工序，其中最关键的工艺是漉。摊就是晒青，将采下的茶叶摊开作短时间曝晒，以减少水分。漉就是摇青，在室内将晒过的茶叶反复摇动，茶叶就在这个过程轻微发酵，叶边带红，有香气发出。这时，便可以入锅炒，边炒边揉，最后用焙笼烘干，就成了毛茶。再经过拣择重焙，才成为可以销售的"熟茶"。可见，武夷岩茶的制作，要比绿茶多好几道工序。故而，释超全用"心闲手敏工夫细"来形容它。工夫茶的名称，或即由于它的制作精良而起。工夫茶制作的精良，在光绪十二年（1886）郭柏苍所著的《闽产录异》卷1中有更为详细的记述：

还有一种就茗柯择嫩芽，以指头入锅逐叶卷之，火候不精则色黝而味焦，即泉漳台澎人所称工夫茶。

武夷岩茶在明代已经成为名茶，17世纪初期开始远销欧洲，深受欢迎。清初，西洋番舶年年前来采购，岩茶供不应求，闽南茶工遂仿照岩茶工艺制作，世称"溪茶"。曾经任过郑成功幕僚的闽人阮锡有《安溪茶歌》，就写到此事。潮州制茶仿效岩茶工艺，大约也在这个时候。大约到嘉庆时，这类半发酵茶在市场上统称乌龙茶，或者仍然沿用工夫茶的旧称，以"工夫名种"为名。

清代乾隆嘉庆以来，闽台粤东的茶人在饮茶的实践中，摸索出一种能够充分显示乌龙茶类酽香特色的小壶小杯、热汤厚味的品饮形式，谓之"食工夫茶"。于是，工夫茶也就慢慢地由茶名演变为乌龙茶的一种品饮程式的指称。

🔵 工夫茶品饮程式溯源

到唐代，中国人的饮茶，从生理上的需要发展为文化上的享受。享受饮茶的精神乐趣，也就更加注重茶的品位。品茶过程对用茶、用器与冲饮程式的讲究，在唐代茶圣陆羽的《茶经》中已经有了系统的总结。宋元以后，饮茶风俗，代有所尚，用茶、用器与冲饮程式不免要有所变化。特别是到了明代，散条茶瀹饮成为时尚，与之相应，用器方面，茶瓯配上了盖子，成为一盏、一托、一盖三器合一的盖瓯，茶壶茶杯的配套也出现了。于是，茶的品饮程式与唐宋相比，面貌一新。

散茶瀹饮，要求汤水温度较高，才能使茶叶的味和香充分发挥。茶瓯加盖，就是为了有利于保温。茶壶沏茶，即沏即饮，茶汤热而味香发，比盖瓯又更为优越。明清两代，宜兴的紫砂茶壶，最为茶人所珍重。而壶形则讲究小巧。生活在明清之交的冯可宾，在其所著的《岕茶笺》中对茶壶有一段十分有趣的议论，说：

> 或问茶壶毕竟宜大宜小？茶壶以小为贵。每一客，壶一把，任自酌自饮，方为得趣。何也？壶小则香不涣散，味不耽搁。

茶壶小容易留香出味，原因正在便于保温。而冯可宾似乎更注重茶人在品饮过程的"得趣"，即文化上的享受。实际上，明代中后期，享受品茶的精神乐趣，已经成为士大夫出身的茶人们的共同追求。小壶冲泡的主张，在当时许多茶书中都可以读到。例如，周高起以宜兴紫砂陶壶为题材的《阳羡茗壶系》就强调：

> 茗壶宜小不宜大，宜浅不宜深，壶盖宜盎不宜砥，汤力茗香，俾得团结氤氲，方为佳也。

俗谚云，"少食多知味"，品饮的茶汤不求多，茗壶宜小，茶杯也趋于小型化。明万历间罗廪著《茶解》，讨论饮茶的器具，便说到茶瓯"以小为佳，不必求古"。

总之，到了明代中后期，散茶瀹饮的需要，加上茶人饮茶的目的，是追求品味过程的"得趣"，这两个原因导致小壶小杯、即瀹即饮的品饮程式的产生。这种程式最初运用于散条绿茶的品饮，但是一如冯可宾《岕茶笺》所说，"施于他茶，亦无不可"。乌龙茶一般要等到新梢的顶端的幼叶已经开平，将上端二三片叶子一齐采摘，茶叶比较粗老，冲沏的时候对水温的要求更高，采用小壶小杯的程式也更加适宜。

乾隆年间，用小壶小杯冲沏武夷茶的程式盛行于闽北、闽南。工夫茶的品饮方式实际上已经出现，只是还没有把"工夫茶"作为这种品饮程式的名称。乾隆二十七年（1762）修纂的福建漳州《龙溪县志》最先记载了这种品饮程式，该书卷之十《风俗》篇说：

> 灵山寺茶，俗贵之。近则远购武夷茶，以五月至，至则斗茶。必以大彬之壶，必以若深之杯，必以大壮之炉，扇必以琯溪之箑，盛必以长竹之筐。凡烹茗，以水为本，火候佐之。水以三叉河为上，惠民泉次之，龙腰石泉又次之，馀泉又次之。穷山僻壤，亦多耽此者，茶之费，岁数千。

龙溪是漳州辖县，治所在漳州府城。明末清初，武夷茶工多漳州人，这种茶俗的兴起，或者与此有关。《县志》这短短一段文字，既记茶具，又论用水，可以当作"简明工夫茶经"读了，当时是否将这种品茶程式称作"工夫茶"，则尚不得而知。二十多年后，袁枚在《随园食单》"武夷茶"条中谈到他在乾隆丙午（乾隆五十一年，1786）品饮武夷茶的经过：

> 余向不喜武夷茶，嫌其浓苦如饮药。然丙午秋，余游武夷到曼亭峰、天游寺诸处，僧道争以茶献。杯小如胡桃，壶小如香橼，每斟无一两。上口不忍遽咽，先嗅其香，再试其味。徐徐咀嚼而体贴之，果然清芬扑鼻，舌有馀甘。一杯之后，再试一二杯，令人释躁平矜，怡情悦性。

　　用小壶小杯冲沏武夷岩茶，嗅香试味，细吞慢嚼，姑不论砂铫泥炉、活泉响炭、松风蟹眼，个中情趣，已经和工夫茶烹制之法相同，只是袁枚也还没有提到"工夫茶"这一名目而已。更有意思的是，袁子才品尝了小杯武夷茶之后，竟然不再"嫌其浓苦如饮药"，反而"始觉龙井虽清而味薄矣，阳羡虽佳而韵逊矣"。

　　乾隆嘉庆之交，上述品茶方式流行到粤东，"工夫茶"也由茶名被借代而且成为这种品饮程式的名称。最先把"工夫茶"作为一种品茶程式的名称载诸文献的，是俞蛟的《梦厂杂著·潮嘉风月》。俞蛟是浙江山阴人，乾隆五十八年（1793）至嘉庆五年（1800）任广东兴宁典史，《潮嘉风月》所记载的大约是一段时间的闻见。俞氏说：

　　　　工夫茶烹治之法，本诸陆羽《茶经》而器具更为精致。炉形如截筒，高约一尺二三寸，以细白泥为之。壶出宜兴窑者最佳，圆体扁腹，努嘴曲柄，大者可受半升许。杯、盘则花瓷居多，内外写山水人物，极工致，类非近代物，然无款识，制自何年，不能考也。炉及壶、盘各一，惟杯之数，则视客之多寡。杯小而盘如满月。此外尚有瓦铛、棕垫、纸扇、竹夹，制皆朴雅。壶、盘与杯，旧而佳者，贵如拱璧。寻常舟中，不易得也。先将泉水贮铛，用细炭煮至初沸，投闽茶于壶内冲之，盖定复遍浇其上，然后斟而细呷之。气味芳烈，较嚼梅花更为清绝。……蜀茶久不至矣，今舟中所尚者，惟武夷，极佳者每斤需白镪二枚。

　　这一段记载，对当时韩江六篷船上的饮茶习俗有很详细的描绘。六篷船上所用的烹茶器具，有泥炉、瓦铛（砂铫）、宜兴紫砂陶壶、花瓷小茶杯和茶盘，还有垫茶壶用的棕垫、扇火用的纸扇和夹木炭用的竹夹，茶具已相当齐备。茶叶用福建茶，尤尚武夷茶，以及投茶、冲泡、淋罐、筛茶、品呷等程式，也和今天相同。作为品饮程式的工夫茶至迟到这个时候已经名实俱存了。

不过，当时工夫茶并不只流行于潮州。《潮嘉风月》所记六篷船主人，往来韩江上下，有的是梅州人，有的是兴宁人，并不都是潮州籍。道光以后，闽南的工夫茶俗也仍然十分流行。道光十二年（1832）修《厦门志》卷十五《风俗记》载：

> 俗好啜茶。器具精小，壶必曰孟公壶，杯必曰若深杯。茶叶重一两，价有贵至四五番钱者。文火煎之，如啜酒然。以饷客，客必辨其香味而细啜之，否则相为嗤笑。名曰工夫茶，或曰君谟茶之讹。彼夸此竟，遂有斗茶之举。有其癖者，不能自已。甚有士子终岁课读，所入不足以供茶费，亦尝试之，殊觉闷人。虽无伤于雅，尚何忍以有用工夫，而弃之于无益之茶也。

施鸿保《闽杂记》也说：

> 漳泉各属，俗尚功夫茶。茶具精巧，壶有小如胡桃者，曰孟公壶，杯极小者名若深杯。茶以武夷小种为尚，有一两值番钱数圆者。饮必细啜久咀，否则相为嗤笑。予友黄玉怀明府言，下府水性寒，多饮伤人，故尚此茶，以其饮不多而渴易解也。

《闽杂记》中多记道咸间事，此条所述，应该也在这一时间。实际上，一直到今天，闽南人嗜工夫茶的也还不少。

况且，潮人饮茶也并非从来就采用工夫茶的品饮程式。

⊜ 潮人饮茶的历史

潮人饮茶的历史，今天只能从文献上去寻考了。

宋代以前，潮州文献阙略，潮人饮茶与否，茫然无征。宋代饮茶的风气很盛，建茶崛起，又有许多闽人到潮州当官，饮茶的风气自然容易濡染到潮州。

潮州市金山南麓，残留着一处宋代摩崖石刻，刻着北宋大中祥符五年（1012）知州王汉的《金城山诗》，其中有"茶灶香龛平"的句子。茶灶是烹茶煮水用的火炉，这是现在可以见到的潮州茶事的最早记录。元丰三年到七年（1080~1084）间，苏东坡在黄州，他的好友、潮州名士吴复古送给他一些建茶。东坡有《答吴子野》书道谢，说："寄惠建茗数种，皆佳绝。彼土自难得茶，更蒙辍惠，惭悚，惭悚。"吴复古所送的建茶，都绝好，可见潮州文士中，也有能品茶的。"彼土自难得茶"是因为那时潮州不产茶，"无采茶之户，无贩茶之商"（《永乐大典》卷5343《潮州府·税课》引《三阳图志》）。因而，那时饮茶的风气，恐怕只能在潮州文士中蔓延，而很难影响到一般百姓。

到了明代，情况似乎已经很不一样。明代嘉靖四十五年（1566）刊刻的《荔镜记》、万历九年（1581）刊刻的《荔枝记》和相传也是万历年间刊刻的《金花女》附刻的《苏六娘》，搬演的都是潮州本地故事。戏文中有许多情节，写到当时潮州民间的茶事。请看下面几个例子。

《荔镜记》第22出〈梳妆意懒〉，益春有一段潮腔唱词：

> 早起落床，尽日那在内头转，安排扫厝点茶汤。

《苏六娘〈六娘对桃花叙旧〉》一节，有苏六娘对桃花的一句道白：

> 十八年前在深房，盆水茶汤是你捧。

这两段文字说明，至迟到明代中期以后，茶在潮州民间生活中，已经成为日常家居必备的饮品。

以茶待客的习俗也已经形成，有《苏六娘〈六娘出嫁〉》一节，苏妈叮嘱女儿的唱词为证：

> 你油盐酱醋须看理，人来客往槟榔茶。

槟榔是待客的礼果，清初屈大均《广东新语》说："粤人最重槟榔，以为礼果，款客必先擎进。"唱词中槟榔与茶组词，可见茶也用于敬客。潮谚云："过门是客。"对方不论是什么身份，只要进了家门，都会有茶水招待。《荔枝记》第8出，写李婆婆到黄家说亲，黄父让家人小七接待：

> （公白）原来正是媒姨，老汉失接。小七，端椅坐，讨茶食。

《苏六娘》剧中也有类似情节。林婆到苏家做媒，苏妈见了，连忙招呼：

　　（末）原来正是林婆，请坐，讨茶来食。

　　这是请媒婆喝茶。《荔镜记》第19出〈打破宝镜〉写陈三到五娘家磨镜，益春请他喝茶：

　　（贴）人客，茶请你。
　　（生）只茶是乜人使你捧来？

　　《荔枝记》第17出，这个情节写得更加具体：

　　（春白）师父，师父，一钟茶待恁。
　　（生白）小妹，阮做工夫人，乜有茶食？
　　（春白）阮只处见贵客来，都有茶食。

　　这是请做工的工匠喝茶。可见，当时潮州民间社会茶事已经十分普及。
　　不过，明代潮人饮茶，烹制方法还不很讲究。正统七年（1442）潮阳教谕周泰《治平寺》诗有"僧童煮茗烧红叶，游客题诗扫绿苔"句，就讲到烧叶烹茶。如果说"烧红叶"是为了同"扫绿苔"对偶的修辞文字，不一定是写实，那么，嘉靖二十年（1541）前后林大钦《斋居》诗"扫叶烹茶坐复行，孤吟照月又三更"所写的，就切切实实反映了明代士大夫饮茶时追求的那种野趣。
　　野趣是有了，但烹制之法实在还未见功夫。

清代前期，工夫茶似乎还未曾在潮州流行。乾隆十年（1745）《普宁县志》卷十《艺文志》中，收录主纂者、县令萧麟趾《慧花岩品泉论》，其中有品茶慧花岩的一段描写：

> 因就泉设茶具，依活水法烹之，松风既清，蟹眼旋起，取阳羡春芽，浮碧碗中，味果带甘，而清冽更胜。

萧县令品茶，茶取阳羡，器用盖碗，虽然也很讲究，但毕竟不是工夫茶。从上面引用过的《梦厂杂著·潮嘉风月》看，要到乾隆嘉庆之交，工夫茶的品饮程式才在潮州出现。光绪十年（1884）稍前，江都张心泰来粤，有《粤游小记》，其中写道：

> 潮郡尤尚工夫茶，有大焙、小焙、小种、名种、奇种、乌龙等名色，大抵色香味三者兼全。以鼎臣制胡桃大之宜兴瑚，若深制寸许之杯，用榄核炭煎汤，乍沸泡如蟹眼时，以之瀹茗，味尤香美。甚有酷嗜破产者。

是则光绪时品饮工夫茶在潮汕已经开始成为习尚。

🔘 潮汕工夫茶驰名的原因

用小壶小杯冲沏乌龙茶类的"工夫茶"，本来是在闽、台、潮汕各地都很流行的茶俗。不过，现在许多茶人，习惯把这种品茶方式称作"潮汕工夫茶"；许多研究茶文化的著作讲到工夫茶，也经常举潮汕工夫茶做例子。为什么潮汕地区的品茶习俗会被视为工夫茶品饮艺术的代表，而在中国茶艺之林一枝秀出呢？主要原因有两个：一是商业的推动，二是文人的润色。

品茶叙旧　许永光摄

清代乾隆嘉庆以后，潮汕的商业十分发达。乾嘉之交的潮州，一如俞蛟《潮嘉风月》所载，物产珍奇，商旅辐辏，"俨然自成都会"。工夫茶艺传入潮州，与这种繁荣的商业活动有很大的关系。嘉庆十三年（1808）《崇安县志》卷之一《风俗》有这样一段记载：

> 茶市之盛，星渚为最。初春后，筐盈于山，担属于路。负贩之辈，江西、汀州及兴、泉人为多，而贸易于姑苏、厦门及粤东诸处者，亦不尽皆原住民。

崇安是武夷岩茶的产地，粤东应该是指广东东部的潮梅循三州（包括今天的汕头、潮州、揭阳、梅州、汕尾数市）。根据这条记载，嘉庆初已经有粤东商人前往武夷经营茶叶贸易。而《梦厂杂著·潮嘉风月》说六篷船中喜用武夷茶，则粤东工夫茶俗的形成必定与这种贸易有关。这两书的记载正可以互相印证。

从这一时期开始，潮汕民间海外贸易日益活跃。到汕头开埠后，茶叶成为大宗贸易项目之一。光绪十一年到十五年（1885~1889），由汕头潮海关出口的茶叶贸易，每年接近10 000司马担，是销往国外价值额最高的货物。这些茶叶除了少部分潮汕自产的之外，多数是由商人们从武夷、安溪采办的。清末经营茶业并在武夷拥有茶园和茶店的潮汕商人，有汕头李湖山、潮州杨瑶珍等。一直到抗战前，仍有很多潮汕商人在福建和台湾地区经营茶业。连横《台湾通史》就说：

> 夫乌龙茶为台北独得风味，售之美国，销途日广。自是以来，茶业大兴，岁可值银二百数十万圆。厦汕商人之来者，设茶行二三十家，茶工亦多安溪人，春至夏返。

民国十八年（1929）修《建瓯县志》卷二十五《实业》"乌龙茶"条也记载：

> 近今广潮帮来采办者，不下数十号。市场在城内及东区之东峰屯、南区之南雅口。出产倍于水仙，年以数万箱计（箱有大斗及二五箱之别，二五箱以三十斤为量，大斗倍之）。

潮商采办的茶叶大多销往香港海外，也有部分在潮汕本地销售。有人统计，解放前揭阳县平均每月销售茶叶万余斤，基本上都是建茶。显然，茶商的经营活动无疑推动了工夫茶品饮的普及和潮汕工夫茶俗的形成。

乾嘉以来，潮汕人经商蔚为风气，海内外各大埠头都有潮汕人的足迹。潮汕人经营的铺户一般都备有工夫茶待客，以广结人缘。几多南来北往客，便因此而见识了工夫茶。梁实秋先生在一篇回忆潮汕籍著名学者黄际遇先生的文字中写道：

> 我们在青岛的朋友，有酒中八仙之称，先生实其中佼佼者。三十斤的花雕一坛，一夕罄尽，往往尚有余兴。随先生到其熟悉之潮州帮的贸易商号，排闼而入，直趋后厅，可以一榻横陈，吞烟吐雾，有佼童兮，伺候茶水，小壶小盏，真正的工夫茶。

梁先生殆因此有这样的印象：

> 潮汕一带的人没有不讲究喝茶的，我们享用的起码是"大红袍""水仙"之类。

潮汕商人的经营活动使工夫茶艺扩散到更加广阔的地域，而潮汕地区的品茶习俗也因此被视为工夫茶品饮艺术的代表。

大抵任何一种日常生活行为的艺术化，都免不了要经历一个总结和润色的过程。从陆羽《茶经》开始，历代文士骚人留下大量的茶书、茶文和茶诗，使后人得以了解中国茶艺的灿烂和中国茶道的精博。潮汕地区的品茶习俗会被视为工夫茶品饮艺术的代表，文化人的润色也是一个很重要的原因。

上面已经介绍过，用小壶小杯冲沏乌龙茶的茶俗形成以后，有不少地方志书、文人笔记对它进行描述和总结，并名之曰"工夫茶"。大概是由于写作体例的限制，这些描述和总结十分简略而不成系统。

第一个系统地对工夫茶俗进行总结和润色，并能够发其精蕴的，是潮籍学者翁辉东的《潮州茶经——工夫茶》。这篇文章有油印本行世，据作者自序，写作时间是1957年。作者系统地记述了潮汕工夫茶的用茶，取水，掌火，茶具和烹制程式。基本内容如下：1.用茶，"潮人所嗜，在产区则为武夷、安溪，在品种则为奇种、铁观音"。2.取水，"山水为上，江水为中，井水其下"，对烹茶用水的讲究，只沿用《茶经》的说法。3.掌火，明代茶书已有"活火"的说法，潮人煎茶，选用炭火则更加讲究。4.罗列潮人常用茶具，对茶壶、盖瓯、茶杯的介绍最详细，其他如茶洗、茶盘、茶垫、水瓶、水钵、龙缸、砂铫、羽扇，等等，也述其形制用法。5.翁氏认为，"工夫茶之收功，全在烹法"，所以对工夫茶的烹制程式，分治器、纳茶、候汤、冲点、刮沫、淋罐、烫杯、洒茶八事详加说明。这篇文章将潮汕工夫茶俗最基本的特色概括了。

此后40年，又出现不少介绍潮汕工夫茶的著作。伍羽的《说潮汕工夫茶》在香港地区《文汇报》刊登，马风的《工夫茶》收入《潮汕文化丛谈》在新加坡出版，使潮汕工夫茶名扬海外。张华云的《潮汕工夫茶道》、陈香白的《潮汕工夫茶与儒家思想》，努力发掘潮汕工夫茶的文化精神。曾楚楠的《潮汕工夫茶刍探》、黄光武的《工夫茶与工夫茶道》，更注重对潮汕工夫茶历史的探讨。

几十年来，潮汕工夫茶俗已经有了很大的变化，从器具到烹制程式都删繁就简，不再是旧日状貌。文人的总结和润色并不能对这种生活习俗有规范和提高的作用。但是，这些总结和润色却使得潮汕的茶俗遐迩闻名，以至一提起工夫茶，总要举潮汕茶俗为例，对孟臣罐、若深瓯，对"关公巡城""韩信点兵"津津乐道。

先是经商业的推动，后又加文人的润色，"潮汕工夫茶"终于成为流行于闽南粤东一带的、用小壶小杯冲泃乌龙茶的品茶习俗的代表。

附录一

翁辉东《潮州茶经工夫茶》

序

　　解放以来，京省人士，莅潮考察者，车无停轨。他们见到郡郊新出土之宋瓷以及唐宋之残碑遗碣，明代之建筑雕刻，民间之泥塑挑绣，称为美丽的潮州。其最叹服者，即为工夫茶之表现。他们说潮人习尚风雅，举措高起，无论嘉会盛宴，闲处寂居，商店工场，下至街边路侧，豆棚瓜下，每于百忙当中，抑或闲情逸致，无不惜此泥炉沙铫，举杯提壶，长饮短酌，以度此快乐人生。他们说，往昔曾过全国产茶之区，如龙井，武夷、祁门、六安。视其风俗，远不及潮人风雅，屡有可爱的潮州之叹。余经此提示，喜动中悰，乃仿唐竞陵、陆羽所著，作《潮州茶经》以志其慨。俾认识潮州者有同好焉。梓园叟识。

公元一九五七年　清明

　　人类喝茶，殆与酒同。以为饮料，几遍世界。原因茶含单宁酸，具激刺性，能令人启迪思虑。更有文人高士，借为风雅逸致，凡在应酬交际，一经见面即行献茶。在商业方面，亦赖茶为重要之输出品，揆之事实，茶于人类生活非但占重要性，以为饮料，已属特别；惟我潮人，独擅烹制用茶良窳，争奢夺豪酿成，"工夫茶"三字，驰骋于域中，尤为特别中之特别。良辰清夜，危坐湛思，不无念及此杯中物，实有特别之素质与气味在。

工夫茶之特别之处，不在于茶之本质，而在于茶具器皿之配备精良，以及闲情逸致之烹制。

潮地邻热带，气候常温，长年需饮以备蒸发。往昔民安物泰，土地肥美，世家巨族野老诗人，好眈安逸，群以饮茶相夸尚，变本加厉。对于"茶质""水""火""用具""烹法"，着着研求，用于陶情悦性，消遣岁月。继则不惜重资，购买杯碟，已含弄骨董性质。所以工夫茶之驰誉域中，其原因多也。钱塘陈坤子厚，咏工夫茶诗云："何人曾识赵州来，品到茶经有别裁。不咏卢仝诗七椀，金茎沆露祇闻杯"。

吾将工夫茶之构造条件朗列如下。

茶之本质：我国产茶名区，有祁门、六安、宁州、双井、弋阳、龙井、太湖、武夷、安溪，以及我潮之凤凰山、待诏山等。而茶之制法，则有红茶、砖茶、绿茶、焙茶、青茶等。茶之品种，则有碧螺春、白毛猴、铁观音、莲子心、老乌嘴、奇种乌龙、龙井等。潮人所嗜，在产区则为武夷、安溪，在泡制法则为绿茶、焙茶，在品种则为奇种、铁观音。

取水：评泉品水，陆羽早著于先。潮人取水，已有所本，考之《茶经》："山水为上，江水为中，井水其下。"又云："山顶泉轻清，山下泉重浊，石中泉清甘，沙中泉清冽，流动者良，负阴者胜。山削泉寡，山秀泉神，置水无味。"甚且有天泉、天水秋雨、梅雨、雪水、敲冰之别，潮人嗜饮之家，得品泉之神髓，每有不惮数十里，诣某山坑取水，不避劳云。

活火：煮茶要件，水当先求，火也不后。苏东坡诗云："活水仍须活火烹"，活火者谓炭，炭之有焰也。潮人煮茶多用绞只炭，以坚硬之木，入窑室烧木脂燃尽，烟嗅无存，敲之有声，碎碎莹黑，以之熟茶斯为上乘。更有橄榄核炭者，以乌榄剥肉去仁之核，入窑室烧，逐尽烟气，俨若煤屑，以之烧茶，焰活火匀，更为特别。他若松炭杂炭柴草煤等，不足以入工夫茶之炉矣。

茶具：《云溪友议》云："陆羽所造茶器，凡二十四事。"茶具讲究，自古已然，然此只系个人行为，高人逸士，每据为诗料，难言其普遍。潮人所用茶具，大体相同，不过以家资有无，精粗有别而已。今将各家饮茶所常备之器皿列下：

茶壶：俗名冲罐，以江苏宜兴朱砂泥制者为佳。其制肇于金砂寺老僧。而潮人最珍贵者，为孟臣、铁画轩、秋圃，小山袁熙生等。壶之样式甚多新颖。即如壶腹款式，运刀刻字，亦在乐毅黄庭之间，人多宝贵之。壶之采用，宜小不宜大，宜浅不宜深，其大小之分，更以饮茶人数定着。爱有二人罐、三人罐、四人罐之别。其深浅则关系气味，浅能酿味，能留香，不蓄水，若去盖浮水，不颇不侧，谓之水平。覆壶而口嘴提柄皆平谓之三山齐。壶之色泽有朱砂、古铁、栗色、紫泥、石黄、天青等，间有银珠闪烁者，乃以钢珠和制之，珠粒累累，俗谓之柚皮砂，更为珍贵，价同拱璧，所谓朱土与黄金争价，即指此也。壶之款式，有小如蜜柑者，有瓜形、柿形、菱形、鼓形、梅花形、又有六角形、栗子、圆珠、莲子、冠桥等。式样精美，巧妙玲珑，饶有风趣。

盖瓯：形如仰钟，而有上盖，下置于垫，俗名茶船，本为宦家各位客自斟之器，潮人也采用之。或者客多稍忙，故以之代冲罐，为其出水快也。惟纳茶之法必与纳罐相同，不能颠顸。其逊于冲罐者，因瓯口阔不能留其香，或因冲罐数冲之后，稍嫌味淡，即将余茶掏于瓯中再冲，备饷多客权宜为之，不视为常规也。

茶杯：茶杯若深制者为佳，白地蓝花，底平口阔，杯背书"若深珍藏"四字。此外仍有精美小杯，径不及寸，建窑白瓷制者，质薄如纸，色洁如玉，盖不薄则不能起香，不洁则不能衬色。此外四季用杯，式样有别，春宜牛目杯，夏宜栗子杯，秋宜荷叶杯，冬宜仰钟杯。杯亦宜小宜浅，小则一啜而尽，浅则水不留底（近人取景德制之喇叭杯，口阔脚尖，而深斟必仰首，数斟始罄，又有提柄之牛乳杯，均为讲工夫茶者所摒弃。）

茶洗：茶洗形如大碗，深浅式样甚多，贵重窑产，价也昂贵。烹茶之家，必备三个，一正二副。正洗用以浸茶杯，副洗一以浸冲罐，一以储茶渣暨杯盘弃水。

茶盘：茶盘宜宽宜平，宽则是容四杯，有园如满月者，有方如棋枰者。底欲其平，缘欲其浅，饶州官窑所产素瓷青花者为最佳，龙泉白定次之。

茶垫：如盘而小，径约三寸，用以置冲罐，承沸汤。式样夏日宜浅，冬日宜深深则可容多汤，俾勿易冷，茶垫之底，托以毡毯，以秋瓜络为之，不生他味，毡毯旧布，剪成圆形，稍有不合矣。

水瓶：水瓶贮水以备烹茶，瓶修颈垂肩，平底，有提柄，素瓷青花者佳。有一种形似萝卜樽，束颈有嘴饰以螭龙，名螭龙樽（俗称钱龙樽）。

水钵：水钵为瓷制款式。修颈置于茶床之上，用于贮水，掏以椰瓢。有红金彩者，明代制物也，用五金釉，描金鱼二尾于钵底，水动时则金鱼游跃，希世奇珍也。

龙缸：龙缸可容多量坑河水，托以木几，置之斋侧，素烧青花，气色盎然。有宣德年制者，然不可多得。康、乾年间所产，亦足见重。

红泥火炉：红泥小火炉，古用以温酒，潮人则用以煮茶，高六七寸。有一种高脚炉，高二尺余，下半尘有格，可盛榄核炭，通风束火，作业甚便。

砂铫：砂铫俗名茶锅仔。沙泉清冽，故铫必砂制。枫溪名手所作，轻巧可喜。或用铜铫，锡铫，铝铫者，终不免生金属气味，不可用。

羽扇：羽扇用以扇炉。潮安金砂陈氏有自制羽扇，拣净白鹅翎为之，其大如掌，竹柄丝坠，柄长二尺，形态精雅。炉旁必附铜箸一对，以为钳炭，挑火之用，烹茗家所不可少。

此外，茶罐锡盒，个数视所藏茶叶种类而定，有多至数十个者，大小兼备。名贵之茶须罐口紧闭。潮阳颜家所制锡器，有闻于时。又有茶巾，用于净涤器皿。竹箸，用于箝挑茶渣。茶桌，用于摆设茶具。茶担，可以装贮茶器。春秋佳日，登山游水，临流漱石，林壑清幽，呼奚童，肩茶担，席地烹茗，啜饮云腴，有如羲皇仙境。"工夫茶"具，已尽于此，饮茶之家，必须一一毕具，方可称为"工夫"；否则半饮止渴，工夫茶云乎哉。

烹法：茶质、水、火、茶具，既一一讲求，苟烹制拙劣，亦何能语以工夫之道？是以工夫茶之收功，全在烹法。所以世胄之家，高雅之士，偶一烹茶应客，不论洗涤之微，纳洒之细，全由主人亲自主持，未敢轻易假人；一易生乎，动见偾事。

治器：泥炉起火，砂铫掏水，煽炉，洁器候火，淋杯。

纳茶：静候砂铫中有松涛飕飕声，泥炉初沸哭起鱼眼时（以意度之，不可掀盖看也），即把砂铫提起，淋罐淋杯令热，再将砂铫置炉上。俟其火硕（老也，俗谓之硕）一面打开锡罐，倾茶于素纸上，分别粗细，取其最粗者，填于罐底滴口处，次用细末，填塞中层，另以稍粗之叶，撒于上面，谓之纳茶。纳不可太饱满，缘贵重茶叶，嫩芽紧卷，舒展力强，苟纳之过量，难容汤水，且液汁浓厚，味带苦涩，约七八成足矣，神明变化，此为初步。

候汤：《茶谱》云："不籍汤熏何昭茶德。"《茶说》云："汤者茶之司命，见其沸如鱼目，微微有声，是为一沸，铫缘涌如连珠，是为二沸，腾波鼓浪，是为三沸。一沸太稚，谓之婴儿汤；三沸太老，谓之百寿汤（老汤也不可用）。若水面浮珠，声若松涛，是为第二沸，正好之候也。"《大观茶论》云："凡用汤如鱼目、蟹眼连降迸跃为度。"苏东坡煮茶诗："蟹眼已过鱼眼生。"潮俗深得此法。

冲点：取沸汤，揭罐盖、环壶口，缘壶边冲入，切忌直冲壶心，不可断续又不可迫促。铫宜提高倾注，始无涩滞之病。

刮沫：冲水必使满而忌溢，满时茶沫浮白，溢出壶面，提壶盖从壶口平刮之，沫即散坠，然后盖定。

淋罐：壶盖盖后，复以热汤遍淋壶上，以去其沫。壶外追热，则香味盈溢于壶中。

烫杯：淋罐已毕，仍必淋杯。淋杯之汤宜直注杯心，若误触边缘，恐有破裂，俗谓烧盅热罐，方能起香。

洒茶：茶叶纳后，淋罐淋杯，倾水，几番经过，正洒茶适当时候。缘洒不宜速，亦不宜迟。速则浸浸未透，香色不出，迟则香味迸出，茶色太浓，致味苦涩，全功尽废。洒则各杯轮匀，又必余沥全尽，两三洒后，覆转冲罐，俾滴尽之。洒茶既毕，乘热，各人一杯饮之。杯缘接唇，杯面迎鼻，香味齐到，一啜而尽，三嗅杯底，味云腴，食秀美，芳香溢齿颊，甘泽润喉吻，神明凌霄汉，思想驰古今。境界至此，已得"工夫茶"三味。

附录二

张华云《潮汕工夫茶歌》

闽粤地相接，姻亚不断绝。五娘适陈三，荔枝为作伐。山水相联系，名茶并英发。饶平岭头白，溪茗铁观音。嫩芽化畲粉，条索窈窕褐。一斤四十泡，三杯无余缺。

潮人无贵贱，嗜茶辄成癖。和爱精洁思，茶道无与敌。水火器烹饮，茶艺至精辟。薄锅沸清泉，泥炉炽榄核。罐推孟臣小，杯取若深洁。西湖处女泉，桑浦龙泉液。四指动飞轮，涤器净且热。柔条围细沫，首冲去浮沫。关羽巡城流，韩信点兵滴。罐于茶云熟，饮尽不见屑。一冲号为皮，流香四座溢。二三冲为肉，芬芳留齿颊。四冲已云极，清风生两腋。脑海骋奇思，胃肠清宿食，匪独疗于渴，夏兴冬不息。不可一日无，百郁俱辟易。

潮人多远游，四海留踪迹。偶逢故乡人，同作他乡客。共品三两杯，互通乡消息。乡思起莼鲈，乡情如胶漆。因知工夫茶，最具凝聚力。昔人开其端，历代有增益。乃成茶文化，世世沐膏泽。

本章主要参考文献目录

1. 林乃：《中国饮食文化》，上海：上海人民出版社，1989 年。

2. 朝建平主编：《正宗潮菜》，昆明：云南人民出版社，1995 年。

3. 李曾鹏展：《潮州菜》，广州：广东科技出版社，1995 年。

4. 马风：《潮汕文化丛谈》，新加坡：新加坡潮州八邑会馆文教委员会出版组，1990 年。

5. 庄晚芳：《中国茶史散论》，北京：科学出版社，1988 年。

6. 吴觉农：《中国地方志茶叶历史资料选辑》，北京：农业出版社，1990 年。

7. 吴龙辉主编：《煮泉小品：品茶艺术经典》，北京：中国社会科学出版社，1993 年。

8. 佘文华：《烹调味尽东南美：谈驰名中外的潮州菜》，《炎黄世界》，1995 年第 5 期

9. 翁辉东：《潮州工夫茶道》，未刊稿，1957 年。

10. 张华云：《潮汕工夫茶道》，汕头大学潮汕文化研究中心编：《潮汕文化论丛初集》，广州：广东高等教育出版社，1992 年。

11. 曾楚楠：《潮汕工夫茶刍议》，《中国农史（茶文化专号）》，1993 年。

12. 黄光武：《工夫茶与工夫茶道》，《中山大学学报》，1996 年第 1 期。

第四章　潮汕建筑

建筑是随人类社会的发展而出现的一项活动。《韩非子·五蠹》篇说："上古之世，人民少而禽兽众，人民不胜禽兽虫蛇，有圣人作，构木为巢以避群害。"建筑活动即在这种历史环境中产生。它既是一种技术性的生产活动，又是一种具有精神性的文化行为。它把自然环境改造成为适合于居住的人工环境，反过来促进了人类社会的发展。

　　地理环境和自然条件对人类建筑活动有着重大的影响。生活在不同地理环境下的人们，都会尽量利用本地的天然建筑材料，创造出适应本地自然条件的建筑形式。同时，建筑也包含着历史进程中的文化积累，在它的形式中，总是体现出某个时代的思想潮流和审美观念的影响。于是，建筑成了一种带着地区特色和时代特点的文化景观。它不仅表达了一个地区人们的物质需求，也表达他们的精神需求，从而反映了一个地区文化的特征。

　　在这一章，把潮州地区有特点的建筑，分庙祠寺院、民居、桥和塔四个方面，介绍给读者。

第一节　庙祠寺院

　　在本节，庙指的是庙学，祠则指祭祀先贤名宦的祠宇，也指宗族的祠堂。把庙祠寺院合并为一节来论述，只有一个原因，那就是相对于民居来说，庙祠寺院都有着公共性建筑的性质。作为公共性建筑，它们一般比民居更注重形制上的识别性，也就是说，它们的施工建造，会更加严格地遵守官方颁布的《营造法式》《钦定工部例则》一类专书的规定，在台基、柱式、斗拱、屋顶、装修、色彩等方面，表现出标准化和模式化的特征。而按照这些体现着等级差别的建筑法式营造起来的庙祠寺院，其规模形态也一定比民居要来得巍峨典重，但是也明显地模式化了，同一个等级，同一类性质的建筑，面貌会十分近似。在这一方面，庙学要比祠、寺更为严重。因为比起庙学，祠和寺毕竟还带私人性质。也因为这类建筑可以有比民居更高的建筑规格，所以装饰也就更为豪华，往往会动用本地所有的工艺手段，竭精极巧，使建筑本身成为一座民间工艺博物馆，而显示出更浓郁的地方风格。在这一方面，祠、寺又要比庙学更为突出。

　　下面，将有所侧重地对潮汕地区最有名的庙祠寺院建筑作一些介绍分析。

一　海阳县儒学宫

　　潮汕的庙学，保存状况较好，并被列为省、县级文物保护单位的，有潮州市区的海阳县儒学宫、揭阳市区的揭阳县儒学宫和三饶镇的饶平县儒学宫。这三座庙学的建筑规模建筑风格基本一致，仅举海阳县儒学宫为例。

海阳县儒学宫位于潮州市区昌黎路西侧。这座庙学创建于宋代。南宋理宗时，知州孙叔谨、知县张焕陆续扩大其规模。景炎三年（1278），元兵陷潮州。焚城，火焰烛天，庙学毁于兵火。一直到明洪武二年（1369），才由通判张杰重建。永乐年间，参政郑阜义扩建大成殿两庑、戟门和棂星门。正统元年（1436），知府王源用官地换下庙学附近民居，将棂星门外徙临街，扩大庙学范围。又在棂星门内凿泮池。此后府县官师对庙学屡加扩建，增修了明伦堂、后堂和尊经阁。到明代后期，海阳县儒学宫已经成为一座规模宏大的古建筑群（嘉靖《潮州府志》）。

1989年，广东省人民政府将海阳县儒学宫公布为省级重点文物保护单位。1991年，广东省文管会和潮州市政府拨出专款对这座庙学进行全面修缮。庙学现有面积4000平方米，主要建筑有棂星门、泮池、东西庑房和大成殿，规模不及明代，但仍较好地保留了明代主体建筑的风貌。

从建筑物的性质来讲，庙学是一个国家空间，它是国家政权将政治教化施行于地方的象征。整个庙学建筑的群体组合，其中单体建筑的形式，都必须造就一种尊孔孟、崇儒教的空间氛围，体现建筑内涵的郑重与严肃。

庙学建筑的群体组合是按中国传统的中轴线结构来展开的，在空间序列处理上极留心于大小开阖，高低明晦的变化。在庙学百余米长的中轴线上，棂星门、泮池、大成门和大成殿纵向一字摆开，这是庙学建筑的主体部分。如果按揭阳饶平两庙学建筑群组合情况推测，原来在大成殿后还有明伦堂和尊经阁。自棂星门起到大成殿后，东西两侧建有庑房。临街的棂星门两旁有高墙与庑房联结，使庙学自成一个封闭的空间。大街上肩摩毂击，往来纷沓，高墙后的庙学仍然是一片肃穆宁静的气氛。在大成门两边，也有廊房联结两庑，于是，院落又被分割为内外庭。外庭的中心是泮池。半圆形的两潭池水夹着笔直的过道。古时，学童考进县学，叫作入泮。从喧闹的大街踏进棂星门，只能顺着这泮池中间的过道向前趋进。在庙学外放散了的心与目，被迫收敛，敬肃之情油然而生。过泮池，立刻有大成门屹立于前。海阳学宫的大成门未曾修复。从揭阳学宫的建筑看，大成门高台基，高门槛，门廊凹入，拾级而进，光影变化，有一种空间转换、眼前豁然开阔的效果。前面就是大成殿前的后庭了。后庭豁然开阔的效果，还来自四围建筑高低的对比。庭院前后高大的大成殿和大成门拉紧了纵向的距离，而左右两庑房屋较为低矮，有助于空间的伸展，使后庭给人一种横向张开的感觉。大成殿是学宫最主要的建筑。殿宇建筑在高台基之上，面阔五间，进深四间，双层抬梁式梁架，重檐歇山顶。全殿由48支大柱支托，丹墙红瓦，重檐翼翼，基台周匝，石栏围护。整体造型典重而壮观。壮观的殿宇和简朴的庑房又形成一种对比。庑房单调缺乏变化的造型，不能让人产生左右环顾的兴趣，于是，视线自然地集中到大殿上。大成殿面宽和进深比例的接近，加上重檐屋顶平缓前伸，使殿堂前部有一个敞开的外廊，庭下和堂上的接触交流，多了一层过渡，这便造成了更为深邃的视野。此时，庙堂上的"至圣先师"，会给肃立庭下的莘莘学子以仰之弥高、即之弥远的感觉。国家政教的庄严与郑重，就这样通过庙学的建筑形式，得以体现。

　　这里，还需要再强调一次：这些地区性的庙学，是按照官方规定的体现着等级差别的建筑法式营造起来的。建筑的群体组合，单体形式，以至构成元素，如台基的高度，屋顶的形式，木斗拱的雕刻纹饰，墙壁的色彩等，无不被严格限定。它们所能表现的地方特点，实在是微乎其微。用它们来证明地方文化和科技的发展水平是不大妥当的。如果拿它们去和曲阜孔庙相比，以为一个小小县学宫何足道哉，而对地方的文化和科技嗤之以鼻，那更是绝大的误会。

⚫ 韩文公祠的个性

在潮汕地区有不少祭祀先贤名宦的祠宇，其中以潮州韩文公祠的历史最久远，它的建筑形式，与所传达的文化内容，也结合得最为完美。韩文公祠确实可以作为潮汕古代建筑艺术的一个范例。

唐元和十四年（819），刑部侍郎韩愈因为谏迎佛骨，触怒唐宪宗，被贬为潮州刺史。韩愈治潮八个月，对潮汕文化的发展，影响甚为巨大。他的名字在潮汕妇孺皆知，对他的庙祀也发生得很早。《永乐大典》卷5343引《三阳志》说：

> （潮）州之有祠堂，自昌黎韩公始也。公刺潮凡八月，
> 就有袁州之除，德泽在人，久而不磨，于是邦人祠之。

潮州的第一座韩文公祠，是北宋真宗咸平二年（999），通判陈尧佐在金山麓创建的韩吏部祠。元祐五年（1090），知州王涤把韩祠祠址迁徙到潮州城南，苏轼为他撰写了《潮州韩文公庙碑》。这是一篇很有名的文章。随着文章的广泛传播，潮州韩文公祠也广为人知。

韩文公祠迁到潮州城东韩山西麓，在南宋。具体时间，元朝人已经有两种说法。一说是在淳熙十六年（1189年），由知州丁允元迁来

（何民先《重建水东韩庙记》）。一说知州李迈已经将韩祠建在韩山（赵孟仆《重建潮州韩文公庙记》），李迈任潮州知州，在绍兴六年到八年（1136~1138），比丁允元要早50年。后人却大多采用前一种说法。自元代以后，韩山的文公祠曾经多次毁废，又多次维修或重建。清代最后一次大修，在光绪十三年（1887）。现在韩文公祠的主体建筑，大致还保留着当时的形态。

韩文公祠从宋代就被列入潮州的祀典，潮州历朝方志，记载不断。然而韩祠毕竟是地方性的祠祀，它的建筑，并不像庙学那样，要被国家根据不同的等级严格限制，因而也就有了自由发挥的余地。事实上，这座朴质而端庄的祠宇建筑，决不会给人以逾礼越制的感觉，却有着自己鲜明的个性。它的个性是通过选址和空间组织的完美结合来体现的。

韩山和潮州城中间，横着一道大江。丁允元建祠时，江上已有了桥梁，交通十分方便。韩祠建在韩山的半山腰，倚山而临水。一出城，祠宇便在望中。

图画里的晚清韩文公祠　潮州市博物馆藏品

韩文公祠面宽18.7米，前墙以水磨青砖砌成。祠门上有石匾古隶书"韩文公之祠"。祠前有庭，进仅丈许，外砌石栏。祠分前、后两进，头进门厅，后进是三开间大堂，共深31.8米。中间小院，左右庑廊。祠内环壁嵌有明清以来碑刻40面。厅堂多牌匾，近年重修，由刘海粟重书的"百世师"，林若重书的"三起南云"，许涤新重书的"尊贤有祠"，饶宗颐重书的"泰山北斗"，周培源书"百代文宗"，王力书"名以文传"，陈大羽书"今古同仰"，并保留民国14年潮安县长刘侯武所书的"吾潮导师"等。后堂中央塑韩愈像。整座建筑，古朴少饰，肃穆端庄。

千余年来，韩愈一直是潮州文教的象征。在绝大多数潮人的心目中，韩文公的地位远远高于孔夫子。韩祠的建筑，同样必须体现出政教的庄严与郑重，必须让拜谒者感觉到韩文公地位的崇高。这种效果是如何被创造出来呢？

出城，过江，沿山径逶迤，一路视野开阔，眺韩祠于山林中，心与景，同幽清。来到祠下，空间感觉骤然收敛。利用山坡天然高台建起的祠堂，必须经过51级台阶上攀。台阶迫使谒者视线上仰，于是，祠堂数米青墙，却让人产生高楼杰阁般的感受。随着脚步的前移，建筑的细部接连进入视野："韩文公之祠"门额，前厅梁上悬挂着的"三启南云""百世师"匾，接着，是后堂的"尊贤有祠""百代文宗"匾，踏上外庭平台，可以瞻见后堂的韩愈像。祠前外庭的小跨度，使视线很自然地被引向祠内。后堂依山势辟建在更高的一层平台上，自内庭上后堂，又是12级台阶。内庭也很小，建筑师似乎有意抹杀它的空间存在，使人一跨过门厅，就又得抬头仰视。后堂上的韩文公像，在上仰的视角里，刹那间显得特别高大。

韩祠的空间，是一个陡然迭起的高潮。它以高度上的气势，强制性地让谒祠者感受到韩文公使"学者仰之如泰山北斗"（《新唐书·韩愈传》）的那种崇高。

韩祠选址的巧妙，也通过相反视角得以体现。当你从祠里回眸，或者在祠外凭栏，与谒祠的感觉相反，视野变得如许宽阔。韩江舟楫，湘桥车马，隆崇城郭，扑地闾阎。万种风流毕呈于眼前。偌大一个潮州城，竟就像韩文公祠的外庭。这是一种"由庄严变为平凡的反高潮作风"（李约瑟语）。在这种视角里，韩愈形象的崇高反转为亲切。这就是韩祠与庙学的不同。在庙学建筑空间中，孔子示予人的，是一种高深莫测的神秘。而韩祠，使人感觉到韩文公的崇高，也使人感受到韩文公与潮汕人的接近。

韩文公祠的平面结构很简单，但由于巧妙地利用了祠址的地势，便使得这简单的建筑，获得了不寻常的视觉效果。它显示了潮州古代建筑师高超的设计水准。

1984年，广东省政府拨款对韩祠进行全面修缮，并新建"韩文公祠"坊。此后，陆续创建侍郎阁于祠后，新修允元亭于祠右，在祠宇的前侧增辟"天南碑胜"庑廊，使韩文公祠成为潮州旅游的主要景区之一。与新修的庙学一样，祠宇建筑在被重新利用的过程，文化功能也转换了。例如，游览者沿着碑廊，慢慢欣赏着当代名家的书法，不知不觉从侧门进入韩祠。这时，更吸引他的，可能是四壁那石花斑斓的古碑刻，而不是堂上的塑像。瞻仰圣贤的崇高感被怀古的幽情所替代，结果是，祠宇本原的功能消失。

三　潮州开元寺

潮汕有不少年代久远的佛教寺院。规模比较大的，有潮州的开元寺、潮阳的灵山寺和揭阳的双峰寺。不管寺院的规模如何，其建筑物的基本配置和组合，大致是相同的。只是在单体建筑形体的大小、附加建筑数量的多少这些方面，有所差别。最能代表潮汕寺院建筑水平的，当属潮州开元寺。

开元寺的寺址，在今潮州市湘桥区开元路东段。它的历史从何时开始，现在还不是很清楚。关于开元寺的最早文献记载，是北宋庆历三年（1043）余靖所撰《开元寺重修大殿记》。这篇文章简单记录了当时开元寺建筑规模，说："寺之制……凡五百楹，为一郡之表。"到南宋咸淳五年（1269），林希逸撰《潮州开元寺法堂记》，追溯寺院当初的形制，则说："寺始甚雄，中有子院三十六。"虽然比余靖的记载稍为具体，但寺院的建筑情况，仍然不清楚。不过，当时开元寺的规模要比现在更大，这倒是可以肯定的。南宋以后，开元寺多次毁废之后，重建重修，建筑物的建置，也兴废不常。最近一次大规模重修自1980年开始，到1985年，主体建筑的重修工程全部完成。

寺院主体建筑在重修之后，或多或少还保留着前代的风格。例如，日本奈良东大寺的大佛殿，是世界上现存木结构建筑中最大的一座，它的建筑样式，是宋代明州建筑师陈和卿带进日本的。日本的建筑史学家给予这座建筑很高的评价，说它引起了日本建筑的第二次革命，给日本建筑界带来新的技术和结构风格，并把这种建筑式样称为"大佛样"。但是，这种建筑技术和结构风格在中国一直没有找到它的根。直到1992年，建筑学家路秉杰教授才发现并且确定，潮州开元寺天王殿的建筑式样，正是日本的大佛样。这个发现也说明，潮州开元寺天王殿建筑，至今仍然保留着宋代建筑风格。可以说，现在的开元寺凝聚着宋、元、明、清各个不同朝代的建筑艺术风格。

潮州开元寺大殿　蔡海松摄

现在的开元寺占地面积约20 000平方米，主体建筑有：金刚殿（山门）、天王殿（二山门）、大雄宝殿和藏经楼。

寺的头进是金刚殿（山门），面阔七间，22.56米，进深三间，7.5米，高6.925米。山门建成殿堂式，单檐歇山顶，保留明代建筑风格，两旁供奉金刚力士各一尊。山门对面是照壁，壁上嵌有"梵天香界"石匾。

第二进就是保留着宋代建筑风格的天王殿，面阔十一间，50.5米，进深四间，15.77米，高 9.85米，单檐歇山顶。天王殿最有特色之处，是檐柱采用木石相衔接的形式，下部是八瓣圆肚形的石柱，上端是圆木柱。前后檐柱的形式又稍有不同，前檐柱上端的木柱直接墩立在石柱之上，而后檐柱的木柱和石柱之间，则垫有圆斗。楹柱有石覆盆式柱础。柱上安有多层圆形瓣式檐斗，层层叠叠，托着平梁、檐檩。日本大东寺大佛殿的木结构，就是这种风格。殿中间有一个大佛龛，迎门朝南一面供奉大肚弥勒佛。佛龛有隔板，另一面供奉韦陀天，朝北。弥勒佛东西两旁，靠殿壁供奉着四大天王。

第三进大雄宝殿是开元寺的核心建筑物。大殿建在高 1 米许的殿基之上，面宽五间，29.80 米，进深四间，26.5 米，高 11.76 米，殿脊高 0.85 米。据说，清代光绪元年（1875）重修大殿，潮州城的官员绅士认为开元寺在风水地理上占据着全城的气脉，以致僧胜于俗，有意将大殿的斗拱降低了三层。现在的大殿，保留着当年的高度。宝殿的屋顶为重檐歇山顶，碧甍丹瓦，魁伟壮观。大殿两侧护以石杆，栏板上刻着"佛日增辉，法轮常转，皇风永扇，帝道遐昌"十六个楷书大字。大殿前面有月台，月台也有石围栏，栏板则雕刻着释迦牟尼出家的故事和奇花异草、瑞兽祥禽的图案，线条凝练而造型古朴。大雄殿内，正面供奉着释迦牟尼佛、药师佛和阿弥陀佛，这"横三世佛"的背面，供奉白衣观音菩萨和憍陈如、优波罗二尊者。东西两侧，分供十八罗汉。

大雄宝殿后面是藏经楼。有基台，高约 1 米。楼建于基台上，面阔十一开间，广 51.04 米，进深 14.295，高 11.75 米。藏经楼后是后花园。

这些主体建筑，按照中国传统的营造法则，被安排在寺院南北中轴线上。在大雄宝殿和天王殿之间，东西两侧有庑廊。寺院的生活区，包括方丈厅、知客堂、香积厨、僧房等，分布在主体建筑的左右两侧。就连配殿式的观音阁和地藏阁，也被安置在大雄宝殿两旁庑廊之外。这种安排，使寺院中轴的主体建筑构成三堂二庭院加后包的整齐组合，显然是受到潮汕传统庙堂结构组合的影响。

中国佛教是一种十分接近世俗生活的宗教。潮州开元寺的寺院建筑空间构成，虽然也表现出等级的差别——例如大雄殿要比藏经楼高1 厘米之类，但它体现出来的气氛，更接近于庭园民居，没有很多庄严与肃穆，更多的却是祥和与平等。

　　开元寺的山门进幅很浅，门殿里体态雄伟，作忿怒相的金刚力士，又安置在东西壁前，很难引起进出寺门者的注意。前院很小，深12.4米，与天王殿的高度很接近，就像韩祠的内庭一样，空间的感觉几乎被抹杀，它最大的作用，是采光。

　　光和影直接制造了天王殿的气氛。高檐，大门，使殿中间一片光亮。眼光从檐下"度一切苦厄"的大匾下移，见到佛龛。佛龛的弥勒佛像，不大，在柔和的光亮里，却是那样易于接近。殿很宽，东西墙边，高大而面目狰狞的四大天王，在阴影里似乎退得更远。同时被推远的，是宗教在精神上的威慑作用。天王殿里的主角，由弥勒佛充当。为人们指引慈航的，首先是这位笑眯眯的佛祖。于是，殿堂笼罩在一种皆大欢喜的祥和的氛围中。

　　转过天王殿，面前是长37.8米、宽34.6米的丹墀（庭），长廊和带着月台的大殿。寺院的许多重大活动，如住持进院典礼、各种大型法会，是在宽大的丹墀（庭）里举行的。隔着月台，丹墀（庭）和大殿产生了距离。大殿里的佛祖、菩萨、罗汉，都现庄严妙相，却远没有大成殿里的圣人那样威严逼人。如果和庙学的后庭、大殿比较，这种感觉不难体会到。在大型法会中，大殿里的佛陀和菩萨几乎幻化成一种宗教背景，与聚集丹墀（庭）的善众也就显得若即若离。在嘹亮的梵乐唱呗声中，可祷可祝，或歌或哭，悲喜随缘，众生平等。这一切也有赖于寺院建筑环境提供的氛围。

　　至如丹墀中婆娑的菩提树，殿堂上精美的嵌瓷与木雕，让人感受到的，也多是世俗生活的温馨，而并非宗教精神的严肃。潮州开元寺的建筑，形象地表现了中国佛教的世俗性。

四 潮汕的祠堂

在公共建筑中，宗族的祠堂的私有性质最强，因为它毕竟只是一个宗族的成员所共有。不论是建筑构成还是文化属性，祠堂都与大型民居的厅堂十分接近。差别只在规模形体的大小，和装饰的豪华程度而已。

祠堂的基本结构，有两厅夹一庭的两进式和三厅两庭的三进式。在第二进大厅前，大多接有拜亭。拜亭高而敞，遮阳挡雨通风，在本地炎热多雨的气候条件下，很实用。同时，拜亭也增添了祠堂的气派。

潮汕祠堂最突出的特点，莫过于装饰的豪华。大抵清初以前建造的祠堂尚质朴，乾嘉以后，则"大宗小宗，竞建祠堂，争夸壮丽，不惜赀费"（嘉庆《澄海县志》），形成了一种奢华的风气。这里面有十分复杂的文化心理在起作用，但最重要的条件却在于当时本地经济的发达。等级严格的营造法式，在璀璨夺目的金钱面前变得那样苍白；就连"逾制越轨"一类言语，用来指责这些装饰得如此豪华的祠堂，也显得无力。

竞为豪华装饰的风尚，促使潮汕民间工艺高度发展。著名的潮汕木雕和嵌瓷，就是在这种时尚中成熟起来的。时尚给后人留下了一批建筑精品，从熙公祠和己略黄公祠是其中最为精美的两座。

己略黄公祠在潮州市区义安路铁巷头，建于清光绪十三年（1887），是一座二进祠堂，庭院左右两侧有庑廊，大厅前有拜亭，以精美绝伦的潮州金漆木雕装饰著称。金漆木雕装饰遍布祠堂门厅、庑廊、拜亭和大厅的梁架间，内容多为传统戏剧的舞台场面，人物数以百计，形象生动逼真，反映了清末潮州金漆木雕的工艺造诣。现在，已略黄公祠已被国家公布为全国近代优秀建筑。

从熙公祠位于潮安县彩塘镇金砂村斜角头，兴建于清同治九年（1870），光绪九年（1883）竣工，耗资26万元建成。

潮安彩塘从熙公祠　蔡海松摄

这也是一座二进祠堂，建筑装饰十分精美。屋脊檐角是琳琅满目的嵌瓷，梁栋之间有金碧辉煌的木雕，整座建筑显得富丽堂皇。其石雕装饰更令人叹为观止。从熙公祠的石雕装饰，主要集中于祠门。祠门门楼那两条磨制得光滑如镜喷水柱，柱前剔透玲珑的倒挂花篮，屋架石斗拱那装饰性的镂空石雕，特别是门壁上那四副石雕画，花鸟虫鱼，人物山水，都透露出一种勃勃的生机，其工艺的细腻精美，堪称潮汕石雕一绝。祠堂是华侨巨贾陈旭年斥资建造。落成隔年（1885），这位富甲一方的商人，又聘请建祠的能工巧匠，在新加坡按故乡祠堂的样式再建了一座，匾题"资政第"。现在，从熙公祠成为广东省重点文物保护单位。在新加坡，那座集潮汕泥作、木作和石作工艺大成的资政第，也被政府公布为国家古迹。

祠堂是礼仪教化赖以推广的最基层的处所。宗族荐祖、会议等重要事务，都在祠堂里进行。按照这种被先期规定了的功能，祠堂必须造成一种有礼有节的规规矩矩的气氛。但实际上，祠堂里这种很严肃的时刻并不常见，更常见的倒是宗族成员欢聚一堂的融洽与喜庆。因为祠堂又是宗族的公众场地，添丁贺庆、迎宾接客等必要活动，也都在祠堂里进行。即使是在祭祖的仪典中，"崇先敬本"这个严肃的主题，往往被消溶在"和宗睦族"这种更为实用的活动中。大概有两个时间祠堂会显得比较肃静，那就是长老致辞和礼生用很不流利的语调念着在旧族谱抄下来的祭文的时候。当然，有意在祠堂里大声喧哗是被禁止的。但是，仪典前已经开始聚集到祠堂里的族众们可以寒暄笑语，祭祖后的聚餐会上也不妨互相劝酬，就是在三跪拜仪式中欢快仍然伴随着虔诚。总之，在祭祖的仪典中，祠堂里始终充满着虔诚而又祥和欢乐的气氛。试想想在酒已半酣之时，挽着客人的手，指点讲述梁栋间木雕里的故事，观赏评论门肚石刻的工艺技巧，那种十分纯朴的自豪的心态中，岂有半点讲求排场的虚夸？潮汕祠堂繁华的装饰，大概还是应该这样去理解才是。

第二节　潮汕民居

民居是最能体现地区特色和时代特点的文化景观之一，它把一个地区文化的特征和追求，用经济和技术的形式表现出来。潮汕民居具有鲜明的特色，很早就引起外来官宦的注意。乾隆二十七年（1762）

潮州知府周硕勋修纂《潮州府志》时，对本地民居有一段叙述：

> 望族营造屋庐，必建立家庙，尤加壮丽。其村坊市集，虽多茅舍竹篱；而城郭中，强半皆高闬闳、厚墙垣者。三阳及澄饶普惠七邑，间阎饶裕，虽市镇也多鸟革翚飞。家有千金，必构书斋，雕梁画栋，缀以池台竹树。民居辄用蜃灰和沙土筑墙，地亦如之。坚如金石，即遇飓风摧仆，烈火焚馀，而墙垣卓立无崩塌者。界过惠州、嘉应虽间有之，然不及潮州远甚。

这一段文字，简明地介绍了潮州城镇乡村民居建筑的大势，城镇民居的环境布置、装饰工艺以至建筑材料与质量，也涉及由民居建筑体现出来的潮汕人的思想观念和审美意识。正是这些观念和意识使本地民居建筑形成了一种传统，即使星移物换，人事皆非，而特点依然如旧。

下面从建筑模式，功能分析，风格特点和实例举证四方面，说说潮汕民居。

● 潮汕民居的建筑模式

传统潮汕民居的基本建造单元，有"下山虎""四点金""百鸟朝凤凰"和"驷马拖车"几种形式。

四点金和下山虎是潮汕最常见的传统民居建筑形式。

从平面结构看，四点金是由相向的两个一厅二房构成。上厅上房与下厅下房中间隔着天井，天井左右两侧有廊屋与上下厅、房联结。

潮汕民居下山虎　蔡海松摄

潮汕民居四点金　蔡海松摄

整个建筑平面近似于北方的四合院。下山虎，又名跑狮，只有一厅二房，天井两侧又有厢房，俗称"伸手"，与大房相接，整个平面近似于三合院。下山虎还有一种较为简略的形式，大门侧开，占去一侧厢房的位置，剩下一侧厢房，俗称单跑狮。再简单一些的，则厢房也改为单泄水屋顶的廊屋。

百鸟朝凤凰是一种大型的民居宅院。它的整个格局可以视为两座四点金的合并与扩充。宅院采用中轴线布局，主体建筑共三进：进正门是门厅，两侧各有一间下房。门厅下是天井，天井左右有厢房或花厅，天井直进是中厅。中厅两侧各有一间大房。这是第二进。中厅一侧有门通第三进，第三进结构同第二进，厅、房的面积稍小些。主体建筑左右两侧各有一列或两列排屋，以巷隔开，称"火巷"，火巷一般是一厅四房"五间过"或者由两个一厅两房组成。主体建筑后面又有一列排屋，连接两边火巷，与后厅也以巷隔开，称"后包"。正门前面有一个大埕，大埕两边有大门，称"龙虎门"。这种宅院与客家围龙屋（五凤楼），平面结构十分相似。

驷马拖车是一种复合单元。它的中轴是一座三进的大厅堂，也就是方志上所说的家庙。家庙的平面结构与百鸟朝凤凰式大院的主体相似，只是门厅两边房较小，称做库房。中厅和后厅都是三开间，没有再隔出房间，宏敞光亮。家庙的两边各有两座四点金。外侧再建火巷排屋围起，使之成为独立的单元。庙、屋前面也有大埕。大埕前面一般挖有池塘。更大型的驷马拖车，家庙后边还建有成片的下山虎或四点金，实际上已经是一个颇具规模的聚落了。

从建筑形式看，潮汕传统民居的墙壁，小型屋居大多用灰土角垒砌，也有用灰沙土版筑夯成，家境不甚宽裕的人家，夯墙时或杂以石碎、卵石，以减轻经济负担。大型建筑都用灰沙土夯墙，富贵人家，贝灰比例较高，有的还添加稻草筋、糯米饭等材料。墙体筑成后，抹上灰泥，研光。宅第的地基也用灰沙土夯实，宅基高于屋外路面，厅房的基面又要比天井高出20厘米左右。地面墁以灰泥或方砖。

屋顶一般为硬山顶。其栋梁结构与中国各地民居大同小异，无地方特点。瓦片叠置椽上，至少有两层。两层瓦片之间夹着少量的灰沙，既能让瓦片粘连，又有隔热的作用。两行瓦片之间用瓦筒填满灰沙压住。屋脊用灰沙砖瓦垒砌。山墙上也有叠脊，与屋脊联结，俗称垂带。山墙墙角按五行说，分金星、木星、水星、火星和土星五种基本样式，还有大水星、双土星等变化样式。建房时要根据房屋方位、朝向，所在环境的阴阳形势，甚至于屋主生辰的五行属性，细心斟酌，选定一种相配的样式。屋顶的倾角大于 30° 。整座宅院的屋顶景观，呈后高前低的势态。大宅院后厅高于中厅，中厅又高于门厅。小宅院的主房也比厢房和下房高。厅、房前方，屋檐伸出墙外数尺，俗称淋檐。

⊜ 潮汕民居的功能分析

民居的建筑，首先当然着眼于它的实用功能。例如，屋顶铺叠两层以上的瓦片，是为了隔热；倾斜度比较大，又便于泄水；整座房宅屋顶大势，后高而前低，则使后座不致被前座挡住，前后通风。天井的作用，即为了通风透光，而基面较低，在雨天可以纳水，以防止厅房进水。淋檐有防雨作用。大厅全用大扇格门，也从通风采光考虑。这些建筑形式，都具有适应本地炎热多雨的气候的实用功能。

但是，民居的建筑不可能不受文化的影响。禁忌观念，制度意识等，对建筑模式的建立，都表现着它们的潜在的影响。典型的例子是，屋子脊角形态的讲究。所谓火局水局，在实用功能上根本没有差别。风水师与主人要求建筑师采用某种模式，只是有惯例存在着，并为了满足主人的心理需求而已。更多的情况是，采用某种建筑模式，在讲求实用功能的同时，也融合进文化理念。这是在功能分析过程所不可忽略的。

潮汕民居墙壁的坚固，上引乾隆《潮州府志》已经做了很形象的说明。防风防火，其实还有一个防盗的作用，这当然是着眼于实用功能。但这"坚如金石"的墙壁，也寄托了造屋者传之久远的意愿。特别是大型宅院的建造者，或者发财，或者入仕，而能建屋，本来就为使子子孙孙有一个躲避风雨的安居之处。这种坚固的灰沙土夯墙，就像曾昭璇教授的《客家"围屋"屋式研究》所说，甚至可以预防子孙中有人使坏而致使家族中发生不幸事件："为求避拆屋卖屋，则此墙最宜不过，因其坚固难拆卸，而墙质料又不值钱。"这一点，恐怕不论客籍潮籍，都应认同。

下山虎民居的平面格局安排，以大厅作为重心。那真是个名副其实的"多功能厅"，祭祖，待客，家人的聚会、用餐都在这里进行。而房间除了作卧室，一般还兼有库房之用。围在高墙里的小小院落，晕渲着一种稳定、安静的气氛。这不正是农业社会里小小老百姓所追求的理想？然而当下山虎格局扩展而为四点金，尽管厅和房的实用功能并未有多大的变化，但就在这种依然简单的格局里面，文化因素明显加强了，已经不难感受到礼制的影响。虽然采用"井"字形的布局，但是，在开间宽度相同的情况下，上厅的屋顶一定要高于下厅，上房纵深的长度也大大超过下房。这种格局处理的定则，所体现的不正是乡土社会的礼制秩序？

礼制上的秩序对建筑格局序列的影响，在百鸟朝凤凰、驷马拖车式的大宅院，更加明显地表现出来。这类宅院多为豪富或显宦人家所建，讲究礼制秩序，也是很自然的。以百鸟朝凤凰式宅院为例：屋子的格局扩展到三进，大厅的实用功能被分解了，门厅用于接应寻常宾客，后厅则置龛供奉祖宗牌位，是祭祖的场所。中厅是家人聚会之处，婚、丧、寿诞这类家中大礼，都在这里举行。中厅两侧的大房，是家长居住的地方。前院的房间，或作为客房。内眷居住在后院。火巷的排屋则是族人、佣工的住所。后包比较幽静，一般被主人用作书斋。门前的广场可供客人安顿车马。整座宅院的结构格局十分讲究。这种格局中，中厅占据着核心的位置，它体现了礼制秩序在家庭里的重要地位，甚至后厅的功用，也是根据这种秩序来安排的。可以说这种建筑格局，完全把礼制秩序的法则放在实用功能之上，反映一种严格区分尊卑上下、男女内外，又非常注重崇宗睦族的文化传统。

⊜ 潮汕民居的风格特点

上面一节从实用和制度两个方面，介绍潮汕民居的功能。这一节的主要内容，将分析潮汕民居的审美功能。潮汕民居的风格特点，最容易被人们感受到的，一是外观的装饰，一是环境的美化。这两者，又都表现着潮汕人的审美意识。

潮汕民居重装饰，乾隆《潮州府志》已经提到。所谓"鸟革翚飞"，所谓"雕梁画栋"，赞叹的都是民居装饰的华美。潮汕民居的装饰，有两个特点。一是装饰的类型多，主要有金漆木雕，石雕，灰塑，嵌瓷和彩画。一是装饰的部位广，大凡石木部件、门窗户扇、墙头屋脊、外墙檐下……无不施以装饰。

民居的彩画装饰，起源很早。《论语·公冶长》记载孔子批评鲁国大夫臧文仲的一句话，说："居蔡，山节藻棁，何如其知也？"蔡是一种用来占卜的神龟的名字。臧文仲珍惜它，让它住上十分讲究的房子。"山节藻棁"是说这房子的斗拱雕刻成高山的形状，梁上的短柱也画上了藻草的图案。可见，春秋时期，比较高档的住宅，已经使用彩画装饰。中国古代建筑的彩画装饰，使用于木构件，包括门、窗、柱、梁等的油饰和粉彩绘画。除了美化屋居之外，还着眼于防蠹防腐的实用功能。潮汕民居继承了这一传统，又有所发扬。建筑物施用彩画装饰的部位更广。木构件仍用油饰粉彩，各式花纹图案中，间插着花果草虫、鱼鸟走兽、山水人物的图画，显然更加注重装饰美化的功用。大门的门肚、屋子外围的墙头檐下，也用粉彩和水墨绘装饰。绘画保留着传统内容，明代后期起，也开始采用通俗戏剧、小说故事，到清末民初，像轮船、火车、西洋仕女这类新鲜事物也上了潮汕民居墙头的装饰壁画。这些彩画就只有装饰美化的功用了。

木雕用于住宅的装饰，起源也很早。上面引用孔子的那句话，就提到木雕。木雕装饰，纯粹是为了居室的美化。在不降低木构件承载强度的前提下，用浮雕、通雕、圆雕等技法去修饰它。现存古建筑木雕装饰，最早是宋代的，以太原晋祠圣母殿的圆雕缠龙柱最有名。在明代建成的徽州民居，木雕装饰已经用得相当普遍。梁架、斗拱、雀替、檐条、栏板、门窗户扇，都刻上了花鸟虫鱼，车马人物一类内容。潮汕民居的木雕装饰，最古老的一处是潮州府城许驸马府斗拱上的卷云。那是很简单的浅浮雕装饰。大量使用木雕装饰的，是清代民居。潮汕民居的木雕，集中在通廊、拜亭和厅堂檐下，梁架斗拱、门窗户扇，最是木雕艺人大显身手的好地方。清代中期以后，潮州商业日见发达，民间多拥有巨资的富商大贾。为夸耀乡里，富商们在建宅时，不惜货费，唯求豪华。屋宅的木雕装饰，亦愈趋细腻繁复。梁头桁下，层层叠叠，堆满金漆木雕。潮汕民居石雕装饰的演进，大抵跟木雕相同。

　　灰塑是用贝灰为材料的建筑装饰艺术，它的起源，不会早于宋代。最简单的灰塑是起线，再进化是各种线条状的花纹图案，比较复杂的，则有草木山水、鸟兽人物。后者的表现形式，主要有浮雕与圆雕两种。浮雕的制作工艺过程是，先在还没有干透的墙上画好图像轮廓，钉上铁钉，抹上草筋灰，做好灰坯造型。在灰坯晒干之后，再用矿物颜料加彩绘。圆雕灰坯制作难度大些，要先利用瓦筒、铁丝等材料做成鸟兽人物的骨架，再糊上筋灰，仔细塑造。然后将塑成的雕像用钉子安装到背景浮雕上去，候晒干后加彩绘。灰塑的装饰部位，主要有门额窗框、屋脊垂带、山墙厝角。门额窗框一般采用简单的花纹图饰，山墙厝角则有固定的五行样式，屋脊垂带的位置显眼，多塑草木山水、鸟兽人物。大型民居的照壁，也多用灰塑浮雕。

澄海上北村民居窗框的灰塑和彩绘　蔡海松摄

　　嵌瓷工艺是潮汕建筑艺人的创造。嵌瓷工艺的出现，一开始可能是建筑艺人偶然利用彩色碎瓷片平嵌小花卉来代替彩绘。潮州是产瓷区，这类废弃的碎瓷片很多，五色缤纷，晶莹光润，又不退色，用来代替彩绘，有更加富丽的效果。于是，这种工艺很快风行起来，并与灰塑结合，增加了浮雕嵌和圆身嵌等种类。平嵌工艺，是在墙体未干时，打好画稿，然后选取彩色瓷片，剪裁成型，直接嵌贴。浮雕嵌和圆身嵌实际上是灰塑做好素坯之后，趁灰泥未干，嵌贴瓷片而成，只有人物的面部，仍保留灰塑粉彩的工艺。据说，潮州嵌瓷始创于明代万历年间，但今天能看到的民居嵌瓷装饰，几乎都是清代乾隆以后的作品。民居采用嵌瓷装饰的部位，与灰塑基本相同。

泰华祠屋脊上的嵌瓷　蔡海松摄

　　潮汕民居的装饰特别注重门面：花岗岩石门框，厚厚的漆门扇；门肚或石雕、或泥塑、或彩绘，山水花卉，真行篆隶，各具姿态；门楼顶部和屋脊饰以潮汕嵌瓷，花鸟虫鱼，人物故事，琳琅满目。华美艳丽的门面，暗示着潮汕人的文化取向。

富贵大户，注重宅院的装饰，雕梁画栋，金碧辉煌。中小产人家，局限于财力，只能稍事修饰而已。其审美的情趣，更多地投射在庭院的美化上。在天井靠墙处，常砌有花斗，栽着几竿翠竹，一树红花（潮汕人称石榴为红花）。草本的剪春萝、一丈红、菊花……则依着时令变换。潮汕一年的气候多暖湿，正适合花卉生长。最能显现潮汕庭院风格的，是那一棚忍冬一缸莲，家家户户，都可以见着它们的踪影。忍冬花开日，宜轻风。轻风徐徐拂过院落，香气满堂。莲叶发苞了，宜急雨。急雨密密打在叶上，清脆悦耳。

这小小庭院，给主人带来了几多快乐，几多情趣。

潮汕民居，花木扶疏的小庭院　陈志伟摄

夏日，把大厅的大扇格门取去，使厅堂和院落连成一个空间。坐在厅里外望，日丽风和，绿荫满眼，家居和自然，竟然是那样和谐而融洽。厅前檐间，挂上一幅大竹帘遮日。帘外艳阳，照着花木，"隔帘花叶有辉光"，这种隔又不隔的境界，令人产生更加美妙的感受。秋夜，提几把矮竹椅坐花棚下，孩子们已把火炉煽红，一边悠悠滴着工夫茶，一边海阔天空讲古闲聊。月光洒落庭院如水，清风过处，花影涌动。这时，日间劳作应接的疲累烦忧都被遗忘，屋居的主人似乎也成了庭院美化的一个部分。

大户宅第，用地宽敞，庭院的美化之外，往往利用屋旁宅后空地，种上一两棵玉兰花，或者龙眼、番石榴之类乔木型果树。树冠团团，将房子掩映于绿荫中。树下，叠三两峰玲珑假山，挖一口小小莲池。山石间，花草蒙茸，莲池上，一一风荷举。尽量使住宅处在一个幽美的近于自然的环境之中，以获得宁静和谐的氛围。

这里举一个实例。位于广东潮阳市棉城镇的西园，是本地富商肖钦的私家宅园建筑。园林始建于光绪二十四年（1898），宣统元年（1909）竣工。进门，是用卵石铺成的大院，对门一侧，有水池，池上筑重檐六角亭，丰富了大院空间。大院左侧一幢两层钢筋混凝土结构、西洋花式装饰的楼房，是居室。大院右侧是庭院式书斋。书斋占地不多，布局紧凑。南有按中国传统样式建造的水阁，棂格门窗，又采用彩色玻璃材料，堂皇而且明亮。北面假山依墙壁垒叠，岩高洞幽。缘洞上下，峰峦起伏。中间稍留片地，或设一琴台，或安一棋盘，可以流连。假山水阁间，是一潭池水。石山下有钢筋混凝土结构的半地下室，与池水相隔一面，镶嵌着一块大玻璃，起名"水晶宫"。从水晶宫里，可以仰望潭中碧波游鱼。水晶宫的设计手法，已经不同于传统园林，却又别有一番情趣。

民居的环境美化，体现了潮汕人的审美意趣，也反映出技术进步和文化演进的情态。

㈣ 潮汕民居实例举证

构筑得很有特色的潮汕民居太多，这里只能举出年底最久远的潮州府城许驸马府，建筑面积最大的澄海隆都陈慈黉旧居和保留着连续历史序列的澄海樟林民居，略作介绍。

许驸马府的宋代风格

许驸马府位于潮州市区中山路葡萄巷东府埕，相传是许珏府第。许珏是宋代潮州名贤许申的曾孙子，北宋英宗时娶了皇族德安县主，所以有驸马衔，他的宅第，也就被唤作许驸马府。

这座宋代宅第，在明清两代曾经重修。现在的许驸马府，整座建筑面阔42米，进深47米，面积约1800平方米，是一座四合院式庭院。住宅正座三进，左右有火巷排屋，后包是楼房，称"御书楼"。主体建筑采用五柱穿斗式梁架，夯土墙。屋顶为硬山顶，倾角小于20°，出檐平缓。这与明清时期潮汕民居屋顶的形式有较大的区别，据说是保留了唐宋时期的建筑风格。如果从营造方式方面去考虑，这种小倾角屋顶，大概是原来采用蝴蝶瓦砌盖方式。在铺盖瓦顶时，不使用胶结材料，第一层底瓦直接铺架在两桷之间，凹面朝上，第二层瓦将凹面朝下，覆盖住两行底瓦间的接缝。这种屋顶，就叫作蝴蝶瓦屋顶。蝴蝶瓦屋顶的透气性强，能防止梁木受潮腐朽，为南方民居所常用。到近代客家围屋的瓦顶还采用这种形式。采用这种营造方式，屋架不能太斜，否则瓦顶受大风雨或其他外力影响，容易发生溜泻危险。明清时期的潮汕民居屋顶的营造采用灰沙土做胶结物，瓦片粘连结实，倾角也就可以陡些。风格的差别也许能说明许驸马府的建造，确实在明代以前。

许驸马府建筑装饰简朴。门簪为木制圆形，门槛较高。柱子多为圆木柱，门墙柱础均置于石基上。第二进厅前的拱斗有简单的卷云雕刻装饰。与明清时期潮汕大型民居的装饰风格，区别也很明显。

该府建筑形式古朴大方，浑厚坚实，保留宋代住宅建筑的传统特点。1981年被列入潮州市重点文物保护单位。1989年被列为广东省重点文物保护单位。

陈慈黉旧居的改良形式

陈慈黉旧居是潮汕大型的民居宅院中最有代表性的一座。这座民居坐落在澄海隆都前美乡，包括"郎中第""寿康里""善居室"三座宅院和"三庐"书斋，兴建时间从清末延续到抗战前。这四座房子连成一片，占地25 400平方米，建筑面积16 000平方米，有大小厅房506间，是潮汕地区最大的宅第之一。

陈慈黉旧居采用中西结合的建筑形式。每座宅院都用潮汕民间建筑的百鸟朝凤凰的传统格局。整座宅院外面又建起一围二层洋式楼房，形成一完整的独立结构。楼房面朝庭院，后墙向外。自外远望，大面积的粉墙与黝黑的屋顶，对比鲜明。宅第的这种外观形式中，蕴含着一种坚实而严肃的内在精神，让人感觉到它的不可冒犯。在高墙后面，宅院成为一个同外界隔绝的空间，保持了静谧和安宁，而宅院格局秩序所蕴含的礼制秩序，同样显得稳定难以改变。

这组建筑的装饰也是中西合璧。或者饰以中式金漆木雕，名家书丹的石刻，典雅大方。或者饰以西式图案瓷砖，彩色玻璃，金碧辉煌。这些不管是物质外观还是文化品格都存在极大差别的样式被并置在一处，使整个装饰变得十分不协调。但正是在这种不协调的形式

融合了西方建筑风格的陈慈黉故居　陈志伟摄

中，呈示了一种兼收并蓄的精神力量。

由于宅院平面布置中以洋式楼房代替了围墙，陈慈黉旧居的总体布局已经有了新变化，加上新型建筑材料的使用，这一建筑群在文化景观学上，应属于准传统型民居。陈慈黉旧居建筑形式的新变化，显示出社会经济因素对于民居文化的影响。它对研究潮汕民间建筑及其演进，对研究近代潮汕人文化观念变化，都具有很高的价值。

樟林民居的历史序列

樟林地处韩江三角洲北缘，古时滨海，是韩江北溪出海口一个小渔村，明代后期建寨。清代开始发展海上贸易，乾隆嘉庆间已是一个繁荣的商贸港口。自晚清起，沧海桑田，樟林变成内陆农村，但仍是一个著名侨乡。

现存早期樟林寨民居，大多建于明末清初。平面布局多为方形，中间是一大庭院，有水井。房间绕庭院建成一围，门户朝着院子开。夯土墙壁，向外的后墙较厚，窗小而高。房顶的坡面，朝外一面，较陡而短，朝里一面，则平缓而长。整座民居只有一个大门与外相通，大门关闭，即与外界隔绝。从起居的舒适和方便考虑，这种民居建筑有相当多的缺陷，但它却有显而易见的防御功能。这同樟林建寨初期，海氛不靖，经常受到山贼海寇侵袭的历史背景有很密切的关系。

乾隆嘉庆年间，随着商贸经济的繁荣，樟林的民居面貌大变。社会稳定，商业经济发达，使得樟林人有资力可以改善自己的居住条件。这一时期，樟林兴建了许多高大宽敞的下山虎和四点金民居。

在商品经济的推动下，樟林出现了一些以"街"为名的新聚落，聚落以街道为中心，两旁盖建店铺栈房，多数兼作居宅之用。由于地点的限制，这些建筑平面一般为狭长形，面窄而进深深，布局采用潮汕"竹竿厝"传统建筑形式，并改造成二层楼房，以利用更多的空

樟林新兴街　黄挺摄

间。临街下层门面多用作商店，后面是起居室和厨房，中间或留小天井，来解决通风透光的问题。上层做栈房囤积货物。在沿河而建的新兴街很多民居临河的后门，有用条石修砌起来的私家码头。当地人叫它作"踏步头"。厨房就设在后门，妇女们利用码头掏米、洗菜、洗衣服。店里货物，也通过码头进出。一个小小的私用码头，却给主人的生活带来了许多方便。

当时的樟林，南北商贾往来如云，不少商号构建了精巧雅致的庭园式住宅，以招待外地客人。其中，当推"西塘"为翘翘者。西塘始建于嘉庆四年（1799），光绪间富商洪植翁购得残址，仿苏州园林风格重建。宅第进门有一小院，中开月洞门与大院相通。大院左边是一堵花墙，右边是居室，前面为庭园。庭园以假山为主体，山峭洞幽。山下挖一曲池，小桥流水。亭台水阁，上下呼应，间以奇石异卉。庭园占地虽仅亩余，而各种造园手法，靡不具备。其厅堂居室，则保持潮汕传统民居建筑特点。

民国初年，由于一战影响，南洋经济萧条。樟林侨商多携资归梓，大兴土木，建造宅第。这些以"里"命名的民居聚落，大多数为传统的驷马拖车格局。在功能方面，它呈示出来的仍然是聚族而居的古老传统；在建筑形式方面，使用水泥构件、洋瓷砖、彩色玻璃等新型建筑材料，显示出这一时期民居建筑的进步。

樟林民居完整的历史序列，反映了不同时期社会经济因素对传统民居建筑形式变化的影响。

附说潮汕土楼

土楼一般被视为福建客家民居的典型形式。但是，在与闽西南接壤的潮州市凤凰山区及其余脉，也有许多建筑形式独特的环形土楼。光是饶平一县，就有环形土楼656座（刘陶天《独特的饶平楼寨》）。这些土楼的主人，若就民系而言，大致是客家人与潮州人各居一半。因此，谈潮汕民居，不管是按地域还是按民系，都不能不谈环形土楼。但土楼毕竟不是潮汕民居的典型样式，于是，只把它附在这里说说。

潮汕的土楼的兴建年代，大多数在明代万历至清代乾嘉年间。这同樟林寨早期民居建筑形式一样，与当时多山贼海寇侵扰的历史背景有密切的关系。

潮汕土楼的外观有圆形、八卦形、正方形和长方形几种式样，圆形土楼数量最多。潮汕土楼的建筑规模一般不大，占地三四亩，24~28套二层房间环拱建成一围。规模较为宏大的，有饶平县三饶镇的道韵楼，东山镇的潮教楼，上饶镇的镇福楼。道韵楼外周长323米，内周长135米，共有56套三进堂屋和16套角屋，堂屋深29米，墙厚1.6米。土楼房间的后墙即为楼寨的外墙，厚度一般都超过1米，既坚实牢靠，有防御功能，又防潮隔热，使房间冬暖夏凉，居者安适。

土楼建筑造型别开生面。数米到十余米的高墙，示人以稳重与威严。土黄色的外观，黝黑的瓦顶，掩映在苍苍山林之中，又显得那么温和而厚道。土楼显示出潮汕山民的气质，也显示出潮汕民居建筑的多样性，和建筑匠师们的创造能力。

第三节　潮汕的桥梁

从功能上讲，桥梁的建筑，不仅解决了河流两岸的交通问题。在漫长的岁月里，人们创造出各种各样的桥梁形式，这些形式不断完善、美化，和谐地融合在环境之中，而被人欣赏。于是，桥梁建筑，便具备了实用和艺术的这双重价值，从而也成为一个地区文化上的一种标志。

❶ 水乡的平板桥

潮汕水乡，河汊纵横，桥梁随处可见。论其建筑形式，基本都是平板桥一类，只不过因地制宜，在造型上稍有变化。河面不宽，只在两岸筑起桥头墩，一板横跨，便成小桥。水面开阔，就要在江心造墩，再架板为桥。桥下是通航水道，中洲高举，桥形如虹。潮阳的和平桥、贵屿桥，潮安的通济桥，潮揭交界的万里桥，澄海的南桥，都是采用这种桥型的古桥。若是水浅不通舟楫，或者只通小船的地方，往往架着低墩平桥。平桥最便陆路交通，过往如履平地。其桥型，板宽三几尺，桥长数十丈，平贴水面，蜿蜒如飘练，形式上也极有美感。澄海冠山的跃龙桥，揭西棉湖的云古桥，是潮汕地区最有代表性的平桥。

❷ 广济桥：潮汕古代桥梁建筑的代表作

广济桥，俗称湘子桥，在潮州古城东门外，横跨浩瀚的韩江，居闽粤交通要津，全长500多米。在1958年改建前，广济桥以梁桥与浮桥结合的独特风格，在中国桥梁史上独树一帜。著名科学家茅以升曾经撰文介绍它。1988年3月，这座具有重大历史、科学、艺术价值的古桥，被国务院公布为全国重点文物保护单位。

"十八梭船廿四洲": 广济桥建筑形式的嬗变

广济桥创建于宋乾道七年（1171）。它最早的名称，叫作"康济桥"。

南宋定都临安，从潮州经漳州北上的驿路，成为交通要道，往来过客，接踵摩肩。潮州城东的韩江是一条径流量变化极大的大江，《三阳志》描述说："沙平水落，一苇可航。雨积江涨，则波急岸远。"韩江的汛期，一般自四月开始，到九月才结束。这半年时间里，渡船一天只能来回四五次，况且中流风急浪猛，常常有船翻人溺的祸患。这显然同日益繁忙的交通很不相称。人们都希望，能在江上修起桥梁。潮州知州曾汪决心承担这个重任。造桥是民心所向，一呼百应，1171年7月11日动工，到10月9日落成，刚好用了90天的时间。建成的桥梁，是座浮桥。它由86艘木船用铁链连缀而成。在江心水势稍缓处筑起一个石洲，把浮桥分成东西两个部分，使它能更好承受水流的冲击。潮州百姓看到夙愿成真，都很高兴，曾汪也自豪地说："昔日风波险阻之地，今化为康庄矣。"因给桥梁命名，叫康济桥（曾汪《康济桥记》）。此后，在近60年的时间里，由近十位州官主持，潮州的老百姓在韩江河道上分东、西两段建起22个石墩，架起木梁。到绍定元年（1228），西桥一共完成了10个桥墩的建造。其中淳熙十六年（1189）那一次，建设规模最大，筑造了4个桥墩，工程是由知州丁允元主持的，老百姓感激他，就把西桥称为"丁公桥"。绍熙五年（1194），知州沈宗禹开始修筑东桥。庆元二年（1196），知州陈宏规增筑两墩并称东桥为"济川桥"。到开禧二年（1206），东桥连同曾汪创建的江心洲，一共建成桥墩12个。东、西桥建起来后，江心一段，因水深流急，仍用浮舟联结，形成了梁桥与浮桥相结合的基本特点。

元代几十年间，韩江桥的建设，有两件事值得提起。一件是大德十年（1306）潮州总管常怀德在东桥的最前端，又增建了1墩。一件是泰定三年（1326）判官买住，第一次用石板代替木梁架桥，虽然只架了4孔，石板也不够厚，容易折断，但这毕竟是个创举。

明宣德十年（1435），知府王源主持了规模空前的重修。23个石墩全面加固，墩上加梁，木石间用，梁上铺厚板，板上再铺砖，用灰勾缝以防火。又在桥上建起126间亭屋，使行人免受风雨寒暑之苦。亭屋间建起12座楼台，以壮游观。江心流急处，仍然用24艘船联成浮桥。浮桥用3根铁索固定着，每根铁索重达4000斤。这项巨大的工程，靠着本地士绅和往来高官富商的捐助，靠着潮州各县百姓的齐心协力，只用了不足一个月的时间，就完成了。这时，桥梁才更名为"广济桥"，王源还亲自题了桥名，刻碑立在桥头。四方过客游人都说，这桥是江南第一桥（姚友直《广济桥记》）。明代广济桥历经风灾水祸，屡坏屡修。弘治八年（1495）韩江大水，冲坏了4个桥墩。不久修复了其中3个，而东桥有一墩因为水深流急，从此再也没有恢复起来。正德间，桥上的亭屋拆去，桥墩间都架起石梁。嘉靖九年（1530）又把浮船改成18艘。至此，广济桥"十八梭船廿四洲"的面貌形成。清代以后，桥梁虽然还数数重修，但基本保持着这一建筑形式不变。雍正三年（1725）浮桥两边的石墩上铸置了两头铁牛镇水。谁知铁牛没镇住水，反有一头因洪水而坠河。剩下一只，也便成了桥上一景。道光二十七年（1847）潮州官吏绅商捐金大修广济桥，24处石洲都建了亭台。故当时有民谣："潮州湘桥好风流，十八梭船廿四洲，廿四楼台廿四样，两只铁牛一只溜。"

1958年，广济桥进行大规模维修，拆除十八梭船，保留利用旧桥墩，改建为3孔钢桁架及两处高桩承台式桥梁。1976年又一次进行扩建，桥两侧各加宽2米作人行道。这就是广济桥的今貌。

"吾潮胜状，在于广济一桥"：作为环境艺术的广济桥

广济桥的建造，本来是为了交通上的需要。广济桥建筑形式的嬗变，本来也是在环境条件和物质条件制约下，不断趋向进步的技术行为。但是，在这实用的、有限制的技术行为之中，一开始就渗透进建设者的审美意识和审美能力。桥梁，也具备了它作为环境艺术的审美功能。于是，近千年来，广济桥成了人们游观的去处，成了人们吟诵的对象，成为潮汕首屈一指的名胜。

石洲与梭船

就像民谣所歌唱的，广济桥的风流，首先在它"十八梭船廿四洲"的建筑形式。桥梁最终采用这种形式，只是出于不得已。古代闽粤两省，大江建桥，多用石梁桥。福建泉州晋江上的洛阳桥，龙溪九龙江上的虎渡桥，晋江安海海湾上的五里桥是最有名者。石梁桥受材

20 世纪 50 年代的湘子桥　韩志光摄

料强度的限制，两墩间的跨度不可能太大；为了承载大石梁的重量，石墩的体积又不能太小。因此，构筑石梁桥，往往造成江河实际宽度的大幅度缩小，江水过桥时流速急速提高，石墩容易被冲垮。韩江的径流量，特别是汛期的径流量，大大超过晋江和九龙江。中流的流速过高，难以建墩，只好用浮桥来代替。

然而，这种在工程技术上的无可奈何，造就了广济桥独特的建筑形式，反为游观者提供了审美的愉悦。一方面，广济桥梁桥与浮桥结合的结构，在外观上避免了石梁桥过于平直的缺陷，而显现出变化的生动。广济桥在人们眼里，不是静态地横在江面的沉沉一线，"垒洲廿四水西东，十八红船铁索中"（丘逢甲《广济桥》），东桥和西桥从大江两侧向江心伸出，江心的浮舟，把它们牵合在一块。这里，浮桥太惹人注目了，是它，使桥梁生动起来。有两首清代人写的诗，一首是揭阳郑兰枝的《湘桥春涨》：

> 湘江春晓水迢迢，十八梭船锁画桥。激石雪飞梁上鹭，
> 惊涛声彻海门潮。
> 鸦洲涨起翻桃浪，鳄渚烟深濯柳条。一带长虹三月好，
> 风光几拟到云霄。

另一首是大埔杨朝彰的《湘桥》：

> 韩江春入涨遥遥，十八梭船锁画桥。鳄渚月明逢昨夜，
> 凤台风静睹今朝。
> 琵琶岸上留余韵，灯火江中乱暮潮。乘兴还如天上坐，
> 玉人何处教吹箫。

这两首诗里，有一个完全相同的句子："十八梭船锁画桥"。不管是诗人的互相蹈袭，还是因为诗心偶同，都说明，当诗人们观赏着广济桥的时候，他们是如何深深被处在大桥中心位置的十八梭船吸引着。一方面，从材料到形式，石墩石梁与浮舟之间，有着鲜明的反差，产生了一种对比的美。"水面平铺，类鼋鼍之浮巨浸；波心横卧，若带东（二字从虫）之驾汪洋"（杨献臣《广济桥赋》），梁桥像凌空的虹霓，梭船像浮海的水族，诗人的胸中，不是有高与低、静与动、灿烂与隐晦的对比在吗？"蝉联墩排二十三，如鼋如鼍架两旁，油栏画槛何堂皇。鱼贯船系一十八，如鲸如鲵锁中央，潮生潮落头低昂"。（姚瀚《湘桥》）石墩蝉联如布阵，梭船随潮而起伏，显然也呈示着一种庄重严肃与轻快活泼的对比。

海边楼阁桥上亭台

广济桥上的楼台亭阁，在桥梁建设的初始阶段，就由建桥人着意安排了。淳熙元年（1174），知州常祎修浮桥，同时创建仰韩阁于西岸桥头。不久，阁毁于火灾。淳熙六年（1179），知州朱江又在仰韩阁的遗址上建起登瀛门，左右增建三己亥堂和南州奇观两座楼台。朱江又把江心的石墩增加到三个，墩上筑亭，分别命名为冰壶、玉鉴和小蓬莱。在桥上建造楼台亭阁，虽说有镇桥、供行人憩息之类的功用性的考虑，实际上，它更多地表现出审美的性质，成为游观的胜地。宋人对仰韩阁有这样一段描写，被《三阳志》所引用：

> 东顾则闽岭横陈，西望则浰江直泻。南连沧海，弥漫而莫睹津涯；北想中原，慷慨而益增怀抱。势压滕王阁，雄吞庾亮楼。檐牙共斗柄争衡，砌玉与地轴接轸。树木张四时之锦，

屋庐环万叠之鳞。溪流滉漾以连空，山色回环而入座。登高
寓目，足以豁羁客之愁；对景赋诗，庶几动骚人之兴。固一
方之壮观已。

这段流丽溢彩的文字分明指示，广济桥头的杰阁，是那么谐洽地
同周围的环境融会成一体，而使登阁者或幽愁萌动，或清兴勃发。桥
上的楼台亭阁与环境的洽和，使得它本身也成了观赏的对象。南宋诗
人杨万里在淳熙八年（1181）到潮州，曾登上南州奇观，观看潮州形
胜，作诗两首，题曰《登南州奇观，前临大江浮桥，江心起三石台，
皆有亭》：

　　海边楼阁海边山，云竹初收霁日寒，看着南州奇观了，
人间山水不须看。
　　玉壶冰底卧青龙，海外三山堕眼中。奇观揭名浑未是，
只消题作小垂虹。

韩江蜿蜒南来，在潮州城西北，离开了群山，江面豁然开阔如
海。山水楼台，将诗人吸引住。江上，石墩巍然高耸如山，墩上亭
台，墩下浮桥，也尽入诗人眼中，成为观赏的对象。

王源修建的广济桥，其建筑形式既不同于宋元旧桥，也与后代迥
异。当时，东、西两桥全用亭屋覆盖，类似于古代的"复道"——能
蔽风雨、遮烈日的空中走廊。因而李龄的《广济桥赋》这样给它画
像："寥兮如飞梁渡江，恍乎若长龙卧波；复道行空，俨然如乌鹊渡
河。"这次修桥，把楼台亭阁作为桥体的有机组成部分，精心安排。
姚友直在《广济桥记》中对此作了详细的记载：

又间联屋作高楼十有二。由桥西亭而东行，楼之一，西曰奇观，东曰广济桥；楼之二，西曰凌霄，东曰登瀛；楼之三，西曰得月，东曰朝仙；楼之四，西曰乘驷，东曰飞跃；楼之五，西曰涉川，东曰右通，是为西矶头。西崖抵矶，凡楼屋计五十间。矶叠级二十有四，按二十四气，以便人畜上下。过浮梁者，下由浮梁东行至穷处，曰东矶头，亦叠级二十有四，为楼之六，西曰左达，东曰济川；楼之七，西曰云衢，东曰冰壶；楼之八，西曰小蓬莱，东曰凤麟洲；楼之九，西曰摘星，东曰凌波；楼之十，西曰飞虹，东曰观澜；楼之十一，西曰洇翠，东曰澄鉴；楼之十二，西曰升仙，东曰仰韩阁，楼上之重檐，又曰广济桥。

关于桥上的楼阁的胜状，李龄在《赋》中这样描绘：

方丈一楼，十丈一阁。华栿彤榱，雕榜金桷。曲栏横槛，丹漆黝垩。鳞瓦参差，檐牙高琢。

12座华美的楼阁分布在亭屋间，打破了复道式桥体外观上的单调，强调了起伏变化，并在复道式桥体素朴的基色上面，添加了鲜丽，使桥梁有了更加赏心悦目的可视性。同时，楼阁也改变了复道式桥体内部过于封闭的结构缺陷，楼上洞开的窗牖，使游人过客能以更加广阔的视野，去领略桥梁四围风光。就如李龄《赋》所状写："琐窗启而岚光凝，翠牖开而彩霞簇。"广济桥复道式的亭屋和12座楼阁，经历了几十年的风风雨雨，到正德五年（1510）桥梁修整时全部被拆去。不过，这水上楼阁的倩影，作为一种历史的印象，深深积淀在潮人的记忆里。

庙亭与桥市

道光廿二年（1842）韩江大水，将广济桥石墩冲塌9座，损坏3座。桥梁不得不大修。大修到道光三十年（1850）完工，桥墩梁石全面修复。每座石墩南北两侧都建了庙宇、茶亭，有的是修复，有的是新创，一共建起24对庙亭。广济桥上楼阁的记忆被重新唤醒，于是，民谣有"廿四楼台廿四样"的唱词。由于桥墩的修复是由官绅商人各自认捐，工程分别进行，建成的庙亭风格也就各不相同，这就是"廿四样"的由来。这些庙亭的功用，与400余年前桥上的楼阁差别甚大。不过，它们同样给了广济桥一个与众不同的外部形式，使桥梁在周围环境下，成为一个可供人们品赏的建筑景观。大约在咸丰年间，本地诗人曾廷兰在一个雨后的黄昏，漫步于潮州城东郭，写下了《湘桥即目》诗：

> 雨霁岚光万叠青，斜阳十里印晴汀。沙船过去宁波寺，一个桥洲一画亭。

抓住他灵感的，就是每一个桥墩上那个与众不同的庙、亭。

桥墩上庙、亭的建筑结构形态，本身就能使人产生一种形式上的美感。同治七年（1868），英国人约翰·汤姆森为广济桥拍摄了第一张照片。这张幸运地保存到今天的珍贵照片，摄下了当时广济桥的建筑形态。桥墩上的亭屋，采用吊脚楼的形式，用木柱将建筑的一部分悬空架设，巧妙地解决了桥墩用地不足的问题。于是，桥墩与亭屋之间，有了一种对比和调适。垒石细密的横线条，使桥墩显得更加平稳而沉实；而上部亭屋的一半悬空和它的粉垩墙壁，让人有不稳定和虚浮的感觉。两者之间，表现出一种不和谐，一种冲突。亭屋悬空部分的木支柱，缓和了这种强烈的冲突。木柱垂直于桥墩垒石的竖线条，表现出一种上举的力量，使亭屋翼然欲飞，而减轻了它的不稳定感。吊脚部分的虚空，又反衬出亭屋的实在，冲淡了虚浮的感觉。这样，墩和屋之间的对比，被调适成"实—虚—实"、"轻—更轻—重"的律动，显出不和谐中的和谐。这也许就是"一个桥洲一画亭"的另一吸引人的地方。

晚清旧照片，湘子桥市。近景是位挑担下乡的女小贩，中景有两个摆卖水果的摊位

　　不知桥墩上的庙亭，是什么时候被改成店铺的。汤姆森在照片的说明中说道："潮州韩江桥也许是中国的一座最值得一提的桥梁。它和伦敦老桥一样，它们都为城市提供了一个可供居民做生意的地方。"看来，广济桥的桥市业已形成。那时，离广济桥的修复，才20年左右。到清末民初，桥市仍是广济桥的一大特色。金武祥《粟香二笔》就这样记广济桥：

　　　　广东俗语云："到广不到潮，枉向广东走一遭；到潮不
　　到桥，枉向潮州走一遭。"……

湘子桥在东门外，桥宽而长，东西石墩二十三，两旁店铺比栉，中段以红船十八为浮桥。厕身熙熙攘攘的人群之中，游观于各种小食店杂货店之间，感受着潮汕文化的气氛，身在桥中而不知桥。这是作为环境艺术的广济桥的又一个侧面吧。

第四节　潮汕塔影

● 中国塔的形式和文化功能塔演变

塔是中国古代建筑艺术大观园里一个独特的种类。这种建筑起源于印度。佛教经典里，这种安置、供奉着佛陀舍利的专门建筑物，梵文名为 stupa，巴利文则名为 thupa，是佛教徒膜拜顶礼的对象。随着佛教的东传，在东汉，中国开始出现这种建筑。汉文佛教经典，这种建筑的译名很多。常见的，有卒窣堵婆、兜婆、浮图、塔婆，等等。塔，是塔婆的简称，古代汉语多使用单音词，这个简称也就流行起来，并进入了汉语的词汇库。

在悠悠历史长河里，各种不同形式的佛塔，或者直接从印度，或者通过尼泊尔与东南亚诸国，传入中国。于是，中国的塔，千姿百态，各展异彩。其中，受中国传统建筑影响最大，最有中国特色的塔，是楼阁式塔。印度窣堵婆的形制，是在基坛上建塔身，塔身上用莲花之类图样做装饰，或者设置佛龛以示庄严，塔身上加半球体的覆钵，覆钵之上又有相轮、宝瓶等物，基坛周围环绕栏杆。这种原始的形制传入中国以后，很快与楼阁亭台建筑形式结合成一体。塔身按楼阁的形制建造，每一层都有门窗、围廊、飞檐，塔内有梯道可供攀登。覆钵、相轮、宝瓶等部分则缩小而变成塔顶上的"刹"。

　　塔本来是佛教的宗教建筑。传入中国以后，在文化功能方面，不可避免地受到了中国文化传统的改造。在中国，塔主要的仍然是宗教建筑物，它们的修造，或为安置高僧的肉身、舍利，或为供养佛陀、菩萨的造像，或为收藏保存佛教的经典，总之，仍然体现出宗教文化的功能。但是，由于中国塔在建筑形态上采用了与传统的楼阁亭台相结合的方式，中国人很自然地把它当作登临观览的好地点。最著名的例子是长安慈恩寺大雁塔。在唐代，那可是个很热闹的去处。很多大诗人都为它留下了炙脍人口的诗篇。佛塔精致的建筑工艺和高耸独立的形象，本身就能给人们带来审美的情趣，而成为观赏对象。塔与中国旅游文化发生了如此密切的关系，到后来甚至出现为点缀山水而修筑的风景塔。道教的堪舆和厌胜巫术观念，儒家的功利名誉思想，也融入渗进这种宗教建筑之中，于是，又有了风水塔的建造。明代何吾驺撰《潮阳邑侯漆公鼎建文光塔记》，其中有一段话，正反映了建塔观念的改变：

　　　天地定位，山泽通气，人参乎其中。形家者言是，有乘旺补虚之说。释氏浮屠，遂为中原文笔。用大江南北所在，标树不啻阿育王八万四千塔矣。丹垩交施，鱼龙张吻。百尺九级，秀入云霄。其道可以发两间之曤气，跃人物之巨灵。

　　这类风水宝塔在文化功能方面，离开它本源的传统也已经相当遥远。

二 潮汕的宝塔

佛教传入潮州的时间，大概是不能确凿判定了。不过，至迟从唐初开始，佛教在潮州就有了比较大的影响。唐高宗显庆四年（659）被贬到潮州来当刺史的唐临，是一个虔诚的佛教徒，他写过一本《冥报记》，劝人信奉佛法、去恶从善，在当时流行很广。唐临在潮州当了四年州官，当然不会闭口不谈佛法。此后，玄宗时，潮州建了开元寺。贞元、元和间，潮州有高僧惠照、大颠，都名列僧录。这些都可以窥见唐代潮州佛教的盛行。但当时潮州佛塔营建情况，现在除了一个宋代重修的大颠禅师墓塔之外，其余都无从了解。

宋代潮州建造的佛塔，现在也都崩毁了。然而在现存的文献、实物中，还约略可以这些佛塔的鳞爪。北宋景祐四年（1037），潮州城西湖山巅建有雁塔；元祐元年（1086）和二年（1087），潮州佛弟子集资在西湖山南岩建造石塔；南宋时，海阳县令欧阳直卿在西湖山北岩，也建了雁塔——今天在西湖山的岩石上，还残留着这几次建塔的摩崖刻石。在金山后韩江的礁石上，也曾修建石塔，宋代《三元志》就记载说：潮州韩文公庙有韩愈祭鳄的壁画，画的地点是金山后的石龟头，连江中的佛塔也画出来。潮州城内开元寺，宋代也建有佛塔，洪迈《夷坚甲志》卷10《盗敬东坡》条，就提到这座佛塔：

> 海寇黎盛犯潮州，悉毁城堞，且纵火，至吴子野近居。盛登开元寺塔，见之，问左右曰："是非苏内翰藏书处否？"麾兵救之，复料理吴氏岁寒堂。民居附近者，赖以不爇者甚众。

潮阳东山方广洞右侧的石崖上，有"聚圣塔"三个篆书大字，是宋代古塔遗址。上面举出的这些宋塔，崩毁之后，没有再重建。潮阳县城的文光塔和峡山的祥符塔，也始建于宋代，废弃后在明清时期重建，到今天还保存完好。

目前，潮汕地区一共保留着28座楼阁式塔，基本上是元代以后建造。另外，还有10座安放僧人、善众骸骨的，不同形态的墓塔。关于这些塔修建和保存的情况，列表介绍于下。

潮汕地区28座楼阁式塔信息简表

古塔名称	建造地点	始建年代	最近重修重建时间	现存情况
镇风塔	饶平柘林	元至正十三年 (1353)		完好
祥符塔	潮阳峡山	宋代	明万历二十五年 (1597)	基本完好
三元塔	潮州急水	明万历三十二年 (1604)		残缺
凤凰塔	潮州涸溪	明万历十四年 (1586)	清康熙三十年 (1691)	完好
涵元塔	潮阳灶浦	明天启七年 (1627)		完好
鳌头塔	惠来神泉	明崇祯元年(1628)		完好
文光塔	潮阳棉城	宋绍兴元年(1131)	清嘉庆二十年 (1815)	完好
龟塔	饶平柘林	清代		完好
蛇塔	饶平柘林	清代		完好
汤坑塔	普宁汤坑	年代不详		基本完好
文昌祠塔	惠来惠城	清雍正十三年(1735)		完好
腾辉塔	汕头鸥汀	清乾隆三年(1738)		基本完好
培风塔	普宁洪阳	清乾隆七年(1742)	1959年	完好
玉华塔	惠来神泉	清乾隆十八年(1753)		完好
文明塔	饶平三饶	清康熙卅七年(1698)		基本完好
横江塔	揭西河婆	清嘉庆十年(1805)		基本完好
黄岐山塔	揭阳北郊	1932年		完好
龙门塔	南澳深澳	清道光十六年(1836)		残缺
晴波塔	潮阳海门	清光绪九年(1883)		完好
田宝塔	澄海龙田	明万历七年(1570)	1937年	完好

古塔名称	建造地点	始建年代	最近重修重建时间	现存情况
北坑塔	揭西河婆	1913年		完好
宝兴塔	揭西塔头	清代	1981年	完好
千佛塔	潮阳灵山	1991年		完好
小蓬莱塔	潮阳东山	年代不详		完好
雁塔	潮州西湖	近代		完好
文昌阁	惠来惠城	明万历初	清乾隆二年(1737)	完好
瑞光台	饶平黄冈	明天启二年(1622)	清雍正十三年(1735)	完好
八角楼	澄海澄城	清乾隆五十六年(1791)	1953年	被拆毁
大颠墓塔	潮阳灵山	唐代	宋代	完好
普同塔	潮州枫溪	明宣德九年(1434)		完好
普同塔	潮安文祠	明代		完好
禅师墓塔	澄海丹砂寺	明代		完好
和尚塔	揭西石灵寺	清代		完好
存敬墓塔	普宁云石岩	清乾隆九年(1744)		完好
宏戒墓塔	澄海莲花山	清代		完好
普同塔	潮州别峰	年代不详		完好
普同塔	潮州西湖	清顺治十年(1653)	1982年	完好
普同塔	潮州南郊	1956年	1989年	完好

☰ 潮汕塔的建筑类型

以建筑材料区分，潮州的塔有石塔、砖塔、砖石塔、夯土塔四种类型。

中国早期佛塔的建造，采用传统的木作建筑技术，几乎都是木塔。到隋唐以后，才越来越多地用砖、石造塔。因为潮汕地区宋代以前的古塔都崩坏不存，是否建过木塔，更了无踪迹可寻。现存年代最早的镇风塔是用石料建筑的。明代古塔，如凤凰塔、三元塔、涵元塔，建筑材料多石、砖并用。石头的承载力强，塔下部两三层就用规格石；砖头便于搬运，塔的上部就用砖砌造。明代用砖建造的祥符塔和鳌头塔，都是实心塔，大概当时本地烧制的砖头强度不够，不能砌造空心塔。

乾隆年间开始出现用灰沙土夯筑的古塔，如腾辉塔和培风塔。夯墙灰沙土中贝灰的比例如果提高，由于氧化钙还原为碳酸钙，墙壁经过较长时间，会变得很坚固。所以当时民居，多用夯墙，上面已经讲到。夯土塔的出现，显然受到那一时期建材使用风尚的影响。塔的高度远远超过居宅，而灰沙土的强度毕竟不及石头，特别是初建阶段。故建塔时下层的墙体不得不夯厚。腾辉塔第一层墙厚1米，百余年后地震时仍被震裂。为了解决下层承载力问题，腾辉塔的建筑师匠心独运。塔的下三层全部夯实，只留了梯道。上边四层仍夯为空心塔，铺架层板，留出门洞，以便观览。这样，塔的下三层实际上成了坚实的塔基，而只负载着四层墙体，夯土塔的牢固程度大大加强。这种合理设计，表现出建筑师傅的聪明才智。

按建筑样式分类，情况比较复杂。

先谈楼阁式塔。潮汕的楼阁式塔，不论以何种建材筑造，都有两个特点，首先是重视塔下基座的坚固。例如，镇风塔的基座，利用天然大岩块，凿洞插桩，固定塔身；又依塔身平面形状，围上八边形的石栏板，上有花鸟瑞兽浮雕。凤凰塔塔基下层是1.5米高的平台，平台再筑着1.6米高的须弥座。须弥座作正八边形，每边长6米，由5块石板组成。须弥座周围40块石板上分别刻着龙、凤、鹤、狮、马、羊、鱼等祥禽瑞兽和奇花异草等精美图案。这些基座的构筑，既保证了塔身的稳固，也增加了视觉效果。其次是塔身多仿木构造。中国传统木作建筑斗拱的精巧，檐、栏的婉丽，藻井的绘饰，潮汕的砖、石塔都加以仿效。例如，镇风塔各层有围廊，承托围廊的丁拱，围栏的石栏干，都是仿木构造。凤凰塔塔身第一、二层是石结构，用丁头拱逐层出跳，挑出塔檐，也明显是仿木构造。至于三元塔、涵元塔等砖砌塔，则用砖头层层叠涩出檐，造成一种仿木斗拱的装饰效果。三元塔各层用石砌成藻井，石上刻有各种不同浮雕图画。文光塔各层的藻井则用砖头螺旋形叠涩构成。这两个特点说明，这些砖、石塔受中国传统木结构建筑样式影响很大。潮汕的楼阁式塔，塔基和塔身的样式基本相同，而顶部的塔刹，虽然基本上采用葫芦状宝瓶样式，但修塔者在建造的过程分明用尽心思去处理，装点出每座塔独特的风韵。例如，凤凰塔的塔刹，采用须弥座承托青铜铸造的大宝瓶，与雄伟厚重的塔身相称。文光塔的塔刹，宝瓶形状较大，与覆钵式座浑然一体。最精巧的是培风塔的塔刹，在塔身第七层飞檐上面，塔顶用灰沙土依次塑做覆钵状、相轮状和仰莲状的组合，仰莲之上，再安置一个重千余斤的宝瓶式大铁刹。培风塔的塔顶，实际上是一座小型的喇嘛塔，在潮汕的古塔中，显得十分独特。另一座有独特塔刹的古塔是腾辉塔。这座七层楼阁式古塔的塔刹，竟是一个形貌与塔身相似的七层楼阁式小宝塔。

潮汕的楼阁式古塔，有两种较为特殊的形制。

一种是修建年代不明的汤坑古塔。潮汕的古塔，大多数是七层，八面或者六面。只有近代重建的田宝塔和黄岐山塔是五层，八面或者六面。汤坑古塔也只有五层，塔身却是四方形的。汤坑古塔有很多谜：中国古塔早期的形制多作方形，唐宋以后方塔很少见，汤坑古塔的建造年代究竟有多长？是谁造了这座塔？它采用方塔的形制有无特别的用意？这些谜也许永远无法解答。而这座用加工粗糙的规格石料砌成的古塔，现在仍屹立在汤坑水库边，展示着它那与众不同的朴质的形貌。

另一是文昌阁、瑞光台和八角楼。这三座建筑，实际上都是塔形的楼阁。从功用到形制，这三座建筑几乎如出一辙。它们都与古时读书人祭祀的文神有些关系。文昌阁在惠城文明书院内，又名奎光阁。瑞光阁在黄冈瑞光书院内。八角楼原来建在澄城东门城头，雅称也叫文昌阁、奎宿阁。文昌就是文昌帝君，古人所奉祀的主管科举文运的神明。奎指的是奎星。奎星又称魁星、文曲星，古人说它能主文章。不知道当时潮州的读书人将文昌帝君和奎星一起祭祀，还是干脆就把这两个不同来历的文神"合二而一"了。从建筑形态看，文昌阁、瑞光台在明代始建时，是传统的楼台，到清初重建时，就和八角楼一样，改成阁塔的形式。三座建筑都是三层八面，逐层缩小。每层有飞檐伸出，木梁架，瓦筒饰面。顶部用须弥座或莲座，承托大宝瓶，与一般古塔并无二致。因此，人们也把它们当作古塔。奎阁而建成塔形，与当时人以为塔形似笔，也主文运的看法，不无关系。

再讲墓塔。潮汕的僧人信士墓塔，形制多样。例如，潮州枫溪的叩齿庵普同塔，三层六面；潮州意溪的别峰古寺普同塔，也是三层，却作四方形；潮州西湖山的普同塔，造为七层八面。几乎每一处墓塔，都各有不同的特征，十分有趣。其中形制最具特色的，是潮阳灵山寺大颠墓塔和潮州南门外的普同塔。

大颠墓塔，俗名叫作舌镜塔，在潮阳灵山寺后，是寺院开山祖、唐代高僧大颠祖师的墓塔。墓塔全用花岗岩石料砌造。岩石铺成的塔基中央，有覆莲座，覆莲上是正八边形的须弥座。塔座八面侧壁的石板，相间刻着花卉和瑞兽的图案。塔座上沿刻仰莲，虽然年久风化剥蚀，莲花纹饰仍依稀可辨。仰莲上是四层规格石筑成的圆柱形塔身，塔身直径1.8米，正面有凹入的佛龛，莲座承托，上部镌刻着"唐大颠祖师塔"六字。塔身上面是覆钵式塔顶。全塔高2.8米。大颠祖师墓塔，虽然在宋代重建，但仍然保留着唐代墓塔形制的特点。如塔体中空——宋代以后的墓塔基本上是实心塔，空心塔是唐代以前墓塔的形制特点。大颠墓塔形体偏小，但造型简洁，比例协调，整体形状浑然如一个覆地巨钟。这种形制在全国也是罕见的。现在，大颠墓塔被列为广东省重点文物保护单位。

大颠墓塔俗名的由来，还有一段颇有传奇色彩的故事，在隆庆《潮阳县志》上记载着：唐长庆四年（824），大颠和尚在灵山寺圆寂，墓塔就修在寺左。唐末，有人开启墓塔，进行修葺。和尚已经尸化，墓塔里只有一根舌头，尚存如生。于是，又将舌头重新瘗埋了，起名"瘗舌冢"。到了宋至道年间（995~997），潮阳县人郑士明开塔察看。和尚的舌头也不见了，墓塔中仅存古镜一面。于是，郑士明垒石筑起墓塔，仍将古镜藏塔内。从此，墓塔又被人称做"舌镜塔"。

潮州南门外原来有开元寺僧人普同塔。1956年，由开元寺住持纯信和尚等人倡议，扩建新塔，以贮藏佛教四众骨灰，在隔年建成。1966年被毁，1989年按墓塔原来的形制重建。这座普同塔的造型独特，装饰堂皇。在两层花岗岩塔基上面，砌造每边长5.5米的方形塔座，塔座分成六格，用以安放僧人信士的骨灰。又仿照金刚座塔的形制，在塔座上造五塔。但五塔的形状，四隅缩成经幢式小塔，中间则依喇嘛式塔建造。主塔塔身是简化了的宝瓶形状，上下各有一层覆莲和仰莲的组合，上层覆莲下有璎珞装饰。覆钵上面，是一座佛教密宗的五轮塔。

什么叫作五轮塔呢？原来，佛教经典认为，万法万物，都是由地、水、火、风、空五种要素生成，因而把这五种要素称作五大。密宗则将五大要素称作五轮。对地轮、水轮、火轮、风轮、空轮等五大，密宗有各种解说，其中有一种，是用方、圆、三角、半月、宝珠形（或谓团形）五种形体作为五轮的象征。如果用金属或石头等材料制成方、圆、三角、半月、宝珠五种形状，由下往上，依次堆积成塔形，就叫作五轮塔。佛教的《楞严经》说，五轮塔代表大日如来的法身形相，安放舍利。后世也就把五轮塔作为墓塔的标志。

这座墓塔，集金刚座式塔、宝瓶塔和五轮塔几种样式于一体。整座塔形为印度菩提伽耶式，主塔的结构和装饰具有喇嘛塔的特点，而塔座上四隅经幢式小塔，和两层塔基的石雕栏，又都是中国传统的工艺手法。这些不同的风格融合在一起，使这座墓塔成为潮汕佛教建筑艺术的杰作。

㈣　潮汕塔的功能分类

如果按功能性质给潮汕的塔分类，除了上面刚刚介绍过的安置僧人信士骸骨的墓塔之外。楼阁式塔，大略可以分供奉佛陀、主风水文运、助观赏游览几个功能类型。当然，一座塔，往往具备几个不同的功能；由于时代的变迁，在不同的时期，人们对待这些功能，看法上也一定有变化。分类，只是为了叙述上的方便罢了。

供奉佛陀，是塔最本原的功能。潮汕年代较早的古塔，大多都为奉佛而建。例如，始建于宋绍兴元年（1131）的潮阳棉城文光塔，明代重修时，发现一个地宫，窖藏的物品中，有佛像四十尊，舍利珠几百颗，还有一块铜版，刻着"绍兴元年众缘为泗州普照真际和尚造"字样。地宫是中国佛塔特有的构造部分，用于安置菩萨高僧的法身舍利及殉葬品，或者收藏供奉的佛像。文光塔的地宫和藏品，正说明它本来是为奉佛而建。同样建于宋代，同样有地宫构造的祥符塔，应该也是佛塔。咸淳二年（1266），道人赵汝篪主持重建已经坍塌的文光塔，置千佛于塔中，并把它命名为"千佛塔"，可见一直到南宋末，文光塔还是保持着佛塔的性质。宋代所建废塔中的开元寺塔、元祐石塔是佛塔；就连西湖山北麓的雁塔，恐怕也属佛塔一类。雁塔的命名，见玄奘的《大唐西域记》。《西域记》说：从前有个和尚，看见双雁飞翔，就思量着，如果打得这雁，就可以有一顿饱了。正想着呢，忽然有一只雁坠地自杀。大家都说，这大雁自杀，是为了警戒那和尚，应该表彰它的功德。于是，就把大雁瘗埋了，并为它建了塔，称做雁塔。雁塔和科举发生关系，在唐代。唐代故事，进士们登第，由皇帝赐宴曲江，聚会之后，要登大雁塔，题名以示荣宠。后来，雁塔题名几乎成为科甲登第的同义词。不过，西湖山北麓的雁塔，附近并无登科题名。它的建造与命名，或者还是采取劝人信佛为善的本义。

风水塔的建造，宋代已经可见端倪。南宋嘉定年间，西山真德秀在《潮州贡院记》里，潮州城北贡院的地理形势，说：

> 以形势言之，则背负五龙，前峙金鳌，大江之水，回环而萦带，双旌雁塔，骈罗而鼎列者，昔人卜地之胜也。

这段文字中的双旌，指韩山双旌石；雁塔，则指西湖山北麓的雁塔。双旌对峙，与雁塔鼎足而三，这是科举鼎甲的吉兆；双旌二峰似笔架，俗称笔架山，雁塔矗立如笔，这又是利于文战的瑞象。所以说，贡院建在这里，有"卜地之胜"。真德秀将双旌、雁塔并列，分明赋予这座佛塔风水地理方面的功能。元代建造的柘林湾镇风塔也是座佛塔，塔的首层有一个小佛龛，供奉着两尊佛像。柘林是当时潮州最重要的海港，古塔建在港边的风吹岭上，又起名"镇风塔"，显然也有祈风、镇风的功能。潮汕的明清古塔，大多由本地官员士绅主持修造。虽然官员士绅也还没有忘记塔是佛法的标示，但风水地理方面的功能，在造塔时显然被放在第一位。

风水塔的功能，本身也具多样性。它首先被视为关系一方文教文运的象征物。而这种象征，产生于塔的形状与笔之间的相似

柘林湾风吹岭镇风塔　黄挺摄

联想。这从建塔碑铭、楹联、诗歌一类文字中间，可以真真切切地感受到。万历时，林熙春为三元塔撰《三元塔铭》，结语这样写道：

法轮永固，灏气新钟；元魁辈出，国泰民丰。

崇祯间，揭阳知县与地方绅士续建涵元塔成，登高赋诗，诗题中就有"是塔邑人建之，以象文笔"一句说明，诗的第四首是：

塔影新来绝倒垂，文光佛力两依持。
海滨邹鲁传当日，揭岭衣冠盛此时。
宝铎鸣馀元气动，金光现处彩毫随。
昌黎莫漫夸韩岫，南国声华并在兹。

雍正间，惠城造文昌祠塔，知县裘田菊题了门联，内容是：

> 既幸斯文未坠地
> 须知一笔可开天

这副楹联，内容和嘉庆间潮阳知县唐文藻为棉城文光塔所题写的：

> 千秋文笔振金石
> 百丈光芒贯斗牛

一联，很相似。唐知县大修文光塔，也把它当作关系一县文运的风水塔。乾隆时，惠来知县王玮创建玉华塔，所题的联语，词彩风流：

> 泻影入沧溟，静浪恬波，早见鲸潜鲍伏
> 高标出云汉，扪星摘斗，仁看凤起蛟腾

其中使用有关文章的典故。《西京杂记》讲述过汉代两位大儒的故事，说董仲舒梦见有蛟龙蜿蜒入怀，于是写出了《春秋繁露》；又说扬雄著《太玄经》，却梦见凤凰从口里飞出，落到书中。这故事被唐初诗人王勃剪裁成"腾蛟起凤"四个字，用来称赞人家的文章写得好，成为熟典。道光年间，南澳同知邓存咏为新建的龙门塔写了一篇祭塔神文，其中有句：

> 龙门兆吉，敬定佳称。祥气时集，文运振兴。

文词虽朴质，文意却十分明了——建造这座龙门塔，也是为了祈求海岛人才出而文运兴。

风水塔又被当成镇煞的吉祥物。在潮汕，这类风水塔大多用于镇水。建塔镇水，事关堪舆，却不无固堤防洪的实际功用。凤凰塔和三元塔就是实例。凤凰塔建于韩江东溪与北溪分汊口，这里正当湘桥下流不远。洪水从三河坝建瓴直下，受桥墩逼束，流速更快。又刚好遇凤凰洲迎面阻挡，径流迅猛东折，东溪、北溪分汊口一段堤围，首当其冲，常常有溃堤之虞。在此处建塔，势必将堤基拓宽压实，无疑大大提高了堤围的抗洪能力。三元塔同样建在堤围的险段。韩江在湘桥下面分汊为东、西两大支流，东溪南下20里，两岸横山、圆山对峙，江面骤窄，水流湍急。故这一江段，俗名急水。江东的圆山村，地面高程7米多，要比西岸的急水村高出2米。一遇洪水，西岸堤防也易出险情。三元塔就建造在这堤段上。清代郑昌时《韩江闻见录》第七卷有谈风水地理部分，其中"急水关锁"一条就说到三元塔：

> 郡左韩江，南下二十里为急水。关山锁石，西岸低，建塔焉。郑昌时又名重晖，是个水利专家，光绪《海阳县志》有"太守黄安涛以疏治韩江水道下问，重晖献策，具图说进，太守深器重之"的记载，这一条虽然是讲风水地理，而实关水利。可见建造三元塔的实际功用，正与凤凰塔相同。

风水塔的第三种功能，却是非常实用的。那就是，船只在航海时，可以用它作为导航的标识。大凡建筑在海滨港湾的风水塔，如柘林湾的镇风塔、深澳湾的龙门塔、神泉港的鳌头塔和玉华塔、海门港的晴波塔，还有已经塌毁的澄海小莱芜山鼎莱塔，都有这种功能。

柘林港的龟塔和蛇塔，按功能说，则完全是航标塔了。从外海进柘林港，要经过小门峡口，有礁石，叫龟屿，距于峡口。从海湾内进柘林港，要经过大门峡口，也有列礁如蛇，横阻峡口，叫蛇屿。龟蛇二屿，是柘林港的屏障，但又使进出港口的船只，要受着触礁沉没的危险。为了避免这种危险，就有人在二屿的主礁上，建起龟塔和蛇塔，让船只有导航的标志。

上面讲过，由于中国塔在建筑形态上采用了与传统的楼阁亭台相结合的方式，中国人很自然地把它当作登临观览的好地点。在潮汕，几乎所有的楼阁式塔，都有资游览、助观赏的功能。这些形式各样的塔，是不会被人遗忘的。就像灵山寺新建的千佛塔，是为供奉佛陀而修筑。但苍山翠岭之间，石塔巍然挺立，何曾不是给人一种美的景观享受？

五 潮汕名塔举例

文光塔

文光塔位于潮阳市区棉城镇中心。始建于宋绍兴元年（1131），是潮阳佛徒为泗州普照真际和尚建造的舍利塔。咸淳二年（1266），道人赵汝篪主持重建，置千佛于塔中，名"千佛塔"，后崩毁。明崇祯八年（1635），潮阳县令漆嘉祉主持复建。动工前夕，有地震前兆，地放毫光，时人认为是人文国瑞的象征，因而在宝塔建成后，将它更名为文光塔。又请大学士香山何吾驺撰《潮阳邑侯漆公鼎建文光塔记》记其事，碑刻尚存。宝塔在清代嘉庆二十年（1815）有过一次全面修缮。现存塔门石匾"文光塔"三个大字，左款为"嘉庆乙亥孟冬"右款为"豫章唐文藻立"。唐文藻当时任潮阳知县，塔门联语"千秋文笔振金石，百丈光芒贯斗牛"也是他所撰书。1981年文光塔又进行了较大规模的修葺，现在基本保持着明代复建时的结构和状貌。

文光塔是楼阁式塔，高42米，平面为正八边形，七层。首层用石砌建，上面六层用砖。塔内重藻井装饰，每层藻井形态各不相同。从地面有螺旋形石阶梯直通塔顶。第二层起，各层都有外廊，外廊用石斗拱承托，周围是仿木石栏杆，四方有门通塔内外。游客可沿阶梯登塔，步出门外围廊，鸟瞰棉城风姿。

凤凰塔

俗称涸溪塔，位于潮州城外韩江东岸，明万历十三年（1585）知府郭子章倡建。清康熙三十年（1691）海阳知县金一凤重修。新中国成立后曾多次小修。1962年被广东省人民政府公布为重点文物保护单位。

凤凰塔高45.8米，基围46.6米，七层八面，石砖结构。塔基夯成1.5米高的平台，平台再筑着1.6米高的须弥座。须弥座作正八边形，每边长6米，由5块石板组成，石板上分别刻有龙、凤、鹤、狮、马、羊、鱼等祥禽瑞兽和奇花异草等精美图案。塔身第一、二层用条石砌筑，丁头拱逐层出跳，挑出塔檐。第三层以上，用石丁头拱承托出石质塔檐，其余部分为青砖构筑。塔内各层用木楼搁板分隔。第二层至第五层，每层开门窗各4个，第六、七层，则只开3个门洞，未开门洞一面，有壁龛，供奉佛像于其中。各层门窗位置互相错开。第一层塔门有"凤凰塔"石匾及石刻对联："玉柱擎天，凤起丹山标七级；金轮着地，龙蟠赤海镇三阳。"第二层正面复嵌"万代瞻依"石匾。联与匾均为郭子章手笔。塔顶为双层须弥座，座上安置空心青铜宝瓶塔刹。塔身中空，塔内有螺旋蹬道可登各层及塔顶。

潮州凤凰塔　　陈利江摄

　　游客由蹬道攀登，从塔门眺望塔外：浩浩韩江北来，经过塔前，迤逦南下。江上，双桥卧波，马龙车水。北望，笔架三峰耸翠，凤凰千嶂凝紫。西北凤城，闾阎万家烟霭。东南旷野，平畴千里画图。潮州八景有"凤凰峙雨"，则特别欣赏蒙蒙烟雨里古塔的雄姿。

文明塔

　　文明塔位于饶平古县城三饶镇东南约 1 千米的塔山之巅，是一座楼阁式空心砖塔。文明塔平面呈八角形，塔基周长21.5米。塔分七层，高18米。每层有仿木结构塔檐，用五层青砖叠涩出檐 0.5米。

　　文明塔于清康熙三十七年（1698）由县令王益聪倡建，未完工。到康熙四十七年（1708），才由县令郭于蕃续建竣工。文明塔下，郭于蕃竖立的一面石碑。碑端横刻着"新事隐语"四个大字，下面是一首五言诗：

> 天高一望空，水至青如许。悬着本无心，贪多贝应去。
> 横目点离州，廓上开新宇。竿头竹已非，水草翻无羽。
> 同船话相告，土草合为侣。健儿欠失人，木侧堪乔举。

　　原来这是一则诗谜，射"大清县令四川郭于蕃造塔建桥"十三字。这位郭县令，大约也是位风流才子。

　　现在，文明塔保存尚完好，北倚望海岭，南牵天马山，配合山下的双流寺和七榕桥，成为一方形胜。

培风塔

　　培风塔位于普宁市洪阳镇塔脚乡，俗称乌犁塔。清乾隆七年（1742）由知县萧麟趾倡建。1958年，普宁县人民委员会曾对该塔进行修葺。

　　塔用三合土夯筑七层八面，通高约36米。塔座高1.65米，上下有栏杆。栏杆望柱上刻石雁、石狮各一对，造型生动。塔身高31.7米，基层周长31.2米，室内每面边长 1.5米。塔身逐层缩小，至第七层室内每面边长仅有0.71米。第一层开一门，向西，阔 1.3米，高2.77米，拱顶。石门框上有阳刻门联：

> 七级高擎雄插汉
> 千峰环拱壮扶舆

　　第二层以上每层开门窗各4个，相邻各层门窗相互错出。塔檐以红砖叠涩出檐。第七层构造有别于下6层，内有藻井，外有塔廊。塔廊每个角有一根石柱，柱上用瓦片和三合土做成卷草花纹，造型古雅优美。塔刹由三轮仰莲承托一个余斤重的生铁宝瓶，别具一格。

培风塔造型美观，稳重峻耸，挺拔雄伟。塔内有 120 级内转石阶可登上各层。走出第七层塔廊，俯眺四方，远近风物，尽收眼底。

附说北回归线标志塔

位于汕头市鸡笼山南麓的北回归线标志塔是近年建成的一座纪念性建筑物。不论是建筑形态，还是采用的建筑材料，它同传统的塔都有极大的区别。

标志塔的塔基有两层圆形平台，直径分别为17.2米和26米。塔高13.6米，下半部用钢筋混凝土浇铸成"北"字形的承重柱架，柱架表面镶着光滑的汉白玉石板。上半部是一个硕大的地球模型，模型的中轴线上有一根空心管。整个标志塔的造型，像用壮实有力的双手，捧托着一颗五彩斑斓的大明珠。塔下平台铺着灰色花岗岩石板，并用黑花岗岩条石嵌起一道东西走向的黑线，象征北回归线。平台中心，地球模型中轴线管的正下方，有一块圆形的黑花岗岩石板。每年夏至日前后中午时分，太阳直射北回归线，会把它的投影留在黑石板上。这时，站在这块石板上面，从中轴线管仰望，可以窥见灼灼骄阳。

标志塔距市区10千米，周围群峰环绕，水秀山明，果林飘香。山坡上还保存着完好的宋、明古墓。近年又修建了"夸父亭""邓林亭"和石级路、停车场等景点配套设施。

北回归线标志塔在旅游、科研、教学方面，都有重要价值。1991年被列为汕头市新八景之一。

本章主要参考文献目录

1.谢逸主编：《潮州市文物志》，潮州市博物馆印行，1985年。

2.揭西县文物志编纂委员会编：《揭西县文物志》，揭西县博物馆印行，1985年。

3.潮阳县文化局、博物馆编：《潮阳县文物志》，无印行单位，1985年。

4.吴雪彬、陈克寒编：《普宁县文物志》，普宁县博物馆印行，1986年。

5.张宗仪、张秀清主编：《揭阳文物志》，揭阳县博物馆印行，1986年。

6.澄海县博物馆编：《澄海县文物志》，澄海县博物馆印行，1987年。

7.饶平县博物馆编：《饶平文物志》，饶平县博物馆印行，无印行年月。

8.南澳县文物普查办公室编：《南澳县文物志》，无印行单位及时间。

9.释慧源编纂：《潮州市佛教志·潮州开元寺志》，潮州开元寺出版，1992年。

10.潮州市文物管理委员会办公室编：《潮州：文物、古迹、名胜》广州：广东岭南美术出版社，1995年。

11.汪国瑜：《建筑：人类生息的环境艺术》，北京：北京大学出版社，1996年。

12.王镇华：《华夏意象：中华建筑的具体手法与内涵》，姜义华等：《港台及海外学者论中国文化》下册，页606～657，上海：上海人民出版社，1988年。

第五章　潮汕民间艺术

第一节 潮汕民间工艺美术

如果从民间工艺美术的样式品种着眼，潮汕民间工艺美术，除了嵌瓷之外，很少再有与众不同的类型。但是从风格特征着眼，潮汕民间工艺，不论哪一种样式品种，在成熟期都表现出精巧繁复的艺术风格，而能自成独立的流派。这种精巧繁复艺术风格的形成，赖有潮汕人文化审美观念的支撑。作为一种乡土艺术，潮汕民间工艺的题材内容大多艺人们所熟悉的，例如，潮州戏剧故事，龙虾青蟹一类海产等，地方气息很浓，也为一般潮汕人所熟悉，所喜闻乐见。

潮汕民间工艺品种之中，金漆木雕是最负盛名的，我们对它的研究和介绍，比较详细。潮汕石雕也是很有特色的一个品种，但似乎并不很被人所重视，因此，我们为它多花了一些篇幅。其他像潮汕的工艺瓷器、潮绣、民间剪纸等品种，则略加介绍，而强调它们的地方特点。至如嵌瓷工艺已见于"潮汕民居"，花灯工艺已见于"民俗节日"，这里从略。

● 潮汕金漆木雕

潮汕金漆木雕是中国民间雕镌工艺大花园里一个有特色的流派。

雕镌工艺是用刀凿为工具，在砖、木、玉、石、金属等材料上，刻出花纹图案种种造型形象。

雕镂技术在中国的起源很早。在几千年前，原始骨器与原始陶器的制作工艺中，就已经较多地使用了镂空手法。商周以后，各种雕刻镂镂器物大量出现，表现出高超的技艺和特有的造型方式，从而形成了中华民族在工艺技术和审美情趣方面，与西方不同的特点。

雕镂技艺不但使用于各种器物、家具的装饰，也被广泛于建筑工程，使用于建筑构件的装饰。雕镂在建筑工艺中享有很高的地位，一般泥作、木作师傅都把它称为"细作"。走过了漫长的路，雕镂终于发展成为一个独立的民间工艺品种，并产生了一些有恒定特色、享负盛名的流派，潮汕金漆木雕就是其中之一。

潮汕金漆木雕起源和发展

潮州金漆木雕的起源，可以追溯到唐代开元寺木结构的装饰。这种说法，在现在可以说是众口一辞了。但细想起来，这种说法的理由根据，似乎还是有些欠缺。且不说潮州开元寺的始建年代还不能确认，就是从开元寺多次兴废的历史来考虑，现在如何能了解唐代开元寺的装饰情况？如果从中华民族把木雕应用于建筑装饰的传统讲，盛唐潮州建筑，已多木架瓦屋，鱼鳞鸟翼，比比皆是（苏轼《与吴子野论韩文公庙碑书》），有了木雕装饰也不奇怪。问题是，这些木雕究竟有无潮汕木雕的特色？有一个年代稍后的例证。现在已经确认是宋代建筑的潮州许驸马府，只在第二进厅前檐的木斗拱上，有很简单的卷云雕刻装饰。这与明代潮汕大型民居的木雕装饰风格，有很大的区别。明代存留下来的木雕，大多是明代嘉靖万历以后的作品。例如澄海的状元先生第，潮阳棉城的世魁大厅，饶平鸿程大庙的木雕装饰和澄海博物馆收藏的澄海城隍庙木雕作品，就是明代后期到清初创作的。这一时期的潮州木雕，已经综合地使用了浮雕、透雕和圆雕的表现形式，造型简练，刀法明快，风格朴实粗犷，工艺水平已经不低。这是潮汕木雕流派的形成期。这一时期的潮州木雕，与江南其他地区的木雕，工艺风格比较一致。到清代、乾隆嘉庆以后，潮汕木雕的工艺风格有比较大的变化，表现形式依然是浮雕、透雕、圆雕俱全，而镂空的圆通雕和髹漆后贴金的工艺开始出现，并逐渐成了潮汕木雕的主要形式；刻工刀法，渐渐趋于精巧细腻；玲珑剔透、金碧辉煌的风格特色已经形成。这是潮汕木雕流派的发展期。这一时期潮州毗邻的粤东闽南其他地区的木雕工艺风格，与潮州木雕仍然颇为接近。读者可以参看顾森、龚继先主编的《中国民间艺术》下册"雕镂"部分的图录。到清末民初，多层次镂空的圆通雕的出现，标志着潮汕金漆木雕的工艺水平发展到一个高峰。广东博物馆收藏的圆雕蟹篓，就是这一时期的潮汕木雕精品。这件作品，刀法十分简洁明快，造型稍作图案化而不失生动，线型多变，构图疏处不散，密处不塞，既可以看出工艺师傅技艺的纯熟老到，又保留着民间艺术生拙而活泼的特点。这是潮汕金漆木雕的成熟期。这一时期，有不少的作品，已经开始出现纤巧繁复的作风。近几十年来，潮汕金漆木雕在雕刻工艺、构图布局、表现形式等方面，基本上保持着成熟期的流派风格，以其恒定的特色，饮誉海内外。

潮汕金漆木雕能够形成流派，自有它形成和发展的条件。

首先是社会条件。自南宋闽学西渐，对潮州产生重大影响。到明代正德嘉靖间，阳明心学又风行潮州。在仕潮官师和本地士绅们的努力下，以礼学为核心的儒家思想渗透到乡村基层社会。追远报本，荣宗耀祖的理念为潮汕人普遍接受。明末清初，潮州经历了几十年的动乱，居民多聚族自保，潮汕人的宗族观念也由是而强化。宗族组织成为控制乡村基层社会的最重要力量。作为血缘关系标志的祠堂，和某些作为地缘纽带标志的庙宇，在乡人心目中，有着崇高而重要的地位。雍正乾隆以后，修祠建庙，在本地蔚然成风。这些祠庙建筑，便成为潮汕木雕所依着的实体。

其次是经济条件。在宋代，商贸活动在潮州已经相当活跃。明代中期以后，随着农业生产的进一步商品化，制糖、棉纺业应时而发达起来，潮糖、潮毯、潮蓝布，闻名南北。这又使得更多潮州人有可能以商贸为业。乾隆年间，为了解决粮食问题，有着悠久海外贸易传统的潮州商人，在政府的许可下，打造洋船，从暹罗转运稻米进口。从稻米交易开始，潮州商人在东南亚的商贸活动不断拓展，积累了大量的财富。乾嘉以后，潮汕修祠建庙之风，很大程度上是凭借着商人的财富而煽烈的。到清末民初，不少南洋潮商携资归国，建造大屋大厦，为夸耀乡里，比建筑的堂皇，竞装饰之工巧，乃是司空见惯的事情。潮汕木雕艺术，却赖以有了更广阔的表现场所。有雄厚的资金支撑着，潮汕民间的木雕艺人可以不计时日，精雕细刻，将自己的技艺淋漓尽致地发挥。细腻精巧，繁而不乱的多层次镂空的圆通雕，就是在这种条件下出现的。潮汕金漆木雕因此得到长足的发展，走向成熟。

又其次，潮汕其他民间工艺和民间艺术门类，也为金漆木雕的发展、成熟提供了营养。对潮州木雕影响最大的莫过于印书业中的插图版刻，与民间戏剧的故事情节和舞台造型。

关于插图版刻对潮汕木雕的影响，有一个实例。澄海南溪乡林氏宗祠保存有一副乾隆年间制作的漆画屏风，画屏四周用木雕装饰。由于屏风厚度的限制，木雕采用浮雕和透雕结合的手法。拿这些木雕跟明代潮州戏文《荔镜记》（嘉靖末年刊刻）和《荔枝记》（万历年间刊刻）的插图版刻比较，有一个很有趣的发现。那就是其中有一些画面，整个构图、人物造型乃至线型，竟然那么相似，明显可以看出木雕受版刻影响的迹象。从这个实例可以推测，一开始，木雕是在版刻的基础上，加大雕刻深度，而初具规模，又逐渐增强雕镂层次，由浅浮雕向高浮雕和透雕发展，最终演变为浮雕、透雕和圆雕综合使用的形式。

至如民间戏剧对潮汕金漆木雕的影响，那可以说是一个显然的事实。清代特别是清末的金漆木雕作品，有很大一部分是以戏曲故事为内容的。由于戏曲的影响，这类潮汕木雕作品，非常注重情节性，往往在一幅作品之中，将一出戏的重要情节一一表现出来，完整地讲述出戏曲故事的内容。内容上注重情节性，对潮汕金漆木雕作品构图的技巧和风格，有着很大的影响。金漆木雕的场景组合和人物形象，有意模仿民间戏曲的舞台造型，那是经眼即辨的。大约木雕艺人进行创造的时候，胸中装着许多舞台人物和故事情节当粉本呢。

潮汕金漆木雕的题材和内容

潮州金漆木雕题材五花八门，内容多姿多彩。主要有花纹图案、鸟兽虫鱼、通俗戏曲小说故事和日常生活场景这几个种类。这些题材和内容，或者直接地刻画潮汕人的生活及其环境，或者间接表现潮汕人的观念与愿望；有的写实，有的非写实；有的只要一看就能明白，有的需加探究方能索解；都是潮汕民风民情的历史见证。

花纹图案应该是潮汕木雕最先采用的题材。例如上面提到过的，潮州许驸马府的斗拱，就只有简单的卷云纹饰。潮汕木雕的花纹图案也可以区别为几个类型。

一是几何形图案，常见的有方格纹、菱形纹、蜂窝纹、龟背纹、环纹等形式。二是连环纹饰，常见的有夔龙纹、卷云纹、缠枝花纹、勾藤纹等。

上两个类型都是民间装饰工艺常见的抽象纹样，这两种纹样在中国有很久远的传统。在它简练的形式中，本来浓缩着相当古老的文化内容，例如巫术的、宗教的、伦理的内容。但这些已经成为一种集体无意识，工匠们使用这些纹饰，大概只是出于传统习惯罢了。

三是吉祥文字图案，常见的有福、寿、吉、羊（祥）等字形。这类图案经常利用连环纹饰将文字美术化，以达到一种装饰效果。至于这种题材的寄托，则是已由所采用的文字言明了。

四是带有象征、隐喻意义的具象会意花纹。最常见的，是用鸳鸯象征夫妻恩爱，用松鹤象征延年益寿，用牡丹象征富贵荣华，用石榴、葡萄象征多子与子孙的绵延，用雀戏花丛隐喻男女欢爱，等等。这一类花纹往往有多重寓意。例如，松鹤图案用在婚床的装饰时，又有婚姻长久的寓意。

五是采用谐音形象的寓意花纹。最常见的，是用蝙蝠谐福，用梅花鹿谐禄，用喜鹊红梅谐喜上眉（梅）梢，用鹭鸶芙蓉谐一路（鹭）荣华（蓉花），用松鼠葡萄谐子（鼠）孙（酸）满堂（藤）。这类花纹又往往是一个形象多种谐意。例如，莲花可以谐荣华（芙蓉花）；和鲤鱼组合，又可以谐连连（莲莲）有馀（鱼）；在博古图里，和馔盒、玉如意组合，则又谐和（荷）合（盒）如意。

上两种纹样在中国也有很久远的传统，它折射着中华民族"兴起于此而意属于彼"的审美观，同时把老百姓对吉祥如意、福禄财寿、家族繁衍的美好的祈求，用具体的形象表达出来。在很漫长的历史过程中，这些形象被运用于各种民间装饰工艺，不断地演化、丰富而定型，成为极富于民族色彩的吉祥纹样。在潮汕金漆木雕里，这种题材十分常见，并深受人们喜爱。

鸟兽虫鱼也是潮汕金漆木雕常见的题材。这种题材有两类很不相同的内容。

一类以传统的龙、凤、狮子、麒麟等祥禽瑞兽为主角，常见的样式有双龙抢宝，双凤朝牡丹，狮子戏球，麒麟送子，等等。如果说，上面提到的有寓意的具象花纹，是利用自然物的形象来寄托人们意念和情感；这一类题材，则是将人们的意念和情感物态化。这类祥禽瑞兽是中国人的意念和想象的创造物，这些形象的产生，同样经历了很漫长的历史过程。在这个过程中，龙、麒麟和凤凰集合着百兽百鸟最美好的特征，而成型，而完善。这个过程，实际上也是中国人情感的美和精神的美，在凝聚，在升华。狮子在中国是外来的形象。汉唐时代的狮子形象，还保留着它的原型的壮伟、威猛和傲岸。中国人用自己的意念与美感，不断地重塑着它，年复一年，历宋元明清，狮子的形象终于完全中国化。凤凰和麒麟，高贵而典雅；龙与狮，则在祥和之中，仍不失威严。也许这些形象欠缺了刚猛之气，却更符合中国人的审美观。潮汕金漆木雕中这类瑞兽形象，造型完全是中国气派。这不正好说明，尽管潮汕文化具有鲜明的地方特色，潮汕人的审美意识乃至文化观念，依然与中国文化大传统并无多大差异。

还有一类，是写实的题材。澄海金城巷头有一座建于民国初年的侨房，房子的木雕装饰，工艺非常精细。这座房子新中国成立后被澄海中学征用为宿舍，笔者曾在这里住宿，对大厅门扇12屏骏马图，至今记忆犹新。山林郊原之间，有骏马逾百匹。或立或卧，或单或群，或徐步于小径，或疾骋于旷野，或低头啮草，或引颈长嘶，或饮水溪畔，或翻肚柳荫，或昂首以吮乳，或回顾而舐驹。姿态神气各异，刻画细腻精致。可惜这组写实精品，毁于1966年。这类写实的作品，最常见的题材是鱼、虾、螃蟹。潮州市博物馆收藏了一段以水族为题材的木雕装饰，《潮州市文物志》介绍说，木雕中的"鱼、龙虾、蟹、螺、水草、莲花等形象优美，千姿百态，一条条的鱼儿在水草中悠闲游弋，尾鳍摇来摆去；一只只螃蟹展开十条节足，正在爬行；老态龙钟的龙虾则在水下慢慢潜游；荷花、莲叶随风摇摆；水草在波中摇动翻转，使观者有如置身于水族箱前"。潮汕滨海，民间艺人对这类水族十分熟悉，观察入微，镂刻起来，自然也形神毕肖。

潮汕民居的木雕装饰更多地采用写实的鸟兽虫鱼题材。因为这类题材比祥禽瑞兽，更能够给人带来乡土的气息和生活的情趣，也更得到热爱生活的潮汕人的喜爱。

潮汕木雕艺人来自民间，他们对潮汕人的爱好、追求和文化素养有很深的了解，他们的创作，取材于潮汕人所喜闻乐见的其他民间文艺形式，也就十分自然。明代后期开始，特别是到清代乾嘉以后，由于地方宗族势力的加强，作为宗族祭祀仪式的以上组成部分，地方戏剧活动频繁举行。许多戏曲故事，为乡人所熟知。这些潮汕人耳目能熟的故事，就成为木雕艺人经常采用的创作题材。

现藏于潮州市博物馆的圆通雕摆设"仙姬送子"和挂屏"王茂生进酒"，就取材于民间戏曲。

仙姬送子是中国传统戏曲开场戏的常见剧目之一。潮州戏的开场戏"四出连"，第一出《八仙庆寿》，第二出《仙姬送子》，第三出《李世民》，第四出是《京城会》。汉剧（外江戏）的开场戏"打三出"，第一出《六国封相》，第二出《天官赐福》，第三出是《送子》。两个剧种的开场戏，都有《仙姬送子》这一出。潮州戏是潮汕的乡土戏，外江戏乾嘉以来在潮汕也很流行，这出戏在本地广为人知是不言而喻的。木雕"仙姬送子"选取仙姬与董永重逢的场面，精心摹画镌刻。作品用一朵云，一棵树，连缀整个场面，造成强烈的空间感。上部，仙姬脚踏彩云，手抱婴儿，在二侍仙女伴随下，从天而降。这三个人物的身躯微俯，眉低眼垂，视线向下，整个体态语言，表现出急于来到人间的心情。下端，董永仰面拱手相迎，重逢的喜悦，也通过动作姿势流露出来。而后边高举幢盖的侍者，前面牵马的马夫，也抬头上望，与董永的神情呼应。而马儿低头吃草，怡然自得，又与人物热切的情态，形成对照，把整个画面的喜剧气氛，烘托得更浓。木雕的画面是凝固的，比起戏曲的情节结构，却显得更为简练又概括。

《王茂生进酒》，是潮州戏独有的传统剧目。这出戏写薛仁贵以军功封王，衣锦还乡，宴请亲友。他旧时的穷朋友王茂生也接到请柬，苦于无钱办置贺礼，就拿了一个空酒瓮，装上汾河水，夫妇抬着，进薛府庆贺。宴会上，薛仁贵一边畅谈自己与这位老朋友的交情，一边亲自将王茂生送来的"酒"，斟给在座的达官贵人们品尝。当薛仁贵带头举杯，一饮而尽，立刻明白老朋友的境况，于是连呼"好酒"，以答谢王茂生的情谊。作陪的官吏们，皱眉咋舌，又不得不附和着喊"好酒"……这出戏很有喜剧色彩，深得观众喜爱。木雕挂屏"王茂生进酒"，就用这个喜剧故事为题材，进行创作。《潮州市文物志》对挂屏的内容有一段介绍：

> 挂屏上部着力渲染薛仁贵与王茂生夫妇久别重逢，以水当酒，尽情畅饮的欢乐场面；中部刻文武官员前往王府庆贺，有骑马、坐轿、鸣锣开道的人物，姿态各异。路、桥、树等陪衬景物排径生动；下部为一段街景和溪流，街边有燃放鞭炮的大头顽童，桥下有头戴尖竹笠、悠闲垂钓的老翁，惟妙惟肖。

　　由于重现着《王茂生进酒》的戏剧场景，木雕挂屏具有很强的故事性。不过，木雕作品人物的众多，内容的丰富，生活气息的浓烈，又超过了戏曲。

　　潮汕金漆木雕常见的戏曲题材，多数表现了中国传统观念。例如，杨家将故事和岳飞故事，表现了"忠"与"孝"；《苏武牧羊》表现了"节"；《桃园三结义》表现了"义"。又例如《郭子仪拜寿》，是那么集中地把大富大贵、禄寿双全、子孙满堂等为人们向往的美好愿望都表现出来，因而这个题材的木雕也最为常见。

　　自晚清以往，以日常生活场景为题材的木雕作品渐渐多见了。潮汕金漆木雕工艺技术的成熟是采用这种题材的作品增多的主要原因。由于熟练掌握了木雕的技法，许多艺人在题材处理方面的随意性提高了。他们不再拘泥于师徒相授的粉本去"制作"，而可以按照自己对生活的观察和理解，进行随意性的"创作"。在刚刚说到的"王茂生进酒"挂屏的下部，已经能看到木雕艺人这种创作欲望。这幅挂屏的上面部分的宴饮场面和中间部分的游街场面，重复着传统的题材。除了王茂生夫妇的平民打扮和放在宴席中央显眼位置的大酒瓮，指示了作品的主题之外，其他情节与同类作品大致雷同。而下部场面则采自日常生活，它虽然有偏离主题的倾向，却分明增加了作品的趣味性和丰富性。尝试的成功进一步激发了木雕艺人的随意创作欲望，潮州木雕作品中写实的水族和日常生活的题材，就因此出现。

　　以日常生活为题材的木雕作品，当以潮州市博物馆收藏的"湘子桥图"最为出色。下面引用《潮州市文物志》对这件作品的介绍：

　　　"湘子桥图"浮雕，由两幅合成，各高约54厘米，宽32厘米。构图独具匠心，其内容取材潮州湘子桥的实景。潮州民谣所咏"潮州湘桥好风流，十八梭船廿四洲，廿四楼台廿四样，二只生牛一只溜"的景观，十分完善地组织在图画里。这幅浮雕，有不同形态的人物25人，其中有乘轿出游的显贵，有提篮小卖的小贩，有挑（造字：木盛）访亲的串门客，有打着膀头鬃缓步行走的妇女，有人撑伞遮阳赶路，还有人凭窗闲眺风景。个个形态生动，栩栩如生。此外，奔腾韩江，清悠古寺，桥墩亭阁，十八梭船，镇水生牛，以及东门城楼等，都径路井然逼真地再现在画面中。……为我们保留了一幅清代的湘子桥景观和人情风貌。

尽管"湘子桥图"在表现技巧上仍然运用着传统的模式，从题材内容看，却是一种创造。创造者的艺术观念和悟性，在作品中汩汩流淌，没有压力，自由奔放。这样创作出来的作品必定是独一无二的。

再回过头来梳理上面讨论过的内容，可以发现潮汕金漆木雕的题材有着这样的发展趋势：题材的采用，是由有意味的纹饰，向带比兴性质的事物，再向现实生活发展；题材的内涵，则由宗教的、伦理的，向世俗的、审美的方面转化。正是因为创作题材的现实性和世俗化，使潮汕金漆木雕有更加浓郁的乡土气息，显示出更加鲜明的地方色彩。

潮汕金漆木雕的表现形式和工艺特点

潮汕金漆木雕在题材和内容方面是不断地变化着，而在表现形式和工艺特点方面，它却相对稳定，只是悄悄地改良和完善。

潮州金漆木雕主要用樟木做胚材。樟木含有樟脑的天然芳香，能防腐防蠹；木质柔韧，容易镂雕又不易变形。有这些优点，所有民间艺人都喜欢使用。木雕镂刻完成之后，要髹以生漆。漆有透明的，或者调为红、绿、棕、黑等各种颜色。如果趁漆未干透，贴上金箔，那就是最有潮汕特征的"金漆木雕"。

金漆木雕主要表现形式有沉雕、浮雕、通雕（透雕）和圆雕，这与一般中国民间雕镂艺术采用的表现形式并无大差别。最有流派特色的表现形式，是多层次镂空的圆通雕。上面"潮汕金漆木雕的起源和发展"一节，对潮汕木雕表现形式的发展已经述及，这里再絮絮叨叨，可就让人厌烦了。

不过，潮汕木雕是一种熔艺术性和实用性于一炉的民间工艺，它在制作过程必须解决实用与艺术两方面的问题。就是说，它只能根据所装饰的物体和部位的实际需要，选择适宜的表现形式，进行艺术处理。

沉雕主要运用在糕粿的印模的制作上。粿皮较湿而黏，印模的图案必须简单，刻纹要粗而深。糕点的用料较干，不黏模，图案和刻纹可以比较复杂而细腻。家具和建筑构件的线饰，也使用沉雕。建筑物的梁架、斗拱，家具中的床屏、衣橱门、梳妆台面，常采用浅浮雕装饰。梁架和斗拱的饰纹，要视其承重的程度进行处理。一般只在它的表层雕刻比较简单的花纹。床、衣橱、梳妆台的装饰部分，因为用材厚度的限制，也只能浅刻。扇门的门肚，窗花和屏风的木雕装饰大多以上浮雕和透雕结合，装饰纹样较为精细繁复。采用透雕，是为了增加通风和透光作用，与门窗和屏风的功能有关。浮雕的深浅，也视材料的厚度而定。梁架和斗拱常用圆雕狮子作附加装饰。梁架与柱子、墙壁交接处有雀替，雀替采用多层圆通雕手法，最常见的形象是龙头、鳌头。还有一种用在书斋过道、厅堂和神龛前作装饰的缠罩，也用高浮雕和透雕结合的手法，缠罩用材较厚，整体可以处理成多个层次，有很强的立体感。神龛、圣旨亭这一类器物的雕镂装饰，则综合使用了各种表现手法。这固然是器物本身的功用要求有比较豪华的装饰，也因为器物本身的结构为多种手法的运用提供了条件。潮州博物馆就收藏有一座圣旨亭。这座圣旨亭的结构仿宫殿式建筑，整体采用多层通雕手法，共三层。底层由六根盘龙柱支撑着，盘龙为圆雕，刻工细腻。后壁有人物雕屏三幅，浮雕。檐下有倒吊菊花三对，拱头装饰刻龙首，也是圆雕。前面围栏半绕，栏板分两层，各有十一幅图案，用高浮雕和透雕结合的手法刻成。栏杆柱头雕饰莲花，线饰浮雕。上两层使用的手法与底层类似。整座圣旨亭，雕工精细，结构紧密，金碧辉煌。（《潮州市文物志》）

潮汕金漆木雕的工艺特点，最突出的有三点。

第一个特点，是构图上虚实处理十分妥帖，不论是单件作品处理，还是多件作品的整体配合，都表现出既饱满又空灵的特点。

潮汕金漆木雕构图最为充实饱满的，是以戏曲故事为题材、用于梁架、门扇装饰的一类作品。这类作品，人物众多，道具繁复，或仪仗杂陈，或兵革交横，又用山川花树、楼台亭阁做背景，画面真个是密不容针。但木雕艺人综合使用浅浮雕、高浮雕和透雕的手法，在画面上造成多个纵深层次，在作品的构图处理上，又采用"之"字形结构，通过人物的动作姿态和连续性的情节场面，来展示方向，形成更宽阔的空间。于是，作品人物众多而不拥挤，道具繁复而不纷乱，优裕闲余，又显得宽可走马了。

如果将潮汕金漆木雕与中国其他地区的木雕，特别是风格较为接近的闽、客、广府木雕比较，就可以真切地感受到潮汕木雕构图饱满而空灵的特色。

第二个特点，是造型的适度夸张，以达到传神的目的。在造型上，中国民间工艺美术并不以形似为追求的目标，其特点正体现为非真实性，体现为有目的的夸张和变形。每一个品种、每一种流派莫不如是。但在具体的造型处理上，夸张和变形的程度有很大的区别。约略区分，有两大类：或遗貌取神，或形神兼备。潮汕木雕属于后者。著名美术理论家蔡若虹先生对潮汕木雕的这一特点，做过很高的评价。他说：

　　我国传统的镂雕在造型手法上的特点，是突出地表现人物的特征和景物的特征，并且加以美化。广东潮汕木雕的好处，就是在这方面达到了艺术的高峰。它表现人，是着重表现人的精神，是从人的动作特征来体现人的精神，并且将人物的动作特征加以适当的强调、夸张和舞蹈化……它表现山水、房屋、鸟兽和树木，也是表现它们形状的特征、动态的特征、姿态的特征，并且将这些特征加以适当的强调、夸张和图案化。（《规律不是清规戒律》）

　　潮汕木雕中人的这种造型特点，从上边讲过的"仙姬送子"圆雕里就可以体会的。物的造型处理，请看收藏于广东省博物馆的圆雕"蟹篓"。这件作品中，竹子是变形了的。艺人把竹竿处理成接近半圆的弧线，弧线的张力，与中心微倾的竹篓配合，使画面产生了动感。竹叶明显图案化，使它与同样图案化了的螃蟹的脚，在造型上更为接近，这种处理，让作品的整体形象更集中凝练。螃蟹，则夸张强调高张着的大螯和鼓凸的双眼，表现出那种不甘在篓里受禁锢，夺路而出的情态，这朴质而稚拙的造型，饱含着一种天然的趣味和幽默。如果将这件作品和同样高水平的"龙虾蟹篓"（潮汕工艺美术陈列馆

收藏，照片见《潮汕百科全书》）比较，可以发现，后者虾蟹的造型
是写实的，与原物毕肖，但是，却失去了前一作品那种天然的趣味和
幽默。

张鉴轩、陈舜羌木雕"蟹篓" 广东博物馆藏品

第三个特点，是潮汕木雕整体风格的精巧细腻、玲珑剔透和金碧
辉煌。这一个特征是接触过潮汕金漆木雕的人都可以感受到的。至于
这种风格的形成过程，上面业已探讨过，这里不再赘言。

⚂ 潮汕的石雕

潮汕的石雕也是一种很出色的民间工艺美术品种。它从题材、内容、表现手法到工艺特点，都跟金漆木雕十分类似。它们之间所剩下的差别，几乎只有材料这一点了。也许就是因为材料质地的关系，现在还比较完好保存的潮汕石雕，年代要比潮汕木雕早得多。

本节准备采用与上一节不同的叙述模式，变换角度，通过对潮汕现存历代石雕的介绍和分析，梳理出潮汕的石雕工艺的发展历程，以及在这个过程中文化因素所起的作用。

开元寺的宋代石雕

潮汕现存最早的石雕，据说是开元寺的石经幢。慧源法师《潮州开元寺志》把寺中现存的经幢，悉数定为唐代的遗物。但这些经幢的花纹雕刻都风化得相当严重，而且经过屡次重修，很难藉以印证本地唐代石雕的工艺水平。

在开元寺里，月台和大殿的石栏杆，观音阁佛龛座的后侧，有一些还保留得比较好的浮雕造像。月台栏杆的石雕，有灵犀、仙鹿各一幅。大殿栏杆的石雕共有五幅，其中悉达太子出家故事二幅，龙、虎、五骏各一幅。观音阁佛龛座石雕为三幅相连，中间一幅是悉达太子戏象图，左右是飞天供养人。

《潮州开元寺志》把这些石雕，定为唐宋间物。潮州开元寺建筑现存的石构件，的确还有不少是宋代的旧物。天王殿和地藏阁的一部分石柱子，都还残留着宋代的捐造人题名。上面列举的石雕中间，也有一些可能是宋代的作品。例如观音阁石雕，虽然刻纹半已漫漶，左侧飞天图像的形态，模模糊糊地还可以辨认。这尊飞天造像，身体短壮，用双手奉献供品，姿态呆板，身下有卷云烘托——这些都是宋元时期飞天造像的特征。至于石栏杆上的犀、鹿、龙、虎浮雕，布局、技法同明代建造的凤凰塔塔基浮雕，极为接近；五骏图中的双马相啮、饮水、搔痒等姿态，与明清的木雕的骏马，更如出于同一艺术粉本。这些浮雕，在历代重修大殿的过程多数经过拆换，《潮州市文物志》说"多为明清之物"，大抵是不错的。

可以从开元寺观音阁佛龛石座悉达太子戏象的浮雕，窥见宋代潮州石雕的面貌。在这面石雕里，太子一手叉腰，一手前伸，矮步，似作胡舞；小象则欢跃奔逐，掉首与太子回应，带着满身的稚气。浮雕造型简练，而富有动感。

王大宝墓地的石雕像

潮州市归湖镇神前山沉江月地，有一座宋代古墓。墓主是官至礼部尚书的海阳人王大宝。王大宝是南宋乾道六年（1170）去世的，依照礼制的规定，他的陵墓前面，可以置立石人、石狮、石羊、石马等雕塑。这南宋前期的大型石雕群，完好地保存至今，在广东省内是罕见的。这些石刻圆雕，形象壮实稳重，外观的线型与石雕上的阴刻线饰都十分简练，具装饰性。在造型方面，虽然显得略笨拙，但气势宏大，有一种雄厚的力量内蓄着。这是明清时期本地陵墓石雕像所不可比拟的。

开元寺观音阁佛龛石刻浮雕和王大宝墓的石刻圆雕，同样有着一种浑朴少文的雕刻风格，一定程度上反映了宋代潮州石雕的水平和风貌。

元代湖南工匠雕刻的石香炉

潮州开元寺珍藏着一座元代造的大型石雕香炉。香炉用石灰岩石料雕成，造型颇独特。香炉高138厘米，由六块石雕部件相叠组成。这六个部件采用了佛教建筑常见的几何形体。最下面一层是方形基座，刻有很简单的线型纹饰。第二层作八面须弥座状，座的下部有八只炉脚，每只脚上刻着兽头的浮雕，座身八面有梅花鹿等瑞兽浮雕图案八幅。第三层下边仍作八面台状，刻花纹浮雕，上部雕着复莲瓣。第四层收束，作宝珠状而稍扁，上刻双蟠龙纹。第五层与第三层形状约略相同而方向相反，下边雕着仰莲瓣，上部是浮雕的花纹图案。最上面一层是香炉的口沿，作相轮状，中央有孔。口沿高13厘米，外侧也有八幅浮雕，刻着飞天和花卉图案。

香炉口沿朝天面光滑，上有阴刻铭文："大元泰定二年岁次乙丑二月八日，奉政大夫连州知州兼劝农事徐震，谨舍石香炉一座，入于潮州路开元万寿禅寺，永充供养者。"泰定二年是公元1325年，这是潮汕石雕中唯一有纪年的作品。

这座香炉上面的浮雕，刻工很精细，风格与宋代本地石雕已经有较大的差别。最引人注意的是，香炉基座上刻有"桂阳路平阳县石匠刘贵亮造"十二字。元代的桂阳路平阳县即今天湖南桂阳县，题名提供了一个信息：这座精美的石香炉，是一位湖南工匠的雕刻作品。不管这座石香炉是在外地刻成以后送到开元寺来，还是这位湖南工匠被请到潮州来当师傅，刻造了这座石香炉，它都会对本地的石雕艺术发生影响。这个信息启发我们，潮汕文化形成和发展的过程，实际上是一个通过不同领域不断吸收外来的文化影响的过程。

开元寺月墀上的四大部洲，方形的塔身上有石刻浮雕，主要部分像是佛生故事，四个上角有鸟纹图案，雕刻风格细密丰繁，与观音阁佛龛石刻浮雕风格很不相同。看来，四大部洲的浮雕应该是元代的作品，而且就是这一时期更为频繁发生的文化交流表现在雕刻艺术方面的结果。

明清潮汕石雕掠影

由于年代的接近，明清时期的石雕，在潮汕并不难见到。其中刻工平庸粗劣的作品为数甚多，但就艺术水准较高者而言，比宋元两代的石雕也有不少进步，特别是晚清以后的佳作。

大型浮雕的出现是明清石雕工艺的一个发展。棉城灵济宫照壁的浮雕石麒麟，是最有代表性的作品。石麒麟雕刻于明万历（1573～1620）年间，长4米，高2.3米，规模之大，前所未有。从造型看，麒麟回首翘尾，鬣毛怒张，作飞奔之势。脚下海涛翻卷，浪花四溅。整个形象跃动活泼，生气勃勃。

宋元时期的浮雕，几乎都是单一层次的浅浮雕。到明清，发展出层次更加丰富的高浮雕。饶平三饶城隍庙门肚人物浮雕，都采用多层次高浮雕的手法刻成。三饶是饶平县的古县城，城内的城隍庙建于明弘治六年（1493）。石雕刻成于这一年之后，至今保存完好。如其中《丞相上朝》一幅，老丞相居于画面中间最靠前的位置，左手持笏板，右手扶腰带，缓步而进，一脸沉思，老成稳重的性格，刻画得十分生动。丞相左后侧，有一武士相随。右侧隔墙，宫阙下有一持物妇人，作躬身状。妇人的衣着，裙裾飘逸，褶纹流利，显示出薄软轻柔的质感，雕刻技巧相当高明。三个人物之外，宫阙、墙垣、树木作环境衬托。宫阙门前是盘龙柱，龙柱前面有石狮，宫墙之后，树木苍茏。整幅石雕构图饱满，层次分明，在艺术上已经很成熟。万历四年（1576）建成的南澳天妃宫，有两根盘龙柱，也是用高浮雕手法镂刻得成功的作品。清代作品，黄冈的石埕祠和后山祠的门肚，都是佼佼者。

随后，通雕石刻也开始出现。清代嘉庆年间建造的南澳康厝祠，就有了通雕形式的"倒吊花篮"，尽管工艺水平还不是很高。到光绪后期，潮汕的通雕石刻技艺已经很高超。从熙公祠的石雕可以说是代表作。祠堂两条喷水柱前的倒吊花篮，也是镂空雕，雕工细腻，剔透玲珑，层次繁复，工艺水平要比康厝祠高得多。祠堂门楼的屋架上有几十件装饰性的石雕，以花卉虫鸟、人物走兽为题材，纯熟运用多层次镂空技法，制作得精巧，让人叹为观止。而技巧最高的是门前四副石雕方肚，四副门肚分别以士农工商、渔樵耕读、花鸟虫鱼为题材。其题材内容，构图布局，形象塑造，与同时期一般潮汕木石雕刻，基本相同。从熙公祠的石雕最使世人倾慕叹服的，是镂刻工艺的精细。人们最津津乐道的，当推"士农工商"屏中牧童拉紧的牛绳，绳长10厘米，直径仅4毫米，镂空雕刻，而绳纹清晰；"渔樵耕读"屏中渔夫撒开的渔网，网目张缩有致，褶纹疏密自然。其他如花鸟屏的花枝荷梗，昆虫触角，都是高难度的制作。从熙公祠的石雕工艺，可以代表潮汕石雕的最高水平。

通过明清时期潮汕石雕掠影，我们可以发现，明代后期以来，特别是晚清以后，潮汕石雕与潮汕木雕工艺，有一个同步发展的过程：都从浅浮雕向高浮雕发展；从浮雕与透雕、圆雕结合，发展出多层次圆通雕的形式。这种同步发展，首先是当时的社会、经济等各方面的条件促成的，而不同种类的潮汕民间艺术在技法上的相互揣摩吸收，特别是潮汕人文化观念和审美意识的变化，对这种同步发展当有更深刻的影响。

从熙公祠石雕《士农工商》 蔡海松摄

潮汕石雕与中国石雕艺术

中国石雕艺术的起源很早。河南安阳殷墟的商代遗址，就曾发掘出多种大理石圆雕，有石人、石虎、石牛、石蝉等，造型颇生动。汉魏时期的石雕，在工艺美术方面已经达到相当高的水平。汉代的石雕有圆雕和平雕两个类型。东汉武氏祠的画像石是最有名的采用平面剔地手法的石刻。石刻把构图中空白的地方剔深，留下人物的形象部分，加刻阴线，使之更为突出。将阴线再加变化，使凸起的造型部分，又有了不同的深浅层次，就产生了浮雕手法。六朝时期，在佛教艺术的刺激下，石雕工艺有了长足的进步。艺人们使用了圆雕、深浮雕和浅浮雕的手法，制作出相当精美的作品。到了隋唐时期，中国石雕工艺已经发展得非常成熟。唐太宗陵墓的浮雕"昭陵六骏"和武则天母亲杨氏的陵墓顺陵的圆雕石狮子，可以说是这一时期石雕的代表作。唐代的佛教雕塑，也保留下来不少优秀的作品。解放初，在陕西西安东城景龙池出土一件完整无缺的唐代白玉石圆雕的菩萨像，现在保存于陕西省博物馆。这座石雕，是由坐像和台座两个部分组成。菩萨头戴华饰，身佩珠玑，手弄莲花，安详地高坐在宽平的莲台上，形态自然而庄重，躯干和衣饰的曲线流利圆滑。莲座的形态与上面提到的潮州开元寺石香炉相似，分三层，中层束腰。台座用仰莲、复莲图案和伎乐浮雕装饰，刻工也精致，和上边的菩萨像，交相辉映，成为一个晶莹完美的整体。宋元时期，中国的石雕仍不乏成功的作品，例如南宋时期制作的四川大足宝顶山佛湾摩崖石雕造像中的养鸡女。这个小品雕镂在地狱变相附近崖边。造像者想借这个善良的妇女养鸡不杀的浮雕，劝人从善。石雕艺人却凭自己的审美观念和雕刻技巧，把这个小品刻画得富有生活情趣。作品采用不同层次的浮雕和阴刻线纹结合的手法，以简练的线条，刻出人物朴素的衣着，慈祥和蔼的表情，使这个生活场面显得那样亲切感人。但是，大体说来，自宋代以后，中国的石雕艺术，已经有了强弩之末的趋势，其成就远不如隋唐时期。

对中国的石雕艺术的发展历程和成就有了大致的了解，就能够给潮汕的石雕艺术恰切定位与评价。很明显，就现存的材料看，清代以前，潮汕的石雕虽然也还有一些佳作，但整体工艺水准并不高。自清代中期到晚清，潮汕石雕发展出一种繁密而通透的工艺风格。从熙公祠檐下雀替的鳌鱼装饰是一个精品。鳌鱼头部是圆雕，触须和背上的刺鳍却以弧线和曲线表现，交缠飘动，处理为多层通雕。整个作品，块面与线条对比，密实同虚空映衬，显出一种多样的和谐，十分成功。广东省民间工艺馆收藏的潮汕石雕"鹭鸶荷花"也是一个精品。石雕的前边，两只鹭鸶正争抢着一只到口的蛙。背景是荷塘。似有风乍过，荷叶纷披，芦苇摇曳，翠鸟也惊鸣飞起。这种骚动，更烘托出鹭鸟争夺的激烈，你甚至听得到它拍打翅膀的声音。荷梗和芦苇用韧性的线条，层层叠叠地交织着。整块石雕层次繁复而不散乱。这些精品使人惊叹：顽钝坚硬的石头，在石雕艺人的刀凿之下，竟然变得那么柔顺又有灵气。这就是成熟了的潮汕石雕，这就是有了自己风格的潮汕石雕，它让人感受到的，不是自然的浑厚朴实，却着实让人诧异于人工的精细奇巧。

精细奇巧的艺术创造，正是潮汕石雕对中国石雕工艺的贡献。潮汕石雕就是以这种精细奇巧，在中国石雕艺林独树一帜。

⊜ 潮汕工艺瓷器

工艺瓷也称作美术瓷，潮汕工艺瓷有两个种类，一种是瓷塑，一种是彩瓷。

瓷塑在潮汕的起源，可以追溯得很久远。1976年，揭阳新亨出土一个骨灰罐。罐有盖，盖顶塑一朵莲花。罐的正面有长方形门框，门楣有桃花浮雕纹饰，门两边塑着武士装束的门神，戴盔披甲，持斧执剑，眼圆嘴方，神态威武。门框两侧罐腹各贴一条盘龙，龙背上方分列12生肖神像，着袍执笏，躬身而立，龙和神像都是高浮雕。罐足为三层仰莲浮雕。这个骨灰罐，《揭阳文物志》说是南朝时期的产品，时间可能定得过早。佛山、南海、新会等地出土过半不少同类器物，造型装饰，都与揭阳的这个骨罐相似，是唐代佛山窑的产品。韶关唐代张九龄墓出土的12生肖陶俑的造型，与此罐12生肖神像也相同。这个骨罐，应该是唐代的制作。这个罐的装饰，已经包括了潮汕近现代瓷塑人物、动物和花卉三个类型。不过，骨罐为陶质，也不一定是本地产品；真正可以算得上潮州工艺瓷塑的，年代最早应该是笔架山窑产品。

宋代笔架山窑的瓷塑，有捏塑和雕贴两类。除了为炉、壶、盂、罐一类日用器皿装饰之外，作为观赏瓷器制作的，还有西洋狗、狮子、人像和佛像。现在收藏在潮州市博物馆的一批宋窑西洋狗，头大身短，双耳圆而垂，神态各异。制坯的艺人捏、雕兼用，手法极简练而能传神，造型技巧相当高明。该馆收藏的另一件宋窑瓷塑，是被命名为"麻姑献寿"的妇人像。人像作半跪姿势，双手抱罐，体型健壮，面容饱满。脸和手部用很明净的线型塑出，略带图案化，却准确而生动。衣服的褶纹简单而自然。从这些佳作看，宋代潮州窑瓷塑的工艺水平不低。

但是，宋代潮州窑的瓷塑工艺，与晚清以来潮汕的瓷塑工艺，并没有传承关系。随着元代笔架山窑口的废弃，明代海外贸易和佛教信仰的衰退，瓷塑在潮汕近乎绝迹。到清代同治年间开始复兴。但当时的潮州瓷塑，以佛像和小型的动物玩

宋代潮州笔架山窑人物瓷塑
潮州市博物馆藏品

具为主，而且使用印模生产，带着浓厚的商业色彩，工艺水平不高。一直到新中国成立后，在人民政府的扶植下，以潮州枫溪为代表的潮汕瓷塑才真正复兴，出现一批瓷塑艺术家，形成了自己的风格。枫溪瓷塑，以仕女人物和堆塑通雕花篮、贴花通雕花瓶最有特色。

林鸿禧瓷塑《十五贯》
潮州市博物馆藏品

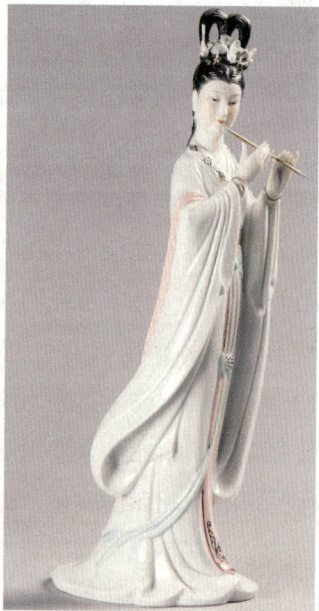

陈钟鸣瓷塑《仕女吹笛》
潮州市博物馆藏品

枫溪瓷质地细腻，色泽洁白，宜于塑造仕女人物。艺术家们利用这一特点，精心设计、着意雕琢，所塑造的仕女人物造型娇俏婀娜，线条明快流畅，釉彩莹润洁雅，具有浓郁的地方风味。枫溪的仕女人物瓷塑，轻盈精巧，体现出一种阴柔的美，一种秀美。它是否也在某一个角度上，体现了现代潮汕文化的性格？

堆塑通雕花篮和贴花通雕花瓶实际上只是一种类型。它吸收了潮汕其他民间工艺美术——例如木雕和石雕的镌刻镂空手法，制成通雕花瓶或者花篮，再堆贴用装饰土制作瓷花，烧制而成。枫溪堆塑通雕花篮，以1979年制作的大型作品"春色长在大花篮"为代表作。这件作品高1.2米，直径80厘米，玲珑通透的通雕花篮中，堆塑了600余朵缤纷盛开的瓷花，瓣薄如纸，芯细如丝，色彩淡雅，如春色宜人。1982年，花篮送到德国展览。参观者无不惊叹这件作品的巧夺天工，称誉它是"永不凋谢的鲜花"。现在，"春色长在大花篮"作为地方特色工艺的代表作品，陈列于北京人民大会堂广东厅内。

彩瓷指用彩绘对瓷器进行装饰，有釉上彩、釉下彩、粉彩等形式。潮汕彩瓷用于餐具、茶具这些日用瓷的装饰，但更能体现其特点的，还是花瓶、壁挂、立屏一类高档陈设瓷器的制作。

潮汕彩瓷的产生时间还很难明确断定，只能约略说这是清代才发展起来的一种工艺。明代嘉靖年间到清代初期，潮汕的瓷窑生产的基本上是碗、盘等日用青花瓷器。民间艺人模仿中国水墨画的技法，用毛笔蘸着青花色料，在瓷胚上绘画花卉、山水、人物、鸟兽，题写诗词，配以锦纹、菊瓣、缠枝花一类花纹。青花瓷器的生产，为彩瓷工艺的发展积累了必要的技巧经验。到清代中叶，潮州制瓷艺人开始生产彩瓷。潮州彩瓷引进了江西景德镇的三彩、五彩、粉彩和广州的积金彩等技艺，并从本地其他民间工艺种类吸取营养，逐渐形成自己清新鲜丽的特色。

潮汕彩瓷按彩绘形式的不同，大体可以分成诗画、开光、满彩和金地万花四个大种类。诗画式，是在白地瓷器的一方器面上绘画，而在相对的另一个面题写诗词。诗情画意，相映成趣。开光式，即在器型的主要部位空出一对或多个白瓷面，白瓷面采用亚字型、果型、花型、瓶型、鱼型、书形或者扇形的形状，称为开光。开光瓷面，绘以书画，它的外围，则用不同色彩的锦地纹饰或图案花边衬托。满彩多用于大件花瓶的装饰。它的特点，是用均匀、饱满的构图，在瓶坯上绘满纹彩，不论从哪一个角度，都可以观赏。金地万花则在瓷器正中部位绘上主要图样，图样周围加满陪衬纹饰，再填上金地，将整个瓷面完全覆盖。金地万花具有色彩鲜艳、富丽堂皇，构图匀称而主次分明的艺术特色。

到清末，潮州彩瓷业发展较快，府城和枫溪一共有彩瓷作坊20多间，从业艺人有300余人。潮州的彩瓷工艺完全成熟，它接近于广彩，又具有自身特色，南洋商人在订购中国瓷器的时候，把它称为"潮彩"，以示与广彩有所区别。这一时期，潮彩的名师和精品也出现了。宣统二年（1910），潮彩艺人廖集秋创作的"百鸟朝凤"盘，许云秋、谢梓庭创作的人物盘碗，在南京举行的南洋劝业会上都获得了好评。80年代以来，潮汕彩瓷工艺更上一层楼，作品连连获奖。最骄人者，有广东省潮州市彩瓷总厂研究所集体制作的"堆金牡丹花鸟三百件天球花瓶"。这件作品采用潮彩勾勒、洗染、填色技法和釉上堆金工艺，二次烧制而成。瓶颈和瓶脚用满彩花纹图案装饰，瓶体用工笔描绘出 8朵怒放的牡丹花，叶绿花红，花枝上，白头翁栩栩如生。花和叶的边缘用金线条堆起。整个花瓶，清雅与繁富，淡远素朴与金碧辉煌，是那么和谐地结合在一起，赏心悦目，富有浓厚地方特色和较高艺术欣赏价值。在1986年莱比锡世界春季博览会上，这件潮州彩瓷代表作获得了金质奖章。

（四）潮绣

潮绣是一种具有浓烈地方特色的工艺。清代，苏绣、蜀绣、湘绣、粤绣并称中国四大名绣。粤绣本身也形成两大派系，这就是以广州为中心的广绣和以潮州为中心的潮绣。

潮绣的起源

刺绣是中国传统民间工艺的一种，因多为妇女的制作，故古时称为"女工"或"女红"。中国刺绣工艺的起源很早，汉代已经有了关于刺绣的文献记载，也有绣品实物保留至今；流行很广，地不分南北，人不分民族，几乎在中国的每个角落，都有这种工艺的存在。我们可以毫不犹疑地断定，在潮汕民间，早就有了刺绣工艺。

潮州民间流传着一则跟刺绣有关的"姑嫂鸟"故事。这则口碑资料的年代究竟有多久远，现在很难确定。如果从文献材料去追寻，则可知在明代嘉靖万历年间，刺绣已经是潮州妇女所熟稔的手工。请看明代潮州戏文的例子：嘉靖刻本《荔镜记》中，有"五娘刺绣"一出，写五娘在闺中思念陈三，婢女益春请她刺绣解闷：

　　益春：（念）捧着绣篮出绣房，金刀金剪尽成双。
　　　　　　　　画花粉笔尽都有，五色线绒绿间红。
　　　　　（唱）安排绣床闺房东，挂起罗帐脑麝香。
　　　　　　　　针线箱绣篮，益春常捧，
　　　　　　　　内有五色线绒绿间红，铜箱交剪对金针。……
　　　　　（白）请阿娘刺绣。
　　五娘：（白）拙时针线停歇，不免绣一光景解闷。
　　　　　（唱）尽日无事整针线，逍遥闲闷心无挂。
　　　　　　　　针穿五色绒共线，绣出麟毛千万般。

万历刻本《金花女》中，也有"金花挑绣"一出。这两出戏，非常具体地描写了明代潮州民间刺绣的种种情况。妇女在绣房、绣厅刺绣，依绣床，张绣箧，针黹用具有针线箱、交剪、金针、五色绒共线，还有用来画花的粉笔。绣品内容，有孤鸾戏牡丹，鹦鹉枝上宿，犀牛望月，四时光景等，正是民间工艺美术最常见的题材。到清代，地方志书对潮州刺绣也多有记载。康熙《澄海县志》记"妇女之俗"说：

> 百金之家，妇女不昼出，千金之家，妇人不步行。勤于女工，帛虽盈箱，不弃其治麻。

乾隆《潮州府志》"术业"条说：

> 妇女多勤纺绩，凡女子十一二龄，其母即为豫治嫁衣，故织纴刺绣之功，虽富家不废也。

光绪《潮阳县志》载陈作舟《潮阳竹枝词》：

> 绣罢小姑绩苎忙，机声遥度女墙红。织成不向街头卖，待嫁郎时好衣郎。

潮绣就是在这样一种厚实的民间工艺活动的基础上形成的。而清代乾嘉时期，本地社会经济与文化的发展，则为潮绣的形成准备了条件。宗族和宗教祭祀的热烈，与此并生的地方戏剧的繁荣，造成对刺绣品的需求，以刺绣为业的店铺应运而生。据新编《潮州市志》说，乾隆时潮州已有绣庄20余间，分布在西门的天地坛、布梳街和开元寺附近。潮州的刺绣工艺开始商业化。而商品竞争又促使刺绣艺人用心钻研技艺，并学习吸收外地绣种的长处，潮州的刺绣水平或因此得到迅速提高，有了自己鲜明又比较稳定的风格特征。潮绣这一流派于是形成。

关于潮绣的起源，有两种说法应略加讨论。

有一种颇有影响的观点，认为现在潮州开元寺保存下来的装饰绣品，是历代翻新的仿唐作品，并以此证明潮州刺绣在一千多年前已有相当高的水平。这样的说法实在值得探讨。唐代佛教盛行，中国刺绣工艺，也出现宗教题材。南海奇女子卢眉娘在一尺绢上，绣《法华经》七卷，绣工的精巧，当时传为美谈（《杜阳杂编》）。佛像则有敦煌千佛洞唐绣观音像，"长约盈丈，宽五六尺。观世音中立，旁站善才韦驮，用极粗之丝线绣于粗纱布上，色未尽褪，整幅完好如故"（《丝绣笔记》）。当时潮州的寺院也可能有这类题材的绣品，但其工艺形态如何，已不可知。如果就现在潮州开元寺的绣品而论，比较古老的，有文物室内所陈列的金绒刺绣佛像。这些绣品，周围以金绣花卉图案装饰，中央的佛像使用垫金绣的技法绣成，佛像的左右上下，添上云水竹树纹饰，构图十分饱满，整体风格与清代中后期的金漆木雕相似。《潮州开元寺志》断定这些佛像是清代的绣品，是正确的。用它来证明唐代潮州刺绣的水平，未免太夸张了。

潮州的绣店又用"顾绣"自称，据说是明代嘉靖年间（1522~1566），曾得到上海顾姓师傅的传授，开创了凸绣方法。这恐怕也是广告式的宣传罢了。按徐蔚南《顾绣考》记载，明嘉靖时，有进士顾名世，住在上海露香园，一家数代，都工刺绣，顾名世的儿媳缪氏、孙媳韩希孟和曾孙女顾兰玉，都是一代刺绣名师，技艺高超，"劈丝细过于发，针如毫"。她们制作的花卉、翎毛、山水、人物等作品为当时人所珍重，因称为"顾绣"，也称"露香园绣"。露香园的绣艺开始似乎是家传的秘技，大概要到顾兰玉手上，才把顾绣的技法传之于外。周瘦鹃先生的《苏州游踪》里有一篇文章谈到顾绣，就说顾兰玉"曾经设帐招收生徒，传授绣法"。但那时已经是清初了。因为顾绣在明清之交名噪一时，各地以刺绣为业的店铺，也常以顾绣为标榜，称为顾绣庄。潮州的绣庄，大概也难免此俗。

其实，光是从题材内容看，就知道潮绣与顾绣其实是毫无关系的。顾绣的作品常用古今名画为粉本，所以有画绣之称。潮绣恰恰相反，并不受文人画影响。这一点，沈从文先生在《坛坛罐罐·谈广绣》中已经说到，"广绣有一特征，为一般谈刺绣的较少道及，就是它始终不受较前或同时文人画影响，还保留女红传统中不可少的巧手慧心，以细密针线繁复色彩自出心裁来进行创作。正和潮州木刻近似，不受元明以来小说、戏剧、版画影响，独具匠心，来进行透雕浮雕，得到成就一样。"沈先生所说的广绣，指的是广东刺绣，当然包括潮绣。

潮绣的工艺特色

在四大名绣中，粤绣以构图饱满繁密，色彩浓艳富丽，形成独特的风格。潮绣是粤绣的一个流派，它既有这种构图和色彩上的共同风格，又有自身的特点，以技法精巧而著称。

首先，以技法讲，潮绣针法与我国其他民间刺绣一样，多样而富于变化。潮绣名师林智成所著的《潮绣传统针法》，总结、列举了近百种针法，主要针法有"过桥""銮乾""二针锁""三针锁""三山起""打只""化针""乱针""点绣"等。潮绣传统的纹样程式也特别丰富而工巧，著名潮绣艺人蔡玩清曾总结几十年的经验，积极整理并绣出传统纹样数十种，成为后人学习研究的范本。在色彩过渡或图案边缘转折处，潮绣特别讲究运针的严谨有致，务使画面清晰明朗，潇洒大方。现藏于潮州市工艺美术研究所的潮绣精品"梅花双凤"，把潮绣针法纹样的千变万化又严谨清朗，表现得淋漓尽致。

其次，以色彩讲，潮绣常以大红花、大绿叶为主体，再用银线或棕丝作为花叶边缘线，来突出纹理，使色彩更加调和。整体效果则有用色明快，对比强烈，华美艳丽，富于装饰性的特色。

最有特色的潮绣技术应该算垫金绣了。垫金绣先用棉絮、翎毛、纸丁等材料，铺垫在绣面的底层，再以金银绒线，在垫高的地方精工刺绣，绣成的图案微微凸起，富有浮雕立体感。这种大面积堆金凸绣，给绣品造成一种金碧辉煌、堆金积玉的瑰丽艺术效果，为我国民间刺绣所罕见，最能显示潮绣的独特风格。

潮绣庄生产的潮绣传统品种主要有庙堂装饰品和戏服两类，间也制作挂屏、屏风之类欣赏品。庙堂装饰品多采用戏曲故事、龙凤图案、花卉博古花边等潮汕民间工艺美术的传统题材内容，并运用钉金绣和金绒混合绣的技艺形式，使绣品的风格同庙堂建筑油漆装饰、金漆木雕和金漆画能够和谐浑融，将整个庙堂装点得富丽堂皇。潮绣戏服的种类繁多，最能表现潮绣风格的，是龙蟒袍甲一类服装。

潮绣的欣赏品一般也采用潮汕民间工艺的传统题材内容，而绣工更为精细，曾经获得很高的荣誉。清宣统二年（1910），林新泉、王炳南等二十四名潮州绣工赴南京参加全国工艺大赛会，他们制作的绣品"郭子仪拜寿""鹌鹑鸟"等，在会上获奖，被称誉为"绣花状元"。此后，潮绣产品更风行于世界各地，深受青睐。沈从文先生在《谈广绣》中，对晚清广东刺绣的欣赏品做过评价，这种的评价同样适用于晚清的潮绣：

我们似乎可以得出那么一个结论，即晚清的广绣，以高级赏玩品而言，虽和晚清宫廷趣味联系不大，具有高度技术，艺术成就不免依旧受一定时代限制。然而它的作者，充满本地刺绣创作上的热情和天真，充满了民间趣味来进行这个工作，产生许多风格独具的艺术品，在 19 世纪晚期工艺中，独放异彩。这种估计，大致还是符合历史实际的。

新中国成立后，潮绣艺人获得了学习进修的机会，对这种传统工艺做了理论总结，同时制作出许多超越前人的潮绣精品。1982年，潮绣作品"九龙屏风"和"吹箫引凤"都获得了中国工艺美术百花奖的金杯奖。"九龙屏风"运用钉金绣垫凸技术和独特的钉金二针企鳞针法，创造出一种层次明晰、流光溢彩的艺术效果，获得"古今首屈一指的潮绣精品"的评价（《潮州市志》）。

五 潮汕民间剪纸

剪纸起源于民间喜庆或节日活动中的剪贴画。在我国黄河流域及北方农村，这些剪贴画大多粘贴在糊窗户的白纸上，而被通称为"窗花"。中国剪纸所表现的内容几乎包括一切民间艺术的题材，但在民间艺人的手里，剪得最多的，还是花卉动物、喜庆吉祥纹样，戏文中的人物和故事也是他们经常采用的题材。剪纸在中国许多地区都很流行。从地域上看，鲁、冀、东北地区，晋、豫、西北地区，浙、皖、苏北地区，闽、粤、沿海地区，西南民族地区，及湘、鄂、赣地区的剪纸各具特色，而各地区内部，又有许多细微不同，形成极多的流派风格。这些风格与当地的文化特征多相吻合。

　　潮汕民间剪纸就是这许许多多地方流派中的一种。多雨高温的气候，使糊窗的白纸在潮汕民居中匿迹，潮汕民间剪纸不再用来做窗花装饰，而被改派了其他用场。

　　潮汕民间剪纸仍然在喜庆和节日民俗活动中广泛应用。节日里祭神祭祖的供品和民间婚寿喜庆的礼品，总要剪上几个玲珑剔透的"贴花"，做些装饰。和中国许多地方一样，潮汕民间，也把剪纸作为刺绣的"花样"。"贴花"尺幅较小，或三四寸，或一两寸，都是些小品；造型则随供品礼品的形状而变化，形式多样。"花样"也有许多形式，有一两尺见方的背兜花、围裙花，也有小品形式的帽花、鞋花。

　　贴花和花样都是纯色剪纸，以剪刀为工具。民间剪纸艺人将三五张色纸叠在一起，灵巧地运使剪刀，以娴熟的技巧，剪出各种花纹图案。纯色剪纸充分发挥"剪"的特点，它用纤细秀丽的线条配合块面，借助夸张、变形手法，创造出栩栩如生的艺术形象，剪刀味十分浓郁，富有装饰性。

传世年代最早的潮阳剪纸"蝙蝠"　　潮阳文化馆藏品

江根和剪纸《三娘挑经》 潮州市博物馆藏品

　　纯色剪纸的创作，还有一个特点，就是一般都不先画线稿，即有画稿也很简单，艺人们靠着自己的记忆和想象，一手拿纸，一手运剪，直接将花样剪出。由于艺人们的制作都是匠心独运，所以各人的作品，各有不同风格。而不论哪一个艺人的作品，都是造型活泼而富于变化，很少有复制品。这也可以看出潮汕民间剪纸艺人的智慧和坚实深厚的生活基础。潮汕民间剪纸艺人还在纯色剪纸的基础上，创造出多色剪纸的形式。多色剪纸用多种色纸分别剪出物象各个部分，然后再并合为一件完整的剪纸作品。除了具有纯色剪纸的特点之外，又增加了五彩缤纷的特色。

　　潮汕民间剪纸还有一个品种，叫作"錾纸"。錾纸不是用剪刀剪制的，而是将图案放在色纸或金箔上，用刻刀錾刻而成。錾纸也有两种表现形式：衬色剪纸和写料剪纸。衬色剪纸先用金箔或黑色纸刻出形象的轮廓线，再根据设计的要求，用彩色纸衬底，具有金碧瑰丽、苍劲古拙的特色。写料剪纸则用纯色纸或金箔刻出形象的线条骨架，然后用颜色彩绘衬底，既有剪纸的特色，又有热烈艳丽的装饰画效果。

錾纸以饶平县的镂金衬色錾纸最为著名。镂金衬色錾纸原来是用来祭神祭祖的迷信品，俗称"大钱"。解放前，饶平黄冈的钱纸店很多。同行业竞争，故每逢谢神，都要赛"大钱"。参赛的"大钱"，每幅4丈见方，裱纸10余层，上面裱上大红纸，张贴百几十小幅用金箔錾纸，内容不外为戏曲人物，鸟兽虫鱼，花卉博古，诗词书法，再配上联络花纹，使它成为一个整体。后来有人于金箔图案镂空部分，贴上各种色纸，于是，图样的线条更分明，色彩更鲜丽，整个画面金碧辉煌又赏心悦目。这就是所谓镂金衬色錾纸了（余构养《饶平民间工艺简介》）。

这种节日民间剪纸竞赛活动，不仅见于饶平一县。它是为潮汕城乡居民喜闻乐见的盛事。竞赛活动给节日增添了欢乐气氛，也使潮汕民间剪纸具有更广泛的群众基础，它培育和造就了许多民间剪纸艺人，推动了潮州民间剪纸艺术的进步。

六　潮汕民间工艺与潮汕文化

接触了各式各样的潮汕民间工艺，可以发现，尽管这些民间工艺品种从材料使用到技巧形式的差别甚大，有的几乎毫不相干，但它们都在精细工巧方面体现了自己的风格，而为世人所瞩目。上文不止一次地提到，这种精细工巧的风格的形成，与潮汕文化有关。在这一章结束的时候，我们想就这个论题做一点简单的总结。

首先，从技术层面讲，精细工巧的艺术风格的获得，要依仗着民间艺人技艺的精湛。这有赖于在雄厚的经济力量的支持下，艺人们在工艺技巧上的精益求精。明代中叶开始，本地区商品经济有较快的发展，到清代乾嘉以后，海外贸易的成功，使潮汕出现了许多富商巨贾，他们将大量的资金，投放到祠庙宅第的建筑上面。像潮安从熙公祠的兴建，前后用了十四年（1870~1883）的时间，花费26万元的资金，是最突出的例子。其他用数年时间建造一座宅第，耗资数万元的情况，比比皆是。实际上，大部分资金和时间都消耗于建筑物的装饰工艺。主人有资力要求工巧，艺人也有时间竭尽心力去追求尽善尽美。从熙公祠的石雕可谓精美矣，而当地至今仍流传着"琢四肚石雕，气死三个刻石师傅"的故事。当时还有一种习俗，建房者在装修阶段，喜欢同时聘请两队甚至几队工匠，让他们比试技艺的高低。激烈的竞争，也促动艺人们不断琢磨提高技艺，立志创作出前无古人的工艺品。精细工巧的风格就在这种社会经济条件下出现了。

其次，从观念层面讲，精细工巧的艺术风格能够为潮汕人的审美意识所接受，又有其思想文化背景。明代中期以后，人口压力的加强、商品经济的发展，用一种坚韧的力量慢慢地改变着潮州人的行为方式。更多的劳动力投放到一定面积的耕地上，农业技术由粗放逐渐变为精耕细作；在商业活动中，一切都必须精打细算；而海上的航行，更是每一个环节都细心处理……这些行为方式势必影响到人们的思维方式和美学追求，做人欲"仔细"，事事欲"儒气"。潮汕民间工艺精细工巧的风格，就是在这样的思想文化背景下被接受的。而另一方面，它又反过来强化了潮汕人这种追求儒雅精细的文化观念。

第二节　潮州戏

潮州戏是潮剧的俗称。这一剧种的唱腔和宾白，都使用潮汕方言土语（俗称"白话"），所以早些年，还有它把称为潮音戏或者白字戏的。

潮州戏是以潮汕地区为演出活动中心区的地方戏剧。不过，现在闽南的漳浦、云霄、诏安、东山四县，港澳地区和东南亚的潮汕人聚居区，也流行潮州戏。

潮州戏的渊源与形成

渊源：宋代南戏在潮州

谈到潮州戏的渊源，必须先从南戏说起。中国真正的戏剧，在宋代开始出现。北宋与南宋之交，浙江温州有永嘉杂剧兴起。宋室南迁以后，这种地方性戏剧很快流行于南方各省。流行于南方的永嘉杂戏在文辞、音乐方面，与当时流行于北方的杂剧有很大的不同，所以又称南戏。

南宋时南戏在潮州流行的情况，可以从一个间接的材料里得到反映。漳州籍学者陈淳（1153~1217）在给当时漳州知府傅伯成的一封信里讲到：

> 某窃以为此邦陋俗，当秋收之后，优人互凑诸乡保作淫戏，号曰"乞冬"。群不逞少年，遂结集浮浪无赖数十辈，共相率倡，号曰"戏头"。逐家敛敛钱物，豢优人作戏，或弄傀儡。筑棚于居民丛萃之地，四通八达之郊，以广观者。至市廛近地，四门之外，亦争为之，不顾忌。今秋七八月以来，乡下诸村，正当其时，此风在滋炽，其名若曰"戏乐"。

漳州和潮州虽然分隶福建广东二省，但地域毗邻，居民的经济文化交流密切，语言与风俗基本相同，陈淳所提到的漳州乡下在秋后搬演戏剧娱神娱人的习俗，当时在潮州应该一样流行。这则材料对于戏剧的本体，例如剧本、角色、音乐等，未曾涉及；但在戏剧的演出体制方面，把戏棚张搭在"四通八达之郊，以广观者"这一类描写，却有着今天潮剧广场戏的形影，而使人依稀想见南戏与潮州戏的渊源关系。

《金钗记》：正音南戏在潮州流行

入明以后，北杂剧在上层社会，还有许多爱好者，而南戏则在南方民间滋长着。有不少宋元南戏旧本，经过一些知名或不知名的文人的改编，成为名作——最有名的，莫过于明初四大传奇《荆钗记》《白兔记》《拜月亭》《杀狗记》。这些改编过的南戏剧本，在语言使用、文辞修饰等方面，已经逐渐改变了原来的民间俚俗面貌。例如，原来剧本使用的方言，被通语正音所代替；剧本里的民间俗曲，也雅化而改为讲究四声、腔板的词曲。

这一时期潮州地区的戏剧活动，靠着1975年12月潮安县北山溪出土的一个南戏剧本，可以略知大概。这是一个剧团演出用的手抄本。根据抄本第一页和最后一页的题签，剧本的全称是《新编全相南北插科忠孝正字刘希必金钗记》，抄成于宣德七年（1432）。这个剧本据以抄录的原本应该是一个有插图的南戏传奇。剧本的行当角色、曲牌腔板都属于南戏体制，但是也吸收了北杂剧的某些成分，有些唱词使用了南北曲的合套，所以题目有"南北插科"字样。最值得注意的，是题目中标明"正字"两个字。正字，是正音的意思。它说明这出戏是用正音，也就是当时的通语——官腔来演唱的。那么，这个在潮州出土的南戏演出本，还不能算是潮州地方戏曲剧本。

正字戏一直流播于潮汕地区。在这个过程，正字戏本身也经历了十分复杂的变化。清代光绪年以前，正字戏一直是活动在潮汕地区的众多剧种里面最主要的一个。它为本地群众所熟悉、喜爱。到新中国成立后，潮汕地区的正字戏班星散，这种在本地有久长历史的剧种，才归于消亡。

不过，正字戏《金钗记》的宾白，有很多地方使用了潮州方言土语，透露出南戏向潮州戏演化的最初信息。

《蔡伯皆》：弋阳腔的流播潮州及其对潮州戏的影响

南戏流行于南方民间，而南方方音多歧，于是，在它的发展过程，又渐渐生成一些地方性的支系。到明代嘉靖年间，这些地方支系中流播最广的，有余姚腔、弋阳腔、海盐腔、昆山腔四大声腔。这些支系都用地方声腔唱曲宾白，与正字戏用官腔演唱不同。作于嘉靖己未（1559）的《南词叙录》讲到这四大声腔流播的地域，说：

> 今唱家称"弋阳腔"，则出于江西，两京、湖南，闽广用之。

它所指出的地域未必就十分确切，但当时弋阳腔流播潮州，却是无可争辩的事实。这又有一个本地出土的南戏剧本可以作证：1958年，在揭阳县西寨村明代墓葬里，出土了注有"嘉靖"字样的手抄剧本《蔡伯皆》两册。这个《蔡伯皆》剧本，是南戏四大名剧之一《琵琶记》的改编本。《琵琶记》现存版本很多，可以区分为多个地方性剧本系统。根据戏曲专家的研究，潮州出土的《蔡伯皆》，与弋阳腔剧本系统最为接近。《蔡伯皆》剧本里头采用的潮州方言，比《金钗记》更多，地方色彩更浓。

今天的潮州戏有很多因素，来源于弋阳腔。最明显的，是用大锣大鼓伴奏造成的热闹气氛。汤显祖《宜黄县戏神清源师庙记》中谈到弋阳腔的特点，就说："江以西，弋阳：其节以鼓，其调喧。"潮州戏用锣鼓伴奏渊源也相当古老。从戏剧资料看，在和《刘希必金钗记》剧本同时出土的散页里，已经有《得胜鼓》《三棒鼓》两个锣鼓谱。这说明当时在潮州演出的戏班，已经用鼓伴奏。到清代，乾隆版《潮州府志》讲到潮州戏曲"虽用丝竹，必鸣金以节之，俗称马锣，喧聒难听"，与汤显祖所描述的弋阳腔的特点，几乎毫无二致。其次，潮州戏唱腔的滚唱——在南北曲固定的唱腔中间，插进以五七言为主的通俗易懂的唱词，用接近宾白的唱腔演唱；滚白——在唱腔中插进带有吟诵性的宾白；和后台帮腔伴唱等手法，也有弋阳腔的深刻的影响。

揭阳出土的手抄剧本《蔡伯皆》告诉我们：潮州戏接受弋阳腔的影响，可以追溯到明代。

《荔镜记》：已经有使用闽南方言写成的剧本

《蔡伯皆》虽然还不能算是潮州地方戏的剧本，但嘉靖时期，在潮州已经有地方剧种出现。第一个证据是嘉靖十四年（1535）的《广东通志》已经讲到，"潮俗多以乡音搬演戏文"。第二个证据是，现在在日本和英国都保存着一个嘉靖丙寅年（1566）刊刻的题为《重刊五色潮泉插科增入诗词北曲勾栏荔镜记》的剧本。这个本子实际上萃集了《荔镜记》的戏文、诗词，《颜臣》的全部曲辞，勾栏陈三故事一折和选自《西厢记》等剧本的正音北曲几个内容。

《荔镜记》搬演的，是发生在潮州本地，而为潮州和闽南人所熟知的陈三五娘的爱情故事。剧本最后，有一段告示，说明重刊《荔镜记》的原因：

> 因前本《荔枝记》字多差讹，曲文减少，今将潮泉二部，……校正重刊，以便骚人墨客，闲中一览，名曰《荔镜记》。

从这段告示里可以了解到，在这本《荔镜记》刊刻之前，潮州和泉州都已经有传述陈三五娘的故事的《荔枝记》剧本流行。"潮泉二部"，按理应该是指分别用潮州话和泉州话写成的两种剧本，但是，二部可以合编为一本，又说明当时潮州和闽南的话语还能相通。《荔镜记》整个剧本，从宾白到曲文，都使用闽南方言写作，曲文的韵脚，也用闽南方音通押。如果仔细考究还可以发现，《荔镜记》的许多宾白和曲文的韵脚，今天用泉州音读起来比潮州音更为和谐。

《金花女》：潮州地方戏——"潮调"的出现

剧本《潮调金花女》是潮州地方戏业已形成的最有力证据。《潮调金花女》现在也保存在日本，一般认为，这个剧本刊刻于万历年间（1573~1620），比《荔镜记》的年代稍晚。《金花女》剧本搬演的故事，虽属才子佳人悲欢离合的老套套，而其中所描写的人情风俗，却完全是潮州本地风光。剧本里的许多地名，如韩江、东山（韩山别名）、龙溪（即磷溪）、岗山、庄林（即樟林）等，在今天也仍然很容易对号入座。

《金花女》作为潮州地方戏曲的更重要的标识，还在于它的唱辞宾白，基本上使用了潮州方音。这个剧本的题目上，特别标明是"潮调"。潮调的"调"，指的是搬演戏文的念唱声腔，一如乾隆时漳州人蔡奭《官音汇解释义》所说的"做正音：[正]用官腔；做潮调：[正]用潮腔"。所谓"腔"，首先是指戏文所使用的语音字读。例如，搬演正音戏，使用的是当时通语的语音字读——也就是"官腔"来念唱；而搬演潮调戏，念唱用的是"潮腔"——也就是潮州的方言土音。这个意义，与成语"南腔北调"中的"腔"和"调"相同。其次，"腔"也指与戏文的语音字读——主要是平仄声调——相配合的唱腔旋律。《金花女》剧本17个锦段里头，大量使用五、七言的曲文，而所用的曲牌极少。这也与剧本使用方言土语有关。由于一个曲牌的乐曲旋律已经基本固定，而这一旋律又是根据"官腔"来制作的，例如北曲依据《中原音韵》，南曲依据《洪武正韵》，因而，用一个曲牌来演唱用方言填写的文辞，语音和旋律往往很难和谐，也就是说，观众不容易听清楚唱词。演唱五七言曲文，则可以借鉴、运用民间歌谣和歌册弹词的唱法，按照方言语音的平仄音高曲折来行腔，使用这种方言的观众，很容易把唱词听清。

《金花女》一剧的出现，是南戏的地方性支系进一步分化的结果。尽管《金花女》剧本里还有少量正字曲和官腔宾白，但大量宾白和曲文毕竟以潮州方音念唱。它标志着用潮州方音念唱的地方戏曲新腔已经基本形成，这种地方戏曲新腔，当时叫作"潮调"。

● 潮州歌谣和歌册：潮州戏的民俗渊源

上面谈到，潮调戏的曲文演唱，借鉴、运用了民间歌谣和歌册弹词的唱法。实际上，这只不过是南戏固有的传统。宋代南戏的音乐，原本就是以当时温州一带流行的民间小曲、歌谣为主体的。只是在经过一定时期的发展之后，才逐渐在曲调的形式和使用方面，形成了一些固定模式。明代前期，文人改编和创作的南戏传奇里，这些模式更进一步程式化。但是，在民间演出的南戏各个地方剧种中，地方小曲和歌谣的音乐还是被大量吸收和运用了。地方戏的不同风格和特色，也正是在此基础上形成的。潮州戏曲在它的形成过程也受到潮州民间歌谣和歌册的影响。

潮州民间歌谣，按照地方文献的记载，有秧歌、蛋歌、畲歌数种。其中畲歌流传最广。畲歌原来可能是畲族的歌谣，被潮州民众吸收而流行于潮州民间。清代顺治《潮州府志》讲到潮州民俗，就有上元节，儿童"斗畲歌焉，善者为胜"的记载；直到今天，潮汕俗语还把两人斗嘴，你来我去，互相辩驳，叫作"斗畲歌"。斗畲歌这种形式被潮州地方戏曲采用，在明本人潮州戏文里已可见到端倪：

嘉靖本《荔镜记》第七出《灯下搭歌》就写了上元节潮州人斗畲歌的风俗。元宵节晚上，李婆撺掇五娘和益春上街赏灯，遇见林大鼻和卓二。林、卓拦住五娘，要与她答歌，五娘不肯，李婆说："潮州人风俗，看灯答歌，一年去无病。"双方便斗起歌来。且将这一段男女斗歌的原文，引录在下面。

男：恁今向爿阮障爿，恁今唱歌阮着还。恁今还头阮还尾，恰是丝线缠竹爿。

女：阮今障边恁向边，阮今唱歌恁着还。阮今还头恁还尾，恰是丝线缠竹鼓。

男：阮唱双歌乞恁知，待恁听知我也知。待恁坐落袜走起，待恁走起我便来。

女：阮唱山歌乞恁听，待恁坐听立也听。待恁坐落袜走起，待恁起来又袜行。

男：月朗朗，照见月下梭淘红。斧头破你你不开，斧柄
择你着一空。

女：月圆圆，照见恁未是好男儿。想恁那是作田蔺，大
唇人仔向大鼻。

月炮炮，照见恁是人阿头。看恁大唇饲个蔺，十
个九个讨钵头。

这一段对唱，歌词俚俗粗野，原剧本里注明是"答歌"，而不标
曲牌，应是用潮州民间畲歌小调演唱。

万历年间，由"潮州东月李氏编集"的《乡谈荔枝记》第二十五
出中丑角与媒婆一段唱白相间的对答，也很有斗畲歌的味道。

潮州戏传统剧目《苏六娘》的锦出《桃花过渡》，把斗畲歌的形
式运用得最为淋漓尽致。这出折子，全用一唱一答的斗歌形式，唱腔
是民间小曲《十二月调》，又夹杂着"扣仔歌"说唱和粗俗诙谐的宾
白，可以清楚地呈现潮州民间歌谣和曲艺的特征。

歌册是盛行于潮州民间的说唱文艺。这种说唱文艺类似弹词，
但缺乏固定的音乐规范，也没有乐器伴奏。它的演唱，实际上是一
种依着字音的高低曲折来行腔的自由"读唱"。能够"读"而成为
"唱"，是由潮汕话自身的音调特点决定的。潮汕话有八个声调。这
八个声调分为平、促、升、降、曲折五个种类，音域超过一个八度，
加上语流中间的连读变调和轻声，便具备了非常丰富的音乐型式。因
而，只要用潮州话将歌册朗读，不必借助假嗓来提高音域，只需在运
腔时稍事修饰，便自然成了"唱歌"。

潮州的戏曲艺人在将正字南戏改造为潮调的过程，肯定借鉴了潮
州歌册的说唱形式。因为不管是北曲还是南曲，曲牌的宫谱已经固定

了，按谱填词，必须审择字音的平仄舒促，才能够贴合乐曲的抑扬曲折。这种工作，除非精通文辞又精通音律的士大夫不能胜任。潮州戏曲的制辞作曲，多出自民间艺人之手。这些艺人，读的书不多，音律更非所长。既然潮州话的音调具有那么强的音乐性，而歌册在利用潮州方音的这一特点方面，又已经有了可借鉴的经验，那么，他们在制辞作曲的时候，逐渐摆脱南北曲的束缚，借助潮州歌册的传统进行创作，就是很自然的了。

《荔镜记》《苏六娘》《金花女》这三个以潮州地方题材创作的明代剧本，清楚地呈示了正字南戏向潮腔戏演化的过程，潮州歌册这种民间说唱文艺影响的加强。《荔镜记》是潮泉腔，用闽南方言创作，剧中使用南北曲合套的曲牌 70 余种；《苏六娘》基本上用潮州方音来写宾白唱词，剧本篇幅不大，也使用了南北曲合套的 40 多种曲牌。在这里可以看到创作新剧目的民间艺人的苦衷：他们一方面要用方言创作，以吸引本地观众；另一方面，又只能模仿、用正字和其他外来剧种的曲牌唱腔。这样一来，两个剧本，大概接近于屈大均《广东新语》所说的"潮人以土音唱南北曲"，只能用基本稳定的旋律来传唱平仄长短不同的文辞，在声腔上，难免出现音律杂乱的情况。有鉴于此，这些制辞作曲的艺人，开始利用本地小调和歌册读唱声腔来创作能够与潮州方音相配合的新腔。《荔镜记》引入畲歌就是一种尝试。而在《金花女》中，这种尝试又大大前进了一步。这个剧本全剧只用了 10 种曲，却运用潮州歌册的体裁，插进了大量的五、七言的俚词。看来，这个戏的作者在搬用部分南戏旧腔的同时，更多地结合潮州方音的特点，利用歌册的演唱传统去创造具有地方色彩的新声腔。

显然，《金花女》的尝试是成功的。现在，剧本曲文以七言文辞为主，使用对偶曲的板式，在文辞字句语音上突显平仄声调，谱写乐曲旋律，而按曲牌乐调填辞的比较少，成为潮州戏的一大特点。

可以肯定，宋元时期潮州已经有了戏曲表演活动，但是对于当时潮州戏剧各方面的情况，例如剧种、表演程式和唱腔特点等，今天已经不可确知了。明代初期正字南戏流入潮州，对潮州地方戏的形成有关键性的影响。宣德间，正字戏演唱南北曲合套，用正音官腔为基本声腔，但宾白中渗入潮州话，显示出向地方戏演化的迹象。嘉靖以后，在南戏地方化的潮流里，弋阳腔流播潮州；潮州出现以闽南方音为声腔基础的地方剧种"潮泉腔"，它脱胎于正字戏，也在弋阳腔和潮州歌谣中吸收了很多营养。潮州歌册依字声行腔的"唱歌"方式，对潮州地方新声腔的形成，有很重要的影响。到万历年间，地方风格特色突出的新声腔——"潮调"形成了。这种声腔风格完全地方化的"潮调"，在清代初年已经被称作"潮州戏"。康熙三十九年（1700）初版的《广东新语》就说："潮人以土音唱南北曲者，曰潮州戏。"这时的潮州戏，在声腔方面还没有完全与正字戏脱离。要走向成熟，尚有待时日。

☰ 潮州戏的发展和它的艺术特点

从明代后期开始，特别是到了清代，潮州地区的宗族活动十分活跃，频繁举行宗族祭祀仪式。这种社会氛围，推动了本地戏剧的繁荣。顺治《潮州府志》记载当时潮州的民俗，就说：

> 仲春，祀先祖，坊乡多演戏。谚曰："正月灯，二月戏。"

清代潮州的戏曲剧种，除了在这里扎根的正字戏和已经形成自己独特风格的潮音戏之外，梆子腔西秦戏和皮黄汉调外江戏相继流播潮州。原来在潮州庆喜庵里，供奉着戏神田元帅。庵中还有一块咸丰十年所立的石碑，刻着梨园弟子祭神的公约，其中提到正音班、西秦班和潮音班三个剧种，没有提到外江班。看来，西秦戏传入潮州的时间较早，而外江戏到咸丰十年似乎还未尝真正在潮州流行开来。不过，到光绪年间，外江戏在潮州极盛行，戏班多达三四十个，外江班在潮州城还建了自己的"外江梨园公所"。这时，潮州的正音戏已经式微。光绪年间写成的潮州歌册《樟林游火帝歌》中，有一段非常详细地写到樟林游神赛会演戏的情形：

再唱演戏人知端，西庐福顺是外江，做在城内中军戏，四棚做在河尾田。

上好白字说分明，老正顺胜老正兴，玉春香班老荣泰，四班相斗无容情。

再说二班分人知，外江三多荣天彩，相斗就在郑厝祠。树墩脚做玉春梅。

新兴街乡宝顺兴，中玉相斗亦切情。南社宫前荣天兴，蓝厝祠前喜春园。

书斋前做正和香，塘西做有万年春。灰窑做棚老宝顺，东巷万利永丰春。

东社的人敢出银，请有八棚闹纷纷。宫前福顺天宝春，四宝顺兴在东门。

叶厝祠前老万利，二棚相斗清秋埕。万年春斗老彩霞，红字三胜斗无营。

乐天彩拼新天彩，外江相斗惊煞人。河尾围内正和春，河尾围外玉堂春。

　　仙垄二棚好白字，老宝顺胜金春园。桂和做在河内田，
北社外江有二班。

　　白字西秦共外江，共凑约有廿外班。连做四夜共四日，
引动邻近外乡人。

　　这一段文字大约是记实，因为其中提到的潮音白字老正兴班，外
江荣天彩班、老三多班、新天彩班，都在外江梨园公所里立有碑记；
而歌册里的两个外江福顺班，就是梨园公所碑记上的老福顺和双福
顺。樟林本来是潮州的商业重镇，光绪间已经渐趋没落，但是在游神
赛会期间，仍然有将近三十个戏班演戏。其实，当时一个普通乡社在
游神时聘请十个廿个戏班演戏是很常见的事情。

　　潮州白字戏就在这种祭祀戏剧十分繁荣的社会氛围之中，不断从
正字戏和其他外来剧种吸取营养，走向成熟。在这个过程，有一些事
很值得提起。

"正字母生白字仔"

　　清代的正字戏，是明代已经流行于潮州的南戏正字和昆腔等新传
入的官腔剧种的合班。它的艺术水平，比南戏正字要高。在走向成熟
的过程，潮州戏一直受着正字戏的养育。直到现在，潮州戏里还存留
着正字戏的胎印。

　　潮州戏的许多传统摘锦，如《井边会》《芦林会》《薛仁贵回窑》
《扫纱窗》等，都渊源于南戏传奇剧目，而这些剧目正是正字戏的拿
手好戏，潮州戏这些折子的部分唱腔还有以正字戏旧腔为蓝本的痕迹。
而潮州戏的开锣戏，如《跳加冠》《八仙庆寿》《仙姬送子》等，则

完全沿袭着正字戏旧腔，用官话演唱。这是第一个胎记。

清代《修堤图》长卷演戏部分　潮州博物馆藏品

姚璇秋饰演潮剧《扫窗会》剧照　马乔摄

潮州戏伴乐的笛套和唢呐曲，大都是正字戏声腔伴乐的曲牌。在潮州戏的形成过程，不论是唱腔还是伴乐，都曾经大量搬用正字戏的曲牌。随着潮州戏自身唱腔的日益成熟，对正字戏曲牌的套用越来越少，但是，这些曲牌音乐仍然被用来为舞台表演伴奏，并成为程式。这是第二个胎记。

清代同光以前，由于宦仕士绅的推重，正字戏是潮汕地区最流行的剧种。不过，为了迎合俚巷百姓的喜好，正音班也排练、搬演潮州戏。当时乡社祭祀，延请戏班演戏，正音班往往在上半夜唱正字，到了下半夜便改唱潮腔。俚俗把这种做法叫作"半夜反"。久而久之，这种做法成了常规，"半夜反"也成为挂在潮汕人口头上的一句熟语。正音戏班的艺人在搬演潮州戏的过程，把正字戏的剧本、音乐、唱腔、表演程式等，都带给潮州戏。潮州戏带着正字戏的胎记，这是一个原因。

当时的潮音班，大多使用童伶，要从正字戏班延请教戏先生。这些先生教戏，开始都是粗搬正字戏那一套，以后才渐渐创制潮州戏自己新的音乐型式、唱腔和表演程式。而潮州戏的创制，免不了要借鉴于正字戏。潮州戏带着正字戏的胎记，这是一个原因。

正是因为潮州戏脱胎于正字戏，潮州戏班历来尊正字戏班为师。旧时，潮州戏班在路上与正字戏班相逢，一定要恭恭敬敬避在路旁，目送正字班走过。城坊乡村游神赛会，往往有潮州戏班与正字戏班同在一处演戏。潮州戏班来到演出地之后，必由班主或教戏先生带领，前往正字戏班住处行尊师礼。演出时，即使各个戏班都已经做好演出准备，也一定要等正字戏班先开锣，而潮州戏班又要最后收锣。潮州戏班就是用这样一些规矩，来表示对正字戏班的敬重。

戏剧原本是一种俗文艺，它的观众，多数是俚巷百姓。潮州戏这种乡土戏剧，最受本地百姓的欢迎，它的繁荣，原是情理中的事儿。同光以后，由于潮州总兵方耀的倡导，潮州戏进入鼎盛时期。此时，正音戏班纷纷改唱潮州戏。正字戏终于在潮汕地区销声匿迹。不过，它对潮州戏的养育之恩，在潮汕民间口碑犹存。

这口碑就是潮汕熟谚——"正字母生白字仔"。

外江戏与潮州戏

外江戏传入潮州的时间虽然比较晚，但它对潮州戏的成熟却有相当有力的推动。清末民初，外江戏和潮州戏在潮汕地区都很流行。这一时期，两个剧种有较多的交流，外江班名师崇镇、李毛等，先后在潮州戏班当过教戏先生。潮州戏从外江戏中吸收了不少艺术营养。

外江戏在唱腔音乐方面对潮州戏影响最大。

其一，现在潮州戏剧的曲目，有一部分原来是由外江曲吸取过来的，还保留着外江牌调的称呼，如《八大板》《叹堕落》等，这些曲字的旋律，也还能够听出外江戏声腔的特点和风格。

其二，外江戏的唱腔采用板腔体制，与正字戏采用南北曲合套的集曲体制不同。潮调戏形成之始，就已经吸收了弋阳腔滚唱、滚白的手法，在曲牌中间加插上民间小调、歌册风格的新声腔。这种新声腔被艺人们称作"子母句"。它的曲文一般是二句一韵，子句（上句）七字，收仄声，不入韵，母句（下句）七至九字居多，收平声韵。曲调旋律依潮汕方音声调行腔，流畅自如，明白如话。子句曲调比较紧凑连贯，拖腔在句末。母句一般在句中间加拖腔，变化成两个小分句，第二个小分句使用帮腔形式，以渲染人物情感，加强剧场气氛。在借鉴外江戏的声腔之后，这种子母句的声腔进一步演化。上句发展成为几个寄子句，再用押韵的母句收结为一个层次。拖腔和帮腔部分，则用重叠句引申。这些演化，实际上是滚唱手法的加强。演化的结果，一方面不失潮腔特点，一方面又使潮腔更加脱离集曲体制，发展了板眼化的新唱腔。

可以说，潮州戏正是在外江戏的影响下，走向成熟的。

潮州戏的两个艺术特点

一个成熟的剧种，必定有着它比较定型的艺术风格。潮州戏以潮汕方言创作，曲文押潮韵，宾白多俚词，剧本语言既重本色，也讲究文采，文质相济，雅俗共赏——这是潮州戏剧本的语言艺术风格。潮州戏的唱腔用真嗓实声，依字择腔，自然妥帖，唱词句末押韵处，配合后台帮声；伴奏音乐分文武畔，武畔锣鼓乐，多与文畔的唢呐曲结合，热烈而欢乐，文畔的丝竹音乐，清雅而婉曲——这是潮州戏的音乐艺术风格。潮州戏的生旦戏，程式精致，轻歌曼舞，丑角戏则插科打诨之外，有许多技巧性的表演——这是潮州戏的表演艺术风格。不过，潮州戏的艺术，要算生旦的唱腔和丑角的表演最有特点。

生旦的唱腔

听过潮州戏的人，对剧中生旦唱腔的轻柔优美，婉转抒情，一定会有深刻的印象。这种柔美轻婉唱腔特点的形成，有两个很重要的地方性的因素。一个是方言的因素。潮汕话语音对于本地民间歌谣和戏曲唱腔风格的影响，古人很早就注意到了。顺治本《潮州府志》"风俗考"便说：

> 樗蒲歌舞，傅粉嬉游，于今渐甚。其声歌轻婉，闽广相半，中有无其字而独用声口相授，曹好之以为新声。

　　上面已经说过，潮汕话有八个声调。这八个声调分为平、促、升、降、曲折五个种类，音域超过一个八度，加上语流中间的连读变调和轻声，便具备了非常丰富的音乐型式。潮汕民间歌谣如"畲歌""歌册"之类，只需用吟诵的方式，在运腔时稍事修饰，便自然成了"唱歌"。潮籍音乐家陈蕾士先生曾经做过一些饶有趣味的实验，以证明潮汕话语音的音乐性。他用潮州音念出李后主的《浪淘沙》，记下每个字音的音高，然后发现，这首几十个字的小令，音域已经包括一个完整的八度。他又从相反的方向去试验，考察潮乐小调《剪春罗》的旋律，能不能利用潮汕方言字音丰富的声调去做记录，结果也是成功的。于是，他得出结论：

　　　　潮语确不须借重曲牌之音乐旋律，只要语句组织恰当，加上巧妙的运腔技术，便成了动听的歌曲了。（《潮乐绝谱"二四谱"源流考》）

　　潮州戏的乐曲，大多数是按曲文依字择腔去谱写的，因此，其唱腔的音域，不论用高韵还是用低韵，其宽度都只在一个八度上下。但由于潮汕方言调类音高变化得多样，在曲唱的运腔咬字之间，也就会生出许多变化来，而有一种委婉柔曲的风格。另一个因素是，自清代后期以来，潮州戏的演员，净、丑、末角多成年人，而生、旦则用未成年的童伶。童声的音域不宽，而音频较高，其音域一般在 F 调的 1—i 之间，潮州戏生旦唱腔的音域，基本上也就固定在这个高韵的音域内。童声在这个音域中演唱，音色清嫩甜美。童伶制实行既久，童声演唱对潮州戏的生旦唱腔特色，也产生很深的影响。童伶制废除以后，这种生旦唱腔的特色依然作为一种传统保留下来，而潮州戏里，也就有了使用女小生的新传统。

丑角的表演

在潮州戏从南戏脱胎的过程，丑角是最先地方化的行当。在舞台上，丑角用他的插科打诨吸引观众，这类诙谐杂出的表演，只有使用方言土语才能取代好效果。明代在潮州搬演的几种戏文里，丑角的语言就是最地方化的。潮汕方言有一句熟语"老丑咀白话"，正是这种历史事实的反映。

关于潮州戏的俗谚，还有"无丑不成戏"的说法。可见，丑角又是潮州戏中不可或缺的重要行当。潮州戏丑角行当种类很多，有项衫丑、官袍丑、踢鞋丑、裘头丑、褛衣丑、长衫丑、老丑、小丑、武丑、女丑等；历来所出名角，也比其他行当多，至今尚有潮丑名角的逸事，在民间炙脍人口。潮州戏名丑，清末有顺明、崇喜、阿川、阿大等，三四十年代有方尼姑、范阿倪、黄阿漾、谢大目等，五六十年代有蔡锦坤、李有存、洪妙等，70年代后，方展荣开始崭露头角，不但在潮丑行当中独占鳌头，串演其他行当，也有佳作。

潮州戏的丑角，也以善于打诨、言词风趣而受观众喜爱，但潮丑程式丰富、技巧精妙的表演，更堪称一绝。1962年，汕头地区"潮丑表演艺术整理小组"对潮州戏丑角的表演程式进行整理总结，说：

> 潮丑在程式表演上总的特点是蹲、促、小。蹲是指在表演中整个身体都蹲缩、收敛，促是指动作节奏的急促、少停顿，小是指动作摆动幅度小。（《戏剧报》1962年第7期）

各种丑角在表演时，动作程式又各有特点。例如项衫丑、踢鞋丑有模仿皮影人物动作的"皮影步"，裘头丑有模仿螳螂动作的"草猴拳"，官袍丑摇头摆尾的"狗步"，等等。演员用这些因夸张而显得滑稽的动作程式来塑造人物，使观众在笑声里体会到人间的善恶和美丑。潮州戏的丑角，必须掌握一些基本的技巧，如腰腿功、扇子功、椅子功、髯口功等，这就是潮州戏谚所谓"无技不成丑"。一个成功的潮丑，往往因为练就特技性极强的绝招，而让人津津乐道。像蔡锦坤在《闹钗》里用一把扇子耍出30多种变化，李有存和方展荣在《柴房会》里对椅子功和梯子功淋漓尽致地发挥，让人物与剧情在技巧中得到恰如其分的展现，不但观众叹绝，专家们也不乏好评。有了扇子功、椅子功和梯子功的出色运用，《闹钗》和《柴房会》表现出十分鲜明的艺术特色，成为潮州戏有名的传统折子。

四　潮州戏在泰国

　　清代中期，潮州商人的海上贸易事业日渐发达。这时，潮州戏已经追随着红头船的风帆，漂洋过海，向外流播。苏州、琼州等处的潮州会馆，都配建了戏台。苏州的潮州会馆，是往来吴下的潮籍士商聚会游憩的场所，既有戏台，免不了要请戏班搬演戏剧。不过，苏州是文艺发达的地区，各个剧种荟萃，当时艺术水准还不高的潮州戏，是否在这里搬演过，尚未可决断。但是潮州戏在文化相对落后的琼州地区，确乎已经造成一定影响。《海南岛志》说，海南的地方戏曲的腔调，"初唯用潮音，其后，代有变易，杂以闽广歌曲，表演唱功。"这一时期，潮音戏也在雷州演出。嘉庆举人陈源江《到遂溪》诗里，就有"潮调方残灯光暗，黎歌又展梦魂惊"的句子，写到潮州戏在雷州半岛遂溪县演出的情形。

清末，走向成熟的潮州戏，由于得到潮州士绅的支持，在民间又有着广泛的观众，经历了几十年极为昌盛繁荣的黄金时代。到光绪间，潮州本土的潮音戏班有几百个。这时，正是潮汕人移民东南亚的高潮期，移民社会保留着故土以歌舞戏剧娱神的传统，潮州戏也因为这种需求而流播东南亚。潮州戏远渡重洋，来到泰国，就是从这个时候开始的。

曾祖武《潮剧在泰国沧桑史》说：

> 至潮剧在泰国登陆以来，究竟有多少年，虽曾访问过此间老前辈，得不到肯定答案，大约是七十余年至八十年。所知的是最先踏上曼谷埠的是大白字（正音）老正和和老双喜。据说是搭红头船来的。及后，在汕有洋轮直透曼谷，往来上安全快捷，即陆续不断而来，来的也是正宗潮剧了。

汕头在同治年间已经有洋轮出入口，到光绪十三年（1887年），帆船在远洋运输方面的地位完全被轮船所取代。最先流入泰国的潮州大白字戏班，是搭乘红头船到来的，应该在1887年以前就到达曼谷。至于正宗潮剧传入泰国的时间，曾氏虽不敢作肯定答案，但七八十年的推测，基本上还是可信的。他的这篇文章发表于1968年，上推80年，大约在1890年（清光绪十六年）前后。这时正值潮州戏在本土最为繁荣的时期，而交通方面，有洋轮乘坐的情况，也与汕头港的记录吻合。

光绪宣统之际，潮州戏在本土泰极否来。因为光绪和慈禧相继去世，全国禁行舞乐 200天，一般靠着戏金维持生计的戏班，失去演出的机会，经济拮据，大多都散班了。接着，革命军兴，满清王朝崩溃。旧日豪门没落，他们所豢养的戏班，频频易主。这类戏班，也有不少因为经济问题，最终不得不停锣歇鼓。潮州戏剧在本土繁荣局面，数年之间，一落千丈。这时，许多戏班，在潮籍华侨的支持下，纷纷蹈海来到南洋各埠，谋求新的出路。泰国潮籍侨胞，人数最多，南渡而来的潮州戏班也最多。当时在曼谷一地演出的潮州戏班，据上引曾氏文章约略举出的，就已经有20余班。

众多潮州戏班萃集一地演出，为了吸引观众，各个戏班都使出全部本事，争雄斗胜。一方面物色艺员，延请乐师，罗致编导名家，组织实力雄厚的演出队伍；一方面在服饰道具、布景灯光方面，仿效平昆粤剧，力求尽态极妍，引人入胜。由于激烈的竞争，式微于本土的潮州戏，竟然在异邦大放光彩。《潮剧在泰国沧桑史》一文回顾20世纪前半段潮州戏在泰国流行的盛况，就说：

> 潮剧在曼谷傲视泰国的艺坛，曾历数十年而不衰，在戏剧史上写下光荣的一页，当其盛时只在耀华力路的天外天这一小段中，连年累月，日日夜夜地五班对台统演。为况之盛，莫与伦比，莫说当地的泰剧，望尘莫及，即祖国任何大都市的任何剧种，亦无此等热烈现象。

潮州戏在泰国流行的几十年间，本身也有着许多发展变化。最值得提起的，有三个方面。

其一，青年文化人参与编剧导演与潮州戏剧本唱腔的创新。

潮州戏班在本土，大多数是逢时年八节迎神赛会，受聘于乡间，做广场戏演出。演出时间，短则一夜两夜，长则五天七天，就要另徙一地。这样，戏班教戏先生靠着肚子里记熟的十几个传统剧目，已足应付局面。到了泰国，戏班大多在剧场作商业性演出。在一个固定的戏园子里长期献演，再靠着那十几个剧目，翻来复去地炒冷饭，难免要叫观众厌烦。面对这种新的情势，戏园老板和戏班班主都感觉到了编写新剧本的必要。原先戏班里的教戏先生，多数是艺员出身，文化程度不高，凭几十年积累起来的舞台经验和对传统剧目的熟稔，教童伶们学会十几个旧戏还可以胜任，想让他们编写剧本和创制新腔，实在也难为了他们。这个使命就由一批爱好文学、又有志振兴潮剧的青年人承担起来了。

据说在1930年前后，潮州戏在泰国的全盛时期，曼谷一地参与编写潮州戏剧本的作家，就超过60人。其中最负盛名的有陈铁汉、陈秋痕、苏醒寰兄弟、谢吟等，他们在青年侨领陈景川的赞助下，成立了"青年觉悟社"，致力于潮州戏新剧本的编写。陈铁汉攻读过戏剧，能编剧，也能导演。他编导的第一出戏是由电影改编的《大义灭亲》，一炮打响，连演21天，风靡了整个曼谷。戏班教戏的老先生，一谈起他来，无不诚心折服。

这些编剧家编制的潮州戏新剧本，有几类。一类取材于潮汕民间传说，如《翁万达斩十八翰林》《萧端蒙一板打死江西王》《剪月容》等。一类搬演南洋时事，如《双拖车》《群芳楼》《杏人茶》等。一类改编自电影故事，除了上述《大义灭亲》一剧之外，《孤儿救祖记》《姐妹花》《空谷兰》等剧，也曾轰动一时。

还有一类，是长连戏。长连戏即多集连续剧，多半由长篇通俗小说和潮州歌册改编。始作俑者，是青年觉悟社诸君。大约在30年代初，他们尝试为在天外天剧场演出的三正顺班编写了《粉妆楼》五连，谁料到竟然吸引住许多观众。其他戏班一看长连戏有那么高的票房记录，也便纷纷仿效。一时间，长篇说部几乎全被搬上舞台。剧本越编越长，起初才五集十集，继而是二三十集、五六十集，最长的《秦琼出世》，长达 107 集。长连戏是一种创举，百余集的长剧，在戏曲史上，的确是空前绝后的。长连戏的演出，本来出于剧场和戏班经济方面的考虑，为了票房效益，一般三几天就得换一出新戏。这样，编剧纵然才高八斗，一周时间，要编写两三个剧本，也难免粗制滥造；演员得一边演出一边排练，上一出戏没有演熟，下一出戏就要登场，要他们把唱腔板眼、举足投手都琢磨精细，又如何做得到？而在观众这一方面，长连戏养成了一种重视情节的欣赏习惯，所以他们只是"看戏"，只是为剧情的悲欢曲折所吸引，决不会像京剧戏迷那样去"听戏"，用心去倾听去体会一位演员唱腔宾白里与众不同的韵味。可见，虽然长连戏的出现与潮州戏的繁荣相伴而行，但是它并没有给潮剧艺术的发展提高带来好处。

其二，童伶制的废除和女演员的起用。

旧时潮州戏班的演员，除了老丑、乌面、老生、老鹅等少数角色由成年演员扮演之外，主要角色像小生、乌衫、花旦、闺门旦和其他杂角，都由孩子充当。这些孩子大多出身寒家。八九岁年纪，就由家长与戏班班主签下期限七年又十个月的契约，卖身戏班学艺演戏。期满之后，解除合约，才恢复自由之身。这种制度，就叫作童伶制。

童伶制何时起源？现在考查起来，难免扑朔迷离。光绪年间，当潮州戏远渡重洋、流播异邦，童伶制度已经实行——这于戏曲史家，却是共识。

潮州戏的童伶，经过教戏先生用心调教，十一二岁就能登台表演。这时候，演员童声未变，音质清亮，听起来十分宛转悦耳。到了十五六岁，由于生理上自然发育，这些童伶的声音开始变粗，便不再适合饰演小生和旦角了。这时，童伶卖身习艺的契约也届期满，一般都离开戏班另觅出路。在童伶制度下，演员的艺术生命是很短的，潮州戏的艺术水平不高，这是一个很重要的原因。

童伶的生涯很苦。在卖身这七年十个月中，他们的身心自由，全掌握在班主的手里。班主为了让童伶尽快掌握伎艺，登台演出，采取严酷的手段，强迫童伶学戏，稍出差错，鞭笞交下，那是常事。戏班中还有种种私刑，用来对付这些可怜的孩子，例如用小刀割开股沟，再撒上食盐之类，实在令人不忍听闻。平时，班主还常常对全体童伶做一些例行的体罚，不管童伶有无过失，都加鞭打，以示警戒，名曰"抄公堂"。旧时潮州戏班演戏，分"日夜戏"和"午夜戏"两种。日夜戏从上午10点钟开锣，一直演到翌日天亮。午夜戏则从下午3点钟开锣，也演到天亮。虽说童伶们可以轮流出场，但这种劳累的生活，对未成年的孩子，已经难以承受，再加上残酷的体罚，有很多童伶不堪折磨，含恨夭逝。清代光绪年间任过潮州知府和惠潮嘉道台的张联桂，在他所著的《问心斋学治杂录续集》中，有一段骇人听闻的记载：

> 本道访闻潮郡各属城乡地方，每遇神诞令节，往往招集戏班，同在一处，分台并唱，连日连宵，无少休歇，名曰"斗戏"。……本地戏班均系十二岁以上，十六岁以下幼童充当戏子，身不自主，一遇斗戏，饥不得食，困不得眠，演唱偶误，打骂交加。每逢盛暑炎天，包头扎脚，预备登场，不使稍有宽息。劳乏过甚，病即随之。审上年夏秋之间，因唱斗戏丧生者，约有数百人……

这位张道台因而明令禁止斗戏，可惜禁而不止。在潮汕，斗戏依然，童伶制依然，一直到了1951年，这些陋俗才被废除。

在泰国，童伶制度却是在1937年就被禁止了。原来，潮州戏班到泰国演出，有人看不惯戏班虐待童伶，就将情况反映给政府。恰好当时有一名童伶跳楼自杀，泰国当局就此事作了调查讯问，证实了戏班虐待童伶的恶迹。泰国政府认为童伶制度违背人道精神，便着令潮州戏班恢复童伶自由之身，不得再聘用16岁以下的演员。

泰国政府对童伶制的禁令，引起潮州戏艺术方面的一项有趣的变革。本来戏班男童伶多，女童伶极少，很多旦角，都由这些男孩子扮演，童声清润甜美，正好能够胜任。改用16岁以上的成年演员，童音已改，声硬气粗，男扮女装，难免叫人倒胃口。为了适应这种新情势，泰国的潮州戏班，开始招用女演员来替代男童伶。不但戏中的旦角用女演员扮演，连小生角也由女演员担纲了。女演员演小生，女扮男装，在潮州戏是一种创新。女声音质，与童声接近，起用女演员扮演小生，恰好能保持潮州戏原来的唱腔特色。因而，香港和东南亚的潮州戏班，都纷纷仿效。潮汕地区废除了童伶制之后，以成年男演员演小生。由于男小生在唱声方面，与童伶制下形成的潮州戏声腔音乐传统不相协调，潮汕戏剧界在探索改革男小生唱声的同时，也与海外潮剧界一样使用女小生。

其三，潮州戏的泰国化。

潮州戏的泰国化，对于潮州戏本身来说，也许是穷途末路了。但这又是一个关系到文化交流与调适的重要话题，也应该做一点介绍。

潮州戏在泰国，曾经有过很风光的时候。二战后，随着电影业的兴起，潮州戏班逐渐被挤出剧院，日见衰落。幸好泰国潮汕籍华人人口很多，华人社会又还保留着中国民间节日祭祀演戏娱神的传统，戏剧的社会功能，使一部分潮州戏班仍然能够终年在城乡巡回，演广场戏。

这些潮州戏班在泰国的发展，面临着与在潮汕本土完全不同的条件。在这样的条件下，扎根于泰国的潮州戏，很自然地朝泰国化的路子演变。而实际上，潮州戏泰国化的进程早就发生了。

首先，泰国潮籍华人生活水平和社会地位逐渐提高，已经很少有人愿意将子女送进戏班去学艺，戏班面临着演员缺乏的困难。由于难以找到潮汕人来补充演员队伍，二战以后，许多潮州戏班都招收泰族和佬族的青少年当演员。到80年代，泰国潮州戏班的泰族和佬族演员，少则占戏班人数的30％，多者竟达70％，有些泰族演员还在剧中担任主角。戏班演员民族构成的这种变化，正是潮州戏泰国化的先兆。

其次，由于华人社会泰化程度的加深，潮州话在泰国日见衰微，能听懂潮州戏的人越来越少；另一方面，泰族的戏剧不发达，潮州戏班在城乡演出的时候，又吸引着大批泰族观众。面对观众结构的变化，有一些戏班在演出之前，先用泰语给泰族观众介绍剧情，甚至在演出过程用泰语作同声翻译。这是潮州戏泰国化很粗浅的尝试，它受到泰族观众的欢迎。但这样的介绍和同声翻译毕竟游离于剧情之外，而对戏剧的观赏又造成了干扰，引起了潮汕籍观众的不满。为了争取更多观众的支持，让潮州戏能够在泰国长期生存并得以发展，1984年开始，出现了以泰语演潮剧的尝试。当时，刚刚成立不久的泰华潮剧团，在曼谷演了几次泰语潮州戏，泰国的电视台将演出实况转播。潮汕籍的杨木先生在演出现场询问了一位泰族观众，这位泰族观众的观感是："说白很清楚，但穿中国古装讲泰国语，很不自然。唱词和戏曲不协调，听不太懂。"杨先生自己的感觉则是："潮州味不多，有点像以泰国烹调方法来做潮州菜，有一种半甜半咸的怪味。"其他观众对泰语潮州戏的评价，也毁誉参半。（杨木《广东潮剧传到泰国之后》）不过，这种创举很容易使人联想起潮州戏尚未成熟时，本地班"以土音唱南北曲"的那个阶段。只要对戏剧的社会需求仍然存在着，一种外来的剧种流入异乡之后，为了迎合本地观众的观赏需要，必然会朝本土化的方向演变。提倡潮州戏泰国化的泰中潮剧团编导庄美隆先生这样预测潮州戏在泰国的前景：

"泰化"的潮剧还应该坚持演中国故事，穿中国服装，用中国乐器，但应根据泰语的音韵作新曲。泰语潮剧将发展成中为泰用的新型歌舞剧，以丰富泰国的舞台艺术。（《广东潮剧传到泰国之后》）当然，潮州戏在泰国面对着的是一种与自身的传统完全不同的语言与文化，它的泰国化尝试也一定会更为艰难。庄先生所期待的那种成熟的泰语潮剧的出现，恐怕还须假以时日。但无论结果如何，潮州戏的泰国化将是潮汕文化和东南亚文化交流史的一个重要又有趣的话题。

本章主要参考文献目录

1. 谢逸主编：《潮州市文物志》，潮州市博物馆印行，1985年。

2. 澄海县博物馆编：《澄海县文物志》，澄海县博物馆印行，1987年。

3. 饶平县博物馆编：《饶平文物志》，饶平县博物馆印行，无印行年月。

4. 释慧源编纂：《潮州市佛教志·潮州开元寺志》，潮州开元寺出版，1992年。

5. 彩塘镇志办公室编：《彩塘镇志》，彩塘镇志办公室印行，1992年。

6. 潮州市地方志编纂委员会编：《潮州市志》，广州：广东人民出版社，1995年。

7. 林体明：《岭南民间百艺》，广州：广东人民出版社，1993年。

8. 田自炳：《中国工艺美术史》，上海：东方出版中心，1996年。

9. 马风：《潮州木雕——我国工艺美术的奇葩》，《炎黄世界》1995年第5期，页60～61。

10. 广东省艺术创作研究室编：《潮剧研究资料选》，内部印行，1985年。

11. 《潮州市戏剧志》编写组：《潮州市戏剧志》，内部印行，1988年。

12. 陈历明：《〈金钗记〉及其研究》，桂林：广西师范大学出版社，1992年。

13. 林淳钧：《潮剧闻见录》，广州：中山大学出版社，1993年。

14. 《潮剧志》编辑委员会：《潮剧志》，汕头：汕头大学出版社，1995年。

15. 曾祖武：《潮剧在泰国的沧桑史》，载《泰国潮州会馆三十年》（曼谷：泰国潮州会馆，1968年），〈论述之部〉页31~40。

16. 饶宗颐：《潮剧溯源》，载《泰国潮州会馆三十年》（曼谷：泰国潮州会馆，1968年），〈论述之部〉页45~46。

17. 灿虹：《"戏曲""潮剧"漫谈》，载《泰国潮州会馆三十年》（曼谷：

泰国潮州会馆，1968 年），〈论述之部〉页 67~76。

18. 饶宗颐：《〈明本潮州戏文五种〉说略》，载《明本潮州戏文五种》
广州：广东人民出版社，1985 年，卷首。

19. 田仲一成：《潮州出土明本〈琵琶记〉考》，载郑良树主编《潮州学
国际研讨会论文集》广州：暨南大学出版社，1994 年，页 322~338。

第六章　潮汕的节日：礼俗和信仰

第一节 节日的起源和潮汕人的节日

节日是一种普遍存在于人类社会生活中的民俗事象。世界上每个民族都有自己的传统节日。这些节日都积淀着一个民族风俗生活传承和演化的历史。随着社会的发展，节日风俗会不断变异。而它总是反映着一个民族在一定时期的文化心理、审美情趣和价值观念。

汉民族的传统节日的起源，有两种促成因素。

首先，节日的起源与岁时节令有关。汉民族是一个农业民族。在发展农业生产的过程，人们对大自然的时间周期变化节律，有了越来越深的认识。经过一代代人对天象和物候的不断的观察和总结，于是就有了岁时节令的划分。到战国时期，在中国已经基本上形成了一个四时、十二月、二十四节气的岁时节令体系。这个体系成为汉族人民安排生产和生活的时间表。许多传统节日就是在此基础上形成和发展起来的。

但是，节日与岁时节令又有区别。并非所有的节气都成为节日。

其次，节日的起源又与原始崇拜和与之相连的祭祀活动、禁忌行为有关。原始崇拜包括图腾崇拜、自然崇拜、祖先崇拜等类型。它产生于太古时代，根源于生产力低下情况下原始人类对于自然力的敬畏心理。例如，原始人类因为向往光明而崇拜太阳，因为"地载万物"、是人类衣食所自出而崇拜土地——这些都是自然崇拜。例如，闽是"东越蛇种"而闽人祀蛇，瑶、畲民族是盘瓠之后而祀犬——这是图腾崇拜、也是原始祖先崇拜的孑遗。由于灵魂观念的产生，原始人类又有了另外一类祖先崇拜——例如夏人以黄帝为祖先，周人以帝喾为祖先之类（《礼记·祭法》）。随着原始崇拜观念的产生，人们于是有了种种祭祀和禁忌行为。这些祭祀和禁忌行为，是按一定的时节来安排的，因为它们同原始人类的生活和生产活动有极其密切的关系。

这样，岁时节令和原始崇拜结合，于是有了节日。

秦汉到六朝时期，在国家统一的基础上，汉民族的主要传统节日基本形成。在中国节日民俗的发展史上，这一时期有三件事值得一提：第一件，是阴阳家对上古传统节日的整理与系统化，规定四季、八方、十二月令、二十四节气，各有戒律，强调了时令节日中的禁忌、禳除、祓禊等内容。《史记·太史公自序》批评说，阴阳家有太多的禁忌，其中有些未必是合理的，徒然使人畏首畏尾而已；不过，他们对四时节令的总结，还是顺应了自然界的主要规律，是不可改变的。第二件，是儒家吸收了阴阳家学说，又加强了祖宗崇拜的成分，通过节日活动来体现孝弟伦常，促使节日的礼仪化。第三件，是佛教的传入，不仅为汉民族原有的节日风俗带来了新的内容，例如春节早上拜神祭祖，全用斋菜，早餐也是素食；还使汉民族增添了像浴佛节之类的新节日。

唐宋以后，汉民族的节日风俗发生重大变化。尽管节日还保留着宗教迷信的色彩，但诸多祭祀和禁忌行为的初始意义和神秘气氛已经逐渐消解，仪式改变了性质，喜庆欢乐的成分加强了。节日的文化风俗内容越发丰繁起来，每个节日都有了自己的文化娱乐活动和饮食习俗。另外，由于宋明理学对民间文化的巨大影响，祖宗祭祀成为重要节日必不可少的礼仪。

传统节日有历史性的变异，也有地域性的变异。中国疆域辽阔，不同的地区，生活环境和条件，生产方式和水平，有很大的差别；加上民族的融合，移民的流动等因素的影响，使得每个地区的节日风俗，有一定的差异，因而也就有了自己的一些特色。

潮汕人的节日民俗继承了宋明以来汉民族节日风俗的许多传统，特别是娱乐性传统。沈敏先生在《潮安年节风俗谈》中就说潮汕人"年节的风俗，大多是及时行乐的花样：游神赛会，扫墓野餐，竞渡龙舟，盂兰盛会，赏月夜游，凌放风筝，祭祀公宴，酬神演戏，等等。这些游乐以外，还有应时的各样食品，够吃够玩"。不过，潮汕的节日文化习俗，也有一定的地方特色。按照这些节日文化习俗内容，可以把潮汕人的传统节日，约略分为四类：（1）必须祭拜祖先的重要节日，（2）与生产活动有关的节日，（3）与旅游习俗有关的节日，（4）土神祭祀节日。

第二节 时年八节：潮汕人祭拜祖先的重要节日

"时年八节"是潮汕方言俗语词，也有人叫作"年时八节"或者"忌年八节"的。古人早有"八节"的叫法，是指立春、春分、立夏、夏至、立秋、秋分、立冬、冬至这八个节气，见唐代孔颖达对《左传·僖公八年》的疏解。潮汕俗语的"时年八节"，却是指春节、元宵、清明、端午、中元、中秋、冬至和除夕八个重要节日。这八个节日各有不同的文化娱乐风俗，但有一点是相同的，那就是都必须循例祭拜祖宗。把时年八节视为大节日，反映了潮汕人推本溯源、慎终追远的传统伦理观念。

一　潮汕春节礼俗

春节，潮汕俗称过年。这个节日从农历正月初一延续到初四。不过，一般又特指正月初一，所以旧时称作元旦、元日。

春节是一年当中最重大的节日，也是最讲究传统伦理礼仪的节日。这个节日，潮汕人最注重的习俗，是祭祖和拜年。嘉庆《澄海县志》记载：

> 元旦，晨起拜祖先，燃烛焚香，具茶果酒馔。次男女各拜家长，长幼以次递拜。然后出拜亲友，更相为贺，名曰"拜年"，各设酒肴相邀饮。

汉民族元旦祭祀祖先的习俗，在汉代就形成了。宋明以后，全国通行。潮汕人元旦在家中祭祖，都用斋菜，《潮安年节风俗谈》就说：

> 元旦是早晨拜的，祭品全是斋品，便当的香腐、木耳、瓜碧、腐枝、甜料、柿饼等物以及除夕自制的各样斋菜。到初二还要再次祭祖，这一次才用荤菜。

旧时，祠堂元旦也祭祖。这是宗族祭祀重典，当然非用猪羊五牲不可，但不少祠堂规例也明文规定，元旦祭品须加五种斋菜。

拜年的习俗，在宋代已经很盛行，《梦粱录》《东京梦华录》这些笔记小说中，就有记载。

拜年有三种类型，所行礼俗各不相同。

一种拜年礼俗行于家人之间。在潮汕，早晨祭过祖先之后，子孙先给家长拜年，然后同辈互拜。拜年时，晚辈对长者用"新年健康""健康长寿"等祝福语，大人对小孩则用"新年勢大"。勢，汉代的《说文解字》解释为"健也"，在潮汕方言里，这个古老的词语，又有聪明、能干、听话等意义。勢大，就是祝福孩子在新年里健壮成长，聪明、能干又听话。简单的祝词里，饱含着长辈对孩子们的厚望。

一种拜年礼俗行于亲朋之间。潮汕人给亲朋拜年，总要带上橄榄和潮州柑作为礼品。而主人家中，也备有果盘，盛着橄榄和柑以酬客。一般宾客进门，献上礼品，宾主用"新年如意""诸事顺利"一类吉语互相祝福之后，主人会捧出果盘请客人吃橄榄，口称："请槟榔，请槟榔。"

槟榔是棕榈科热带植物，产海南和东南亚诸国，果实用蒌叶、蠣灰伴食，有固齿下气的功效。南宋周去非《岭外代答》说："福建下四州与广东、西路，皆食槟榔者。客至不设茶，唯以槟榔为礼。"可知南宋时潮州已有用槟榔款待客人的风俗。至于拜年用槟榔待客，明代后期已见诸记载，万历《普宁县志》就说："元旦敬礼祖先，具槟榔蒌叶，……相拜亦各备槟榔蒌叶，以供茶具。"潮州人食槟榔的风俗，清初犹存，到清代中叶以后才渐渐消歇，过年待客，改用外观与槟榔相似的青橄榄为替代品，而"请槟榔"一语，则成为语言化石，沿用至今。

客人拜过年，便会告辞。这时，主人要从礼品中收下一对柑，再在自家果盘里取一对柑回赠，俗谓之"换桔"，寄寓着"共同吉祥"的互相祝福。

对至亲好友，主人会殷勤款留用餐，这就是方志所说的"各设酒肴相邀饮"。

一种拜年礼俗行于同僚同行之间。这一类拜年，大多是礼节性的行为，见面之后，不外以"升官""发财"一类吉语，互相应酬。比起前两种类型，贺年礼物或者不菲，但其间亲情友谊的温馨气氛，荡然无存。

正月初二，潮汕人仍然忙于拜年。这一天，做女婿的要送妻子回娘家，给岳父岳母拜年。到了初三，再去给人拜年，会被认为礼节欠周，所以，潮汕有句俗谚："有心拜年初一二，无心拜年初三四。"

春节期间，除了祭祖和拜年的礼俗，还有一些其他节日活动。

开井。在除夕封住的井口，春节要祭过井公井妈，再开封启用。农村里公用的水井，初一初二禁井。到初三中午，由村中老妇领头，用大桔、素果、清茶、红糖、银锭、香烛拜井。拜过之后，主祭的老妇要揭开井盖，把一半红糖和三杯清茶倒进井里，再从井里打十二桶水，往地上倒。每倒一桶水，都要念四句吉祥诗。这就是"开井"了。自家的水井，由家中主妇祭拜，祭祀仪式大抵与公用水井相同。不过大约是为了方便，做四句诗的仪式，一般也就省略了。

舞狮和营大锣鼓。旧时，潮汕乡村城坊间的闲间武馆，在春节期间会组织醒狮队、秧歌队或者潮州大锣鼓队，走街串巷，巡回游行。潮俗称之为"营大锣鼓"。有钱人家和商行铺户在锣鼓队到来之时，放鞭炮迎接。这时，锣鼓队就会停下来，舞狮舞秧歌，献技贺年。这种活动，隐约还可以窥见用傩舞驱鬼的古风。锣鼓队的目的，在于博取赏金。它们却着实给节日带来了许多喜庆和欢乐。

迎神。到了初四，上天的诸神又降落下土。下午，各处神庙开门

春节，乡村的秧歌队　张声金摄

迎神，家家户户也都准备祭品迎接灶君。这项活动，潮汕与全国各地大抵是相同的。

"初四过，各人觅工课"，春节的节日活动也就结束了。

🔵 元宵灯节

农历正月十五是元宵节，又称上元节、灯节。元宵节的起源，中国民间有很多种传说。学者们引证文献，又说是始于汉武帝在正月上辛对"太一"神的通宵达旦的祭祀，后来佛教东传，汉明帝为了弘扬佛法，下令仿效西域风俗，在正月十五夜"燃灯礼佛"，于是正月十五成为灯节。

隋唐以后，元宵节从宗教的氛围里走出来，完全世俗化了。隋朝的元宵，鱼龙竞舞，灯火烛地，歌舞百戏云集，出游者"人带兽面，男为女服"，已如今日的化装晚会。元宵节的娱乐化，是从隋朝开始的。宋明以后，元宵节的娱乐活动，在花灯、歌舞、杂技之外，又增加了放烟花、猜灯谜等新内容。节日时间，也从正月十五延长为唐代的三天，宋代的五天，明代的十天。在这段时间里，士民同乐，举国若狂。其盛况在古人的诗文小说里，有多得不可胜举的描写。有人说，元宵节是汉民族的狂欢节。这种说法一点也不过分。

明代戏文《荔镜记》元宵看灯营灯的插图

在潮汕，元宵节祭祖比春节还隆重，五牲之外，祭品中必须备有甜粿、酵粿和菜头粿各一笼，俗称"三甑齐"。有的地方，祭祖时还要郑重地将祖先画像悬挂在厅堂里（《潮阳县志》）。潮汕闹元宵的欢乐喜庆气氛，也远过于春节。在明代已是如此，有嘉靖丙寅年（1566）刻本《重刊五色潮泉插科增入诗词北曲勾栏荔镜记》黄五娘和益春合唱《缕缕金》唱词为证：

　　元宵景，好天时。人物好打扮，金钗十二。满城王孙仕女，
　　都来游嬉。今冥灯光月团圆，琴弦箫笙，闹满街市。

到清代依然如是，潮州府和各县志书，均有记载。兹举嘉庆《澄海县志》为例：

> 旧志云，十一日夜起，各神庙街张灯，士女嬉游，放花爆、打秋千、歌唱达旦。今俗，元夜各祠庙张灯结彩，竞为鳌山，人物台榭如绘。他邑所未有也。十六日收灯，各乡社演戏，扮台阁，鸣钲击鼓以娱神，极诸靡态。所聚不下千人，或数百人不等。其有身首裹红，执刀兵舞踏于神明之前者，俗名"乩童"。至夜竞赛花灯，称"不夜天"。好事者或为藏头诗句令猜者，什佰为群，日灯谜。延至三月乃止。谚云："正月灯，二月戏。"又喜演影戏，锣鼓彻夜。

所引旧志，即康熙丙寅（1686）修纂的《澄海县志》，可知清代澄海元宵节日活动，从正月十一夜开始，到十六夜才结束。海阳、潮阳、揭阳、饶平、惠来、普宁等县清代所修方志的记载也都相同。只有南澳岛是初十放灯，至十五夜收灯，时间与各县稍有差异。

至于元宵节日的娱乐活动，则有赛花灯、放烟火、抽影戏、打秋千、斗畲歌、舞狮子、猜灯谜……种种花样，各县约略相同，择其有地方特色者介绍如下。

赛花灯。潮汕元宵花灯，有高七八尺的灯树彩花（顺治《潮州府志》），有规模巨大的灯棚鳌山（嘉靖本《荔镜记》），本是唐宋遗风；又有花鸟虫鱼、龙凤瑞兽种种肖形灯，也与全国各地大同；最有地方特色者，莫过于以戏剧小说人物为题材的花灯屏。

花灯屏大约是从鳌山景演变过来的。采用老少皆知的通俗戏剧小说故事，把精心制作的人物造型，配以山水楼台，构成一个场景，就是一屏花灯。灯屏的人物做成圆雕，头部泥塑彩绘，服装用丝绸、棉布、彩缯、金线和其他饰物剪贴，身段则模仿戏曲人物，举手投足，栩栩如生。潮汕花灯屏的制作从何时开始，现在很难确知。嘉靖本《荔镜记》第六出写黄五娘和李婆在元宵节一起上街赏灯，有这样一段对话：

> （李）阿娘，只一盏正是乜灯？（黄）这一盏正是唐明
> 皇游月宫。……
> （李）阿娘，只一盏正是乜灯？（黄）只正是昭君出塞。

从这里可以知道，那时潮州花灯已经用戏曲故事为内容。但称"一盏"，则并非灯屏。不过，这出戏里，又有李婆和益春两人的一段合唱：

> 元宵景，有十成。赏灯人，都齐整。办出鳌山景致，抽
> 出王祥卧冰，丁兰刻母，都尽会活，张拱莺莺围棋，宛然真正。

王祥卧冰，丁兰刻母，张拱莺莺围棋，也都是通俗戏曲故事。鳌山上的这些"尽都会活""宛然真正"的花灯人物，显然是塑成圆雕的，所以戏里头的宾白才说那"鳌山上都是傀儡仔"。唱词里的"抽"字，与"抽影戏"的"抽"同义，在潮汕方言里，是抽提操纵的意思。这种用线控制花灯人物，使之活动的做法，潮汕称之为"活灯"，其法至今犹传。明代花灯，已能这样制作，可见工艺水平不低。

潮汕花灯屏的制作，到近代达到很高的水平。宣统二年（1910

年），花灯艺人杨云楼、杜松制作的《红楼梦》《白孟玉》两屏花灯参加在南京举行的全国花灯比赛，获了奖。1926年，新加坡华商为迎接英国皇太子莅埠，特聘潮汕花灯艺人林乐笙去制作花灯，林氏在新制作了《凤仪亭》等十屏花灯，受到皇太子赞赏。新加坡潮人侨团醉花林俱乐部又订制了《昭君和番》等五屏花灯，送到伦敦皇宫内陈列。后来，又有《陈三五娘》等五屏潮汕花灯在加拿大展出，潮汕花灯从此驰名海内外（蔡泽民《潮州风情录》）。

抽影戏。影戏，又称纸影、皮影、皮猴。这种民间娱乐风俗，宋代已很流行，宋人高承的《事物纪原》、灌园耐得翁的《都城纪胜》、孟元老的《东京梦华录》、吴自牧的《梦粱录》，元人周密的《武林旧事》等书都谈到宋代的影戏。宋代的影戏，只是配合着讲古，尚无戏剧曲唱之事（王国维《宋元戏曲史》）。

没有资料可以说明宋代潮州有无影戏。到明代，潮州已有影戏演出。在《荔镜记》就有这样的唱词：

> 见鳌山上，吹唱都备；打锣鼓，动乐抽影戏。（"备"字原刻作"佃"，"锣"字原刻作"罗"，都是别字）

这里写抽影戏，有吹有唱有鼓乐，似是以戏曲的形式演出，与宋代的影戏不同了。

清代潮汕演影戏之风愈炽，上引《澄海县志》可以为证。清代的潮汕影戏有一种与外地影戏不同的技巧，就是戏中人物的动作，不由提线操纵，而用铁箸指挥。李勋《说映》记载：

> 潮人最尚影戏。其制以牛皮刻作人形，加以藻绘。作戏

者匿于纸窗内，以箸运之。乃能旋转如意，舞蹈应节，较之傀儡，更觉幽雅可观。

操纵皮影人物的铁箸只有三支，一支固定在背部以指挥躯干，两支系在人物的手腕上，经过艺人的巧妙运用，就能把人物的身段姿态，表现得惟妙惟肖。

清末民初，潮汕影戏经历了一次有趣的变革。先是台前用玻璃窗代替白竹纸窗，使皮影人物能看得更清楚。人物既能看得清楚，皮影平面造型的缺陷也暴露无遗。于是艺人们仿照花灯里的活灯，扎草为人形，着以戏袍，安上泥塑彩绘的人物头面，仍用铁箸操纵表演，名曰"圆身纸影"。这种圆身纸影演出时台前仍然罩着玻璃窗，保留着从影戏蜕变的痕迹。到后来，这层多余的玻璃窗被干脆废除，随之，舞台的体制有了巨大变化，灯光从台内移到台前，又增加了布景和桌

铁枝木偶戏是潮汕城乡更常见的民间戏曲　佚名摄

元宵节，揭阳石狮桥"行桥度厄"，祈求一年平安吉祥的节日活动　林洁松摄

椅一类道具。那些名不符实的草扎"纸影"也改用木头来雕刻。于是，潮汕影戏完全演化成具有地方特色的铁箸木偶戏。奇怪的是，潮汕人到现在一直把它叫作纸影。而真正的影戏，在潮汕却近乎绝迹了（林有钿《关于潮州道具戏的几个问题》）。

斗畲歌也是一种有地方特色的传统娱乐活动，在"潮州戏"篇中已经述及，这里不再重复。放烟火、打秋千、舞狮子、猜灯谜等娱乐，全国各地都有，潮汕特色不浓，也不作介绍。

潮汕的元宵节，还有行桥度厄，祈求平安的习俗。顺治《潮州府志》就有上元节"妇女度桥投块，谓之度厄"的记载。这种习俗大约明代万历年间开始在潮汕流行。万历本《荔枝记》里头，有黄五娘的一句宾白：

李婆，夜昏正月十五，天官赐福，人人头插柳菁，去体（睇）

灯行桥，四季平安利市。

已经言及"行桥求平安"的习俗，同样搬演陈三五娘故事的嘉靖本《荔镜记》，却还没有提到这种习俗。北京也有元宵节行桥度厄的习俗，清代潘荣陛《帝京岁时纪胜》记之曰："凡有桥处，三五相率以过，谓之度厄。"臆明代嘉万间潮州科举极盛，潮人任京官者甚多，潮汕至今有"半条御街咀白话"旧谚语，元宵行桥的习俗，或者就是由这些为官京师的士大夫引入。清代元宵行桥的习俗依旧风行，各县县志多有记载，乾隆《普宁县志》就说："十一夜，妇女渡桥，投瓦砾土块，谓之度厄。"如今，这种风俗在潮汕的一些地方还保留着。例如，普宁县的老县城洪阳镇，保城帝君庙前有一座石桥，名叫太平桥，俗称头桥。现在，洪阳人仍然把"元宵夜行头桥"作为必不可少的节日活动：

> 在这一天晚上，人们酒足饭饱之后，总是三五成群，扶老携幼地去"行头桥"，意在图个好兆头，行过太平桥，一年里便平平安安。这天夜里，人们从四面八方涌来，不论从哪个方向走来，都必须走过太平桥，而且走过桥时，切不可回头。有人说"回头不吉利"。因为元宵是"圣日"，所以这一夜里人们走过桥时常常说好话，并配以和谐的动作：读书的孩子去摸狮鼻时说"摸狮鼻，写雅字"；少女们去摸狮头说"摸狮头，事事贤"；未结婚的青年男子去摸狮肚说"摸狮肚，觅雅妳"；还有怀孕的妇女摸狮耳说"摸狮耳，生阿弟"……（方满君《元宵夜行头桥》）

你看，这不是活生生的传统吗？

三 清明时节

清明是二十四节气之一，也是汉民族祭祀祖先，谒坟扫墓的重要节日，这个节日的形成有一段曲折的过程。

秦汉以前，中国早有祭祖、扫墓的风俗。到汉代，拜扫祖墓之风更加盛行，汉光武当上皇帝，还下令从征诸将，回乡里拜扫祖墓，以荣显先人。但汉代人扫墓，还没有固定的日期。不知从何时起，民间扫墓约定俗成于寒食节，到唐玄宗开元二十年(732)四月，因为"寒食上墓，《礼经》无文，近代相传，浸以成俗"，干脆立下诏书："士庶之家，宜许上墓，编入《五礼》，永为常式。"（《旧唐书.玄宗纪》）寒食起源于古代禁火的风俗，到这时，又增加了扫墓的民俗内容。唐人有不少诗文就写到寒食扫墓的风俗。

寒食节时间，在清明之前一二日。唐代寒食禁火，到清明遂有朝廷给群臣赐新火的惯例，也屡见唐人诗文描写。清明成为一个节日，大约与此有关。宋代仍然保留寒食、清明两个节日，冬至后一百五日为寒食，寒食后二日为清明。但宋人扫墓，主要在清明节进行。元代以后，寒食与清明两个节日已经混合为一个，并且以冬至后一百五日为清明节。

潮汕旧日清明风俗，乾隆《南澳志》记载最详：

> 清明日，人家展谒坟墓，舁步壶浆，或挂纸，或祭扫，
> 络绎郊原，祭毕，藉草衔杯，递为酬劝，薄暮乃归。

这里所记的节日活动，实际上包括祭扫祖墓和踏青游春两个内容。

扫墓，潮汕人又称"挂纸"或"上坟"。谓之"挂纸"，是因为清明扫墓时，松楸丘陇间到处都悬挂着纸钱（乾隆《揭阳县志》）。用纸代钱帛以祭死者，或者与佛教有关，唐高宗时，潮州刺史唐临的《冥报记》就写到这种做法。唐玄宗天宝年间寒食禁火法令十分严格，民间扫墓时不敢用火焚烧纸钱，挂纸于坟丘间的风俗，大概起于此时。"上坟"的别称，元代已经有了。元杂剧《杀狗劝夫》第一折里，孙虫儿就有这样一句宾白："小生孙虫儿，将着这一分纸，一瓶儿酒，今日是一百五日清明节令，上坟去咱。"

清明踏青的风俗宋代已经形成。《东京梦华录》写汴京士民清明节出郊扫墓，"四野如市，往往于芳树之下、或园圃之间，罗列杯盘，互相劝酬。"明代，南方这种习俗更为常见。谢肇淛《五杂俎》就说："南人借祭墓为踏青游戏之具，纸钱未灰，乌履相望，日暮，幡间主客无不颓然醉倒。"这段描写与上引《南澳县志》何其相似。原来，明代中期以后，宗族制度在经济比较发达的地区，对社会生活的各个方面都产生了巨大影响，扫墓也成为敬宗以睦族的手段。同样，带有娱乐联谊性质的踏青春游活动也可以促进家庭以至宗族之间的和睦团结。于是，在清明扫墓的同时踏青春游，就不足为怪了。在潮汕，清明扫墓时宴饮于郊野是常见的。有的地方甚至"俗尚鼓吹，多放铳炮"（《普宁县志》），山林间，充满喧闹欢乐。

潮汕地区，清明吃薄饼的习俗，也有些特色。古俗，立春日食春饼，只有闽粤之间漳潮州是在清明吃春饼。这种习俗的起因，在漳州有一个传说：清初，郑成功攻漳州，守城而死者无棺可殓，只能用草席卷了下葬。后来，清明就用卷薄饼来祭拜他们，以示纪念。民间遂有清明吃薄饼的习俗。潮汕并无此说，是否为信史，实在不可确知，但不妨姑妄听之。潮汕的薄饼，有咸甜两种。先用面烙成薄饼皮，咸的，以豆芽、韭菜配蛋丝、肉丝、香菇丝为馅，与别处大同小异；甜的，以"糖葱"为馅，只是本地风光。糖葱，又名葱糖，用白糖和麦芽糖经过特殊加工而成，雪白松脆，入口即化，在明代已是潮州名产。郭子章《潮中杂纪》有"葱糖"条，说：

> 潮之葱糖，极白极松，绝无渣滓。

那么，也许潮州在明代就已经有了清明节吃糖葱薄饼的风俗？

㊃ 五月端阳

端午，又称端阳，节日在农历五月初五，故潮汕民间俗称"五月节"。

关于这个节日的起源，民间最通行的说法，都说是屈原在五月初五投汨罗江自杀，楚国人民为了纪念他，就在这一天划舟投角黍于江中，这种风俗慢慢流传开来，成为节日。梁朝宗懔的《荆楚岁时记》已有"五月五日竞渡，俗传为屈原投汨罗日，人伤其死，故命舟楫以拯之，至今竞渡，是其遗俗。"现代学者对这个节日的起源，又有另外的解释。有的说，节日起源于吴越民族的龙图腾崇拜；有的说，节日起源于商周的夏至日；有的说，节日起源于上古恶月恶日的禁忌。这些学者指出，现代端午节的一些习俗，远比屈原的传说要古老，并对这些习俗的起源，作出比较科学的解释。其实，端午作为一个民俗节日，它的起源总是与原始崇拜和禁忌活动有关；在汉民族的形成和发展过程，这个节日杂糅了来自不同地域、产生于不同时代的各种民间习俗；而屈原的故事，正好为这些古老习俗的整合提供了一个历史的构架；所以，端午节纪念屈原的说法广为流传，也就顺理成章。

唐宋时期，端午节的民俗活动内容，已经基本固定。今天潮汕五月节的民间节日活动，有许多还保留着唐宋旧俗。例如，顺治《潮州府志》说：

> 端阳，插艾蒲于门，艾虎形，又设角黍，采百草为汤以浴，……其竞渡如旧俗。各县《县志》记载大抵相同。

端午赛龙舟、吃粽子、插艾花、浴药汤的这些风俗在唐宋时已经习见。

赛龙舟，在古老的岁月里，应该是龙神或者水神崇拜的一种仪式。到唐宋，这项活动就具有很浓烈的节日娱乐的色彩。中唐，张建封有《竞渡歌》（节选）：

> 五月五日天晴明，杨花绕江啼晓莺。使君未出郡斋外，江上早闻齐和声。
>
> 使君出时皆有准，马前已被红旗引。两岸罗衣破晕香，银钗照日如霜刃。
>
> 鼓声三下红旗开，两龙跃出浮水来。棹影斡波飞万剑，鼓声劈浪鸣千雷。
>
> 鼓声渐急标将近，两龙望标目如瞬。坡上人呼霹雳惊，

竿头彩挂虹霓晕。

前船抢水已得标，后船失势空挥桡。疮眉血首争不定，输岸一朋心似烧。

只将输赢分赏罚，两岸十舟五来往。须臾戏罢各东西，竞脱文身请书上。

（《全唐诗》第五函第一册）

这首诗形象生动地描绘了当时龙舟竞渡的场面：江上两舟争夺锦标，棹影翻飞，鼓声如雷鸣；两岸观者如云，倾心投入，呼喊助威；地方官员也到江边观看竞赛，与民同乐。《增补武林旧事》卷3记述了南宋时西湖的龙舟竞渡，与《竞渡歌》的描写几乎毫无二致：端午那一天，有六条龙舟参加竞赛。湖心立了一根标杆，挂着彩缎、银碗、钞票，夺得锦标者优胜。这一天，盛况空前，"画舫齐开，游人如蚁"，杭州府的长官都亲自到西湖边的一清堂节制秩序。

潮汕平原河汊交错，端午节赛龙舟的民俗活动到处可见　黄岳平摄

　　潮汕旧志记载，端午节"好事者竞斗龙舟，具银牌，插彩旗，江心悬之，听龙舟竞取，曰夺锦标"（乾隆《澄海县志》），而"官府士夫各设酒馔往观"（乾隆《揭阳县志》）。可见，明清时期本地端午节日盛况，与上面描述的唐宋情境，基本相同。潮汕地区的赛龙舟，也有些本地特点。一是赛龙的时间颇长。光绪《潮阳县志》就说，自五月"朔日，村村金鼓喧阗，谓之转龙船鼓。……自此，江浒竞渡几一月"。二是有一定的祭祀仪式和某些禁忌。平时，龙舟收藏在乡村的社庙里，舟上的龙头被卸下供在神案上，尊称"龙头爷"。到农历五月，龙舟下水前，要先焚香祷告；五月底，将龙舟"请"进社庙，要具牲祭拜，如果那一年夺标优胜，祭品会特别丰厚。这些特点，或者是百越遗俗？

　　插艾花、浴药汤的这些风俗，起源于厌辟巫术。五月夏至，气候温湿，毒虫出没，瘟病流行，都容易对人类造成危害，所以，古人把五月初五视为恶月恶日，要施行巫术以驱除毒病。其巫术行为，在使用咒语、巫舞、符图的同时，也配合使用泽兰、艾草、菖蒲、雄黄一类药物。这类药物具有芳香解毒的功能，到后来，在端午节用这类中草药驱毒避瘟，蔚为风习。插艾的习俗，早载于《荆楚岁时记》，说五月五，"采艾以为人，悬门户上以禳毒气"。上引顺治《潮州府志》"插艾蒲于门"，与古俗相同。澄海、南澳、普宁等县志又有端午节妇女"以艾叶榴花簪发，童稚用彩绸缝小荷包，裹雄黄粉并道符佩身上，谓可辟邪"，也与插艾于门异曲同工。浴药汤的风俗，在文献记载中出现的时间更早。汉代《大戴礼记》说："五月五日，蓄兰为沐浴。"在潮汕，这种习俗一直存在，"采百草为汤以浴"，比起单用泽兰沐浴，显然减少了驱病避瘟的巫术色彩，而增加了卫生保健的作用。

潮汕人把五月节看成是除虫驱病的"圣日"。除了插艾、沐浴之外，还有其他的一些服食的习俗。例如，在饶平一带，端午节"各家于鸡鸣时取井花水，浸蒲艾，务是一日之饮，云引年之意也"（光绪《饶平县志》）。澄海潮安一带，五月节中午有吃真珠花菜（即白苞蒿）的例俗，据说可以除去腹中的毒质。有老人小孩的人家，还让小孩吃使君子炒鸡蛋，消疳去积，给老人做有明目作用的谷精子瘦肉汤。

清代，饶平县五月节还有一种未见于其他地方的风俗。这一天，小学生们要给教师送礼物。礼物不拘多少，只用它表示对教师的敬意。这是一种好风俗，《饶平县志》记录了它：五月初五，"里学送师节，丰啬随宜"。可惜，这种风俗未能够保留下来。

五 潮汕七月半

中元节是汉族祭祀祖先的节日。称为"中元"，原本是道教所命名。在潮汕，这个节日的种种活动，都同道教无关。民间几乎没有称它为"中元节"的，都把它叫作"七月半"，因为节日就在七月十五。

潮汕七月半的节日活动，围绕着祭祀祖先进行。清代本地方志的记载，数乾隆《普宁县志》最详细："俗谓祖考魂归，咸具神衣、酒馔以荐，虽贫无敢缺。"这个节日祭祖，要比其他一些节日隆重，祭品之中，一定要准备好楮衣。或者是因为七月暑尽，季节更换，必须更衣防寒，跟人间所谓"七月流火，九月授衣"（《诗经·七月》），同一种用意。一般人家，祭祖在家中公厅举行；有钱人家，则祀先于诸寺，先期醵金作"盂兰盆会"。（乾隆《揭阳县志》）

盂兰盆会是佛教重要的岁节仪规之一。据《佛说盂兰盆经》说，佛弟子目犍连的母亲不信佛法，死后被打进阿鼻地狱。目犍连修成罗汉果，用天眼看见母亲在饿鬼群中受苦，于心不忍，用自己的法力送饭给母亲，谁料饭未到母亲口中，就化为炭火。目犍连不胜悲哀，求佛超度。佛祖指示目犍连，在七月十五众僧安居修行圆满之日，敬设盂兰盆会供，以百味果食供养十方众僧，仗其法力解脱母亲。目犍连照佛祖的话去做，果然使母亲脱离饿鬼道。佛祖又让佛弟子们仿效目犍连的做法，为现生父母增福延寿，为过去父母离苦得乐。这样，终于形成了盂兰盆会的佛教岁节仪规。《佛说盂兰盆经》的这个故事，与中华民族的孝道十分合拍，梁朝开始，在中国逐渐风行，目连救母的故事也逐渐中国化而且家喻户晓。到宋元以后，盂兰盆会也逐渐由孝亲变为祭鬼。嘉庆《澄海县志》载，七月半"各寺僧建盂兰盆会诵经，至晚营斋于焰口施食，放水灯照冥"，仪规性质就已经改变。揭阳、惠来、潮阳、南澳等县，祀祖于盂兰盆会，则还保留着佛教的本义。

潮汕的祭鬼节，时间并不固定在七月半。自七月初一起，到七月底，各乡各里，迭次有施济孤鬼的祭祀，俗称"施孤"，亦称"普渡"。这也是盂兰盆会的变相吧。

乾隆《普宁县志》记载了该县七月半一种独特的习俗："农民插竹挂纸钱于田中以祈谷。"这一习俗，起源不明。不过，七月半正值水稻扬花的季节，这一民俗仪式，或者是为了祭祀稻谷之神。

㈥ 八月中秋

中秋节在农历八月十五，主要的节日活动有拜月和赏月。

拜月属于自然神崇拜，按理它的起源应该很早。但是在文献里，拜月的记录到春秋战国时期才出现。在这一时期写成的《尚书·尧典》有"禋于六宗"的记载，汉代人的注解说大多以为六宗包括日、月、星、四时、寒暑、水旱。可见，月亮已经作为自然神的一种，被古人祭祀。但禋祀六宗的时间在正月朔日，并非在中秋。赏月是一种娱乐活动，汉代以后，蔚为风俗，赏月咏月的诗赋，累见于篇牍。到唐代，赏月活动约定俗成在八月十五夜进行。中唐时期福建进士欧阳詹的《玩月诗序》说：

> 八月于秋，季始孟终，十五于夜，又月之中。稽于天道，则寒暑均，取于月数，则蟾兔圆。况埃壒不流，太空悠悠，婵娟徘徊，桂华上浮，升东林，入西楼。肌骨与之疏凉，神气与之清冷。（《全唐诗》第六函第一册）

说出中秋赏月的妙处，也指明了这种风俗形成的因由。到了宋代，八月十五才定为中秋节。《梦梁录》说："八月十五日，中秋节。此日三秋恰半，故谓之中秋。"

潮谚说："男不拜月，女不祭灶。"潮汕中秋祭祖的拜月仪式，全由妇女主持。祭祖仪式傍晚时分在家里举行。城里人拜月，多在自家的庭院里；乡下人拜月，大都集中到村里晒谷场。吃过晚饭，妇女们换上新衣，带领孩子们安好香案，摆上供品，等候月亮升起。

案上的供品，有供神的香烛银锭，有柚子、梨子、柿子、林檎、杨桃、菠萝、香蕉等时新水果，有月饼、各式糕点和炊熟的芋头，还有给上学的小孩准备的新铅笔和新本子呢。潮汕的月饼，本地人叫朥饼，就是《中华全国风俗志》下篇卷七介绍的广式酥皮饼，"其皮为多数极薄层垒，富于脂油，作红黄白赭诸色"，多甜馅，有红豆沙、绿豆沙、芋泥馅等种类。

圆圆的大月亮冉冉升起，妇女们点燃三枝红色的贡香，开始为一家人祷祝。从大人的消灾祈福，到小孩的聪明听话会读书，她们把自己的心意，细细向"月娘"诉说。这时，孩子们开始烧塔。

烧塔是一种很有地方特色的民俗游戏，起源于何时已不可知。清代各县、府志对此都有记载。中秋前夕，孩子们四处找来残砖瓦片，选一个开阔的场地，聚积起来。中秋这一天，就用备齐的砖瓦砌成空心的塔窑，塔中用柴草填实，留着一个点火口。入夜，孩子们把柴草点着，熊熊的烈火，从砖瓦的缝隙向天上窜。这时，他们又将早准备好的鞭炮、松香和食盐往塔里撒，伴随着劈劈啪啪的爆竹声和孩子们的欢呼，火焰蹿得更高。这种民俗游戏，在潮汕许多地方又称为烧瓦窑，有人认为，"这也许是一种有生产教育意味的游戏所演变的"（沈敏《潮安年节风俗谈》）。这样推测，有一定的道理。因为古代的祭祀巫术仪式和游戏活动，本来就寓有生产教育的用意。江西临川中秋节有一种名为"烧瓦子灯"的游戏，据《中华全国风俗志》下篇卷五说：

> 中秋夜，一般小孩于野外拾瓦片，堆成一圆塔形，且有多孔。黄昏时于明月下，置木柴塔中烧之。俟瓦片烧红，再泼以煤油，火上加油，霎时四野火红，照耀如昼。直至夜深，无人观看，始行泼息。是名"烧瓦子灯"。

这与潮汕地区的烧瓦窑完全相同。明代中期，有许多江西陶瓷师傅到潮州传艺。两地之间中秋游戏习俗相同，或者与此有关？

七 冬节小过年

冬节在24节气中的冬至这一天。这一天，太阳直射在南回归线上，北半球白天最短，因此，古人称之为"日短至"或者"日至"。在汉代，"日至"日官吏依法令休假，回家同妻儿一起，摆设酒肴，宴请邻里，欢笑相乐（《汉书·薛宣传》）。虽是假日，但已一派节日气象。冬至称冬节，最初见于《南齐书·高祖十二王传》，据说，这天王子们要进宫问安呢。到宋代，冬至成为重大节日之一。《东京梦华录》讲到，北宋时"京师最重此节，虽至贫者，一年之间，积累假借，至此日更易新衣，备办饮食，享祀先祖。官放关扑，庆贺往来，一如年节"。到南宋，冬至节日气氛比过年更浓，可以和过年相比，因而有"肥冬瘦年"的说法。

在潮汕，冬节也算是一年中的重大节日之一。潮汕的冬节是一个被浓厚的亲情笼罩着的节日。冬节的节日活动，有祭祀祖先和拜扫祖墓两项。祭祖在1949年以前，同样分祠祭和家祭两种。这个节日祭祖，除了常规的祭品，必须有糯米丸子。这也是古老的习俗了，早在顺治《潮州府志》里，就有"冬至，祭用米圆"的记载。潮汕人扫墓，有的在清明进行，叫"挂春纸"；有的在冬节进行，叫"挂冬纸"。乡村中，也有春、冬两季都扫墓挂纸的。挂冬纸和挂春纸一样，表达"敬宗睦族"的理念之外，也有聚族郊游的娱乐功能。冬节扫墓的祭品，有茶酒三牲粿品，有应时的柑橘香蕉，一盘鲜蚶更是不可缺少的。这个季节，海蚶正肥美。不过，用它做祭品，又有其他寄寓。有人说，是取其吉祥。祭拜仪式过后，墓主的子孙就在墓前聚餐。野外的聚餐轻松又热闹，儿童嬉闹，长者笑语，山野间荡漾着家族的融洽与和谐。祭品里那盘鲜蚶一定会被吃完，蚶壳就撒到墓堆上。潮汕人把蚶壳称作"蚶壳钱"，撒在坟头，也许是将它当作冥钱。

最能够体现潮汕人家族亲情的，是吃糯米丸子的习俗。

这本来是一种极普通的节日食品。就像北方人在这一天要吃馄饨、饺子，南方许多地方要吃糯米糍粑一样，福建人在冬节要吃糯米丸。福建民间还有关于这种风俗起源的传说流传，《中华全国风俗志》下篇卷五载之：

> 往时有一樵者，至山樵采，失足坠涧中。涧极深，无人援救，不能出险。且深山路绝人稀，樵者呼救，力竭声嘶，亦无援之者。樵者居涧中，食黄精姜得免饿毙。历十余年，遍体生毛，身轻能飞。于是高飞出涧还家。性状全变，家人呼之不应。乃用糯米粉和水成丸，与樵者食。樵者以为黄精姜，食之。渐还本性，家人得以团聚。而自此相沿成习，遂有搓丸之风矣。

这个传说，是在意义寄托的层次上对冬至吃糯米丸的习俗的诠释。实际上，北方人面食，南方人米食，是地域物产使然。吃馄饨原本是北方汉人的习俗，北方人至今保留着这种习俗。吃糍粑原本是南方少数民族的习俗，现在在两广、云贵、四川等少数民族人口较多的地区，又保留了吃糍粑的习俗。在东南地区，却可以看到南北两种食俗融合的迹象。江浙一带，用米粉为皮，肉、菜或者糖、豆沙为馅，做"冬至团"，只是把馄饨饺子南方化；客家人冬至吃糯米糍粑，也有人搓糯米丸子，添上肉菜，一起煮成汤丸；和福建人煮甜汤丸一样，都是用吃馄饨的方式来做糯米糍粑。东南地区北方移民迁入时间的先后，和本地原住民汉化程度的深浅，可以通过这种小小的节日食俗观察到。这真是很有趣的。

潮汕人多从福建移民，冬至吃糯米丸与福建同俗。而通过这种民俗活动，潮汕人把祈求家人团聚、家族和谐团结的寄托，表现得特别鲜明。冬至前几天，先将糯米春成米粉晒干。冬至前夜，家中主妇先用热开水将糯米粉和成粉团，然后，全家老幼都聚集在一块"搓丸"。人多手杂，搓出来的丸子大小不齐，潮汕人把它叫作"父子公孙丸"。搓成的丸子，用竹箶晾起。冬节日一大早，主妇熬好红糖汤，将丸子下锅，煮成汤丸。先舀上一大钵祭祖，家里的土地伯、公婆母、司命君、井神、碓神也各用一碗甜丸祭过。然后，一家人把汤丸分吃了。家里头有人出远门，冬至那天赶不回家，要为他留下一包糯米粉，等他一回家，就搓甜丸吃。即使自己的家人是漂洋过海去了南洋，照样要给他留一份糯米粉，确实不能回家，就千方百计托到南洋去，让他吃上家中的冬节丸。冬节吃丸和家人团聚，在潮汕人的话语里，简直就是一种明喻。

在潮汕农村，吃冬至丸还有一种很特别的习俗。拜过神之后，家中的门环、牛棚、猪圈、鸡笼，水缸、米瓮、臼碓、灶头……都要用糯米丸子粘上；养牛的人家，用冬至丸喂牛，牛的两角，也各粘上一粒丸子。这种习俗，显然带有巫术性质，不过，很难弄清楚它起源于何时。顺治《潮州府志》已经简单记录了这种习俗："或用以粘焉，谓之'饲耗'。"为什么叫作"饲耗"？也难以弄明白。各家的主妇们到第三天要将这些粘紧的丸子取回，她们的解释是，这样就可以保佑各物平安。这种解释，倒是很有圣贤们"民胞物与"的胸怀哩。

潮汕人很注重冬节，因为老人们说，吃过冬至丸，又添了一岁。看来，潮汕人是把这一天当作过年来对待的。乾隆时编纂的《南澳县志》早就说了："冬至……谓之'添岁'，即古所谓'亚岁'也。"

汉族传统节日里，有另一个被称作"过小年"的节日，那就是农历十二月二十四日的"送灶节"。在唐代，这一天叫作"腊日"，要祭祀百神，不只是送灶而已。到北宋以后，腊日的祭祀，就以灶神为主了。汉族的灶神是一个居家小神，传说他专门记下所在人家的罪过，上天禀报。这种传说，东晋已经流行，葛洪《抱朴子·微旨》篇和周处的《风土记》都有类似的记载。人们不让灶神讲自己的坏话，就想办法来阻挠它。唐代的《輦下岁时记》就说当时有"帖灶马于灶上，以酒糟抹于灶门之上，谓之醉司命。"到了南宋，不再用酒糟，《梦粱录》说，"二十四日，不以贫富，皆备蔬食饧豆祀灶。"饧即麦芽糖，这种糖吃起来粘牙，人们又叫它"胶牙糖"。用饧做祭品，给灶神甜头吃，又粘住他的口，岂不比用酒糟更妙？这可不知道是哪位聪明人想出来的巫术。

腊月二十四日，潮汕人也祭灶神，祭品中一定要有饧糖、纸马纸鹤、灯芯草和一纸"奏疏"。饧糖用红纸为底，用麦芽糖和白糖熬成的糖浆淋出寿桃纹样。纸马纸鹤是送灶神夫妇坐骑，灯芯草大约是喂马的草料。奏疏实际上是祈求神明保佑的祷祝文，文后要署上全家人的名字。这个节日，潮汕人不只祭灶神，而是诸神并祀，故俗称此节为"神上天"。乾隆《澄海县志》记载：

相传是日诸神朝天，各具香烛酒馔，印纸马轿焚送之。至来年正月四日复具茶果迎之。

乾隆《南澳县志》也说：

……凡神庙及人家各备仪供养，并印幡幢、舆马、仪从于楮上，焚而送之，谓之"送神"。

当时，这个节日也有"小年"之称。现在，节日活动内容仍如旧志所记，却已经不称"小年"。因为在潮汕人心目中这个节日远远不如冬节重要。

八　除夕习俗

除夕也是一个大节日。这个节日的活动，从旧年最后一天的傍晚延续到新年来临，潮汕人称之为"年夜"。这个节日在汉代已经形成了。当时的节日风俗活动有两项，一是立神荼、郁垒神像于门户，二是举行傩舞。这两者都是驱除疠鬼的巫术活动，除夕之名，大概就由此而起。唐宋时期，除夕的文化娱乐气氛大大加强了。神荼、郁垒神像，一开始以桃木板绘画代替，再逐渐演化成带着喜庆欢乐色彩的门神年画和春联。驱除傩舞，也发展成为即娱神又娱人的歌舞傩戏。除夕守岁的风俗开始流行。明清以后，上述旧俗依然保留着，又出现吃年夜饭、送压岁钱等新风俗，节日活动之中，揉合进温馨的家族亲情。

潮汕年夜节日活动，沿袭了宋明以来的旧俗。清代潮州府县志书的记载基本相同，顺治《潮州府志》最为简明，引录如下：

> 除夕，祀先，易桃符。设火井于厅，相围以食，谓之"围炉"。爆竹、鸣金、吹螺，谓之"辟邪御盗"。

这些节日风俗活动，一直到今天都没有多少改变。年夜节日活动，是从祭祀祖先开始的。下午，一家老少理发沐浴，换上新衣，然后开始祭祖。祭品和仪式，和其它大节大致相同。不过，这个节日，潮阳、澄海等沿海地方，祭品里一定要有糯米甜粿；而潮安、揭阳等县份，则一定要有鼠曲果。同时，还要举行祭井封井的仪式。家里的水缸水桶打满水之后，用竹箔将井口盖住，再供上祭品，拜井公井妈。

"易桃符"，即换新春联。春联，潮汕俗称门符。贴在门框两边的，叫对联；贴在门框顶的，是横披；贴在两个门扇上的，称作门目；如果是单扇的小门，则贴上斗方。春联用红丹纸，以墨或金色颜料书写，内容都是吉祥语。最受人欢迎的春联对子是："天增岁月人增寿，春满乾坤福满门。"这副对联的作者，是明代潮州才子林大钦。万历刻本《状元图考》有这样一段故事：

> （林大钦）自幼聪颖，作文奇宕不群。翁万达一见异之，请招为婿。岳诞日，大钦书联一对贺曰："天增岁月人增寿，春满乾坤福满堂。"语意宏敞，翁曰："状元才也。"

果然，嘉靖十一年（1532），林大钦年方廿二，便高中状元。他写的这副寿联，被改作春联，不但流行潮州，而且流行全国。

祭过祖先，男人们动手把大门、厅门、房门的旧对联都撕下来，贴上新春联。于是，家中门户，焕然一新。

"围炉"是潮汕人过年夜的中心活动，它包括吃团年饭、给压岁钱和守岁诸环节。宋代已有围炉守岁的风俗，孟元老《东京梦华录》就说到北宋除夕，"士庶之家，围炉团坐，达旦不寐，谓之守岁"，没有提到吃团年饭。明清以来，吃团年饭是通行于全国各地的风俗，却又很少见到"围炉"的做法。顺治《潮州府志》对当时潮州人"围炉"风俗的描写:"设火井于厅,相围以食",是很能够引起人们的兴趣的。

火井的形制如何,不必要也很难考究,但它的作用,相当于在人类历史早期就出现的、现在中国许多少数民族还保留着的火塘灶,应该没有问题。纳西族学者杨福泉在《灶与灶神》一书里,谈到中国少数民族地区家庭中火塘灶和锅台灶的作用:

> 尽管后来汉式锅台灶亦已广泛流行于各民族地区,但从传统文化习俗及在居住空间的重要性而言,后起的锅台灶都远远赶不上火塘灶。如不少山区的纳西族祖房内原来只有火塘灶,后来在火塘灶附近砌有锅台灶,但火塘灶才是与神灵、祖灵关系密切之地,家庭的各种社会性活动、宗教活动都围绕着火塘灶进行,各种社会性规范也体现在以火塘灶为轴心的空间中。

在潮汕民居里,只有汉式锅台灶。但在年夜临时设置的火井,显然与民族地区和锅台并存的火塘一样,占据着重要的地位。从空间位置看,火井设于厅,处在居屋的中轴线;大厅是祖先神龛所在,是祭祖祀神的地方,同时,大厅又是平时主人接客的地点。从文化习俗看,虽然火塘灶早已经在潮汕人的家庭里消失了,但是,它作为一个独立家庭的象征,在除夕这个重要的节日,仍然以火井这样一种带有礼仪性质的形式,延续下来。火井之设,在祭祖结束后,而全家老幼,"相围以食"。这个火井,可以说是家庭的标志。其重要性,是锅台灶所不能比拟的。如果上面的分析可以成立,这种"设火井于厅，相围以食"的做法，也许就是南方少数民族传统习俗的孑遗？

现在，潮汕年夜已不再设火井，但合家围炉吃年夜饭的习俗仍然保留。过年前，外出的家人必须赶回来围炉，全家团聚。潮汕食俗，年夜饭各种丰盛的鱼肉菜肴之外，必须有一盘猪血猪肠炒大蒜，一盘海蚶。这两道菜，不过是借着潮汕话的谐音，取"长久""发财"的好兆头。

吃过年夜饭，全家人欢聚一堂守岁。这时，晚辈要向长辈贺年祝福。长辈回以祝语之外，要给小孩压岁钱。年事已高的长者，也会收到能赚钱子孙的压岁钱。潮汕人把这种习俗叫做"压腰"。

第三节　立春和妈生：与生产活动有关的节日

从中国传统节日的起源考察，有不少节日与农业生产有着密切的关系。这些节日大多数在发展的过程中，渗杂了其他文化成分，渐渐改变了本来的特性。只有立春这个节日，仍然比较单纯地表现出与农业生产的关系。妈生是妈祖的神诞。妈祖崇拜在潮汕沿海的渔民和从事水运贸易的船工、商人中间盛行。神诞日除了祀神仪式之外，还伴有娱神活动和特定的饮食习俗，具有节日的特征。这一个节日，又与渔业生产和水运贸易活动有很密切的关系。

● 一　立春

立春是二十四节气的第一节气，它标志着春天的到来。春天来了，万物复苏，草木萌发，农业生产也即将开始。在中国这样一个有着"以农为本"的悠久传统的国家里，立春成为节日，并且是官方的节日，是很自然的。《礼记·月令》说：

> 立春之日，天子亲率三公九卿诸侯大夫，以迎春于东郊。
> 还反，赏公卿诸侯大夫于朝，命相布德和令，行庆施惠，下及兆民。

可见，在秦汉时期，立春的节日气氛已经很浓烈。

潮汕称立春节为"打春"。清代府县志书都记载着这个节日。顺治《潮州府志》说："立春，有司迎土牛于东南郊，士女聚观，多以豆谷洒之。"乾隆《澄海县志》的记载更为详细：

> 立春前一日，县官率僚属具鼓乐迎芒神土牛于东郊，名曰"迎春"。农民每视牛头、蹄、腹之色，以辨终岁旱涝。至日，官府鞭牛碎之，名曰"鞭春"。

从这些记载里头可以知道，旧时立春节的节日活动，主要有迎芒神土牛和鞭春牛。

立春鞭春牛是一种古老的带有巫术色彩的习俗，它的意义在于催耕助农。唐代这种风俗已经存在，到了宋代，这种风俗流播更广。《东京梦华录》就说，立春前一日，"开封、祥符两县，置春牛于府前"。立春日一大早，开封府僚属便举行打春仪式。

芒神，就是勾芒。它是东方之神，春天之神，草木之神，代表着生命，代表着繁殖。勾芒神崇拜的起源也很早，《山海经》里已经描绘了它。唐代人注释《礼记·月令》，对它有更详细的述说：

> 其神勾芒者，谓自古以来主春立功之臣，其祀以为神。
> 是勾芒者，主木者官，木初生之时，勾曲而芒角，故言勾芒。

古代风俗，祭祀勾芒神在二月春分。由勾芒神的神格所决定，这种祭祀行为的目的，也是为了祈求农业的丰收。

大概因为鞭春牛与祀勾芒两种信仰活动的性质接近。宋代人干脆把它们合并成一个节日。从宋代开始，祭祀勾芒神的活动也在立春日举行。大文豪苏东坡就写过一篇《立春祭土牛祝文》，向勾芒祷告说：

> 敢昭告于勾芒之神：木铎传音，师官相傲；土牛示候，稼穑将兴。敢徼福于有神，庶保民于卒岁。无作水旱，以登麦禾。

这种节日祭祀活动一直延续到清代。

清代，潮州"打春"的祭祀，仍然保留着对农业生产的关怀。最直接的表现，就是《澄海县志》里讲的，农民通过对土牛的头、蹄、腹颜色的观察，来判别这一年中的涝旱。这种判断的可靠性如何姑且勿论，在水利远未曾过关的韩江三角洲，气候的涝旱，对于农业生产实在至为切要。

而在潮州"打春"的习俗里，还残留着原始巫术的痕迹。宋兆麟《中国古代节日文化》讲到，浙江风俗，百姓在鞭春牛仪式举行之后，都争着抢春牛泥，回家撒到牛栏内。他解释说：

由此看出，鞭春牛还有一种繁殖巫术，即经过迎春或交媾的春牛土，撒在牛栏内可以促进牛的繁殖。

潮州也有这种习俗。乾隆《普宁县志》记载说："至鞭春后，小民各分取土牛余土，归置圈下，以旺牲牧。"揭阳、潮阳等县志均有类似的记载。据说，从土牛身上取回来的土块，放到牛棚里能旺牛，放猪圈里能旺猪，放到鸡寮里能旺鸡……在这一系列的民俗行为里面，春牛土显示出更强的繁殖巫术功用。《澄海县志》甚至有这样的记载："民间争拾牛土置床，谓可压邪。"在这里，"压邪"是颇为"现代化"的话语，将春牛土放置于婚床，其原始的意义，一定还是与生殖有关。立春是春天第一个节日，勾芒是春之神，而春牛是它的土偶。春天是草木繁育的季节，芒神土牛既能使五谷丰茂，也就能使禽畜兴旺，人口繁衍。繁殖巫术就是在这样一种类比思维的基础上生成的。潮州"打春"节中春牛土"置圈下，以旺牲牧"，"置床，谓可压邪"一类信仰习俗，也正是繁殖巫术的不同变相。当然，它们也与生产——畜牧业生产和人类本身的再生产有关。

潮州官员们主持的迎春仪式，迎春过程"士女聚观，多以豆谷洒之"和仪式结束后百姓争拾春牛土的场面，都带着娱乐狂欢的色彩。潮州的打春习俗，因而具有节日的性质。

民国以后，"打春节"由于政治变革而被废除。但是，潮汕民间，到今天还保留着一个与农业生产有关的神诞日——五谷母生。这里略作介绍。

谷神崇拜的起源，与原始图腾崇拜有关。从事农耕的民族，把自己赖以生存的粮食作物奉为神明，加以膜拜，是一种起源古老，又十分常见的信仰现象。在汉族和中国南方的很多少数民族中，普遍存在着五谷神的崇拜。越是原始的谷神膜拜，仪式越是复杂。例如，德昂族的"祭谷娘"，要在种谷收谷的每个季节和每道工序之前进行，每次祭祀都有一套琐细的礼仪（乌丙安《中国民间信仰》）。汉族的五谷神祭祀，一般都在收获季节举行，由于各地农收的时间不同，祭祀时间也有先后。

五谷母是潮汕人所崇拜的谷神。潮汕五谷母生在农历十月十五，正好是本地晚稻收成的季节。五谷母生的祭祀习俗，在农村里，要用平时量米的米筒，装满刚收成的新米，插上从田里采摘的五个大谷穗（有些地方，要用籼稻、糯稻各五穗），供在香案上，做香炉用。供品除牲蔬之外，粿品里还有用米粉拌花生仁蒸成长条状的"粟穗粿"和单用米粉做成扁担状的"尖担粿"。案上要摆上五碗新米饭、五杯酒、五杯茶。焚香膜拜，用"五谷丰登，米粮充足"祷祝语来答谢谷神。祭祀过后，要将做香炉用的米筒移到装满米的米缸上，每个晚上焚上一拄香，接连三晚，整个祭祀仪式才算结束。城里人也拜五谷母，习俗与乡村大致相同。

在潮汕，有人说五谷母就是神农，也有人说五谷母是后稷，这恐怕都是后起的附会。沈敏《潮安年节风俗谈》认为：

> 据说五谷神即是神农氏，这天的祭拜是纪念他的教民耕种的劳苦。……然而这是从一般智识份子的口中得来的。农民则大多只懂得祭拜而已。

把五谷母指认为神农氏或者后稷，只不过是士大夫们将乡间的民俗信仰正统化的一种努力而已。农民们在祀神时，总要摆上五碗新米饭、五杯酒和五杯茶，这不正说明他们心目中的谷神有五位吗？屈大均《广东新语》载广州之俗：

> 城中坡山，今有五仙观。春秋粤人祈谷，以此方谷为五
> 仙所遗。一仙遗一谷，谷有五，故为五仙。而五仙当日复有
> 丰年之祝，故皆称为五谷之神。

五仙的传说，始于晋代，正值道教风行岭南之时。这五仙的本来
面目，与潮汕民间所祭祀的、不现形相的五谷母，或者还有些瓜葛。

潮汕有些地方，一年要做两次五谷母生，十月十五这一次之外，
还有一次在六月廿六日（《渔湖镇志》）。马风《五谷爷》解释说：

> 为什么要两次神诞？有二说：一说潮汕是水稻一年两熟，
> 为报答神恩，故行夏秋二祭，时间定在两次收成后的月中，
> 俗称神诞，实是二祭时日；一说五谷神诞原在六月二十六日，
> 满清入关后，人们不服满族统治，清皇朝为探测民心，定十
> 月十五为五谷神诞，令民易时祭拜，人们终于照办了。

五谷母生是对五谷神的祭祀，用一年两熟故有二祭来解释，也颇
有道理。但潮汕许多十月十五做五谷母生的地方，六月廿六日是做伯
公生，居民都上土地庙（福德祠）祭拜，农家还要采办供品在田头祀
神，祈求五谷丰登。伯公是土地神，人类对土地的崇拜，首先就在于
它能生殖五谷，供给人们食粮。从这种观念出发，伯公和五谷母的祭
祀有着相当的意义。由此观之，六月廿六日的五谷母生，可能是由于
和伯公生祭祀性质近似，而产生的混同。也可能本来就有两次谷神的
祭祀，后来人们为了圆神诞之说，将其中一次改配给了土地伯公。

二 妈生

妈生就是妈祖诞，在农历三月二十三日。妈祖崇拜起源于福建莆田地区，宋元以后，逐渐流行于中国沿海各地，并传播到国外。潮汕与福建毗邻，又多莆田移民，很早就接受妈祖信仰的影响。宋代，南澳已经有了妈祖庙。元代，船民又在今天的妈屿岛上建庙祭祀妈祖。明清以来，妈祖信仰在潮汕广泛传播，从沿海到内地，出现了众多的妈宫（天妃庙）。这些庙宇在妈生这一天，都会举行祭祀妈祖的仪式。但是，只有在渔民和商、船民的聚居区域，妈祖诞才能够演化成节日。这些以出海捕鱼和行船贸易的民众，对妈祖都很崇拜。平时，出海之前要先到妈宫乞保平安，安全返航之后又要到妈宫去报平安。打造新船，下水前要用三牲礼饼祭祀妈祖。逢年过节，也要准备好祭品，到妈宫答谢神恩。每年妈生，他们会更加虔诚地膜拜致祭，而形成了一些节日风俗。

在民以渔为业的南澳岛，妈祖是最受崇敬的神明。妈生这一天，渔民们都停止捕捞作业，在船上供奉妈祖的牌位。岛上的18座妈宫，都要请戏班演戏酬神。庙里香烟缭绕，庙前鼓乐喧天，十分热闹。沿海的港口渔村，妈生的风俗，与南澳大抵相同。

地处榕江中游的棉湖古镇，妈生的习俗，又别具一格。清代的棉湖，是一个商业经济相当发达的市镇，榕江上中游地区出产的蔗糖和粮食，依凭着榕江水运的便利在这里集散。前来贸易的船只往来如梭。每年三月二十，棉湖镇的糖商，要将镇中三座妈宫的神像，迎请到文祠集中祭拜。这一天，许多大舸海舶的船主应邀前来赴会祭神。棉湖镇前河段，千帆万艘云集。不少船主聘请外地乐班随船同来。江面上，锣鼓震天，歌吹飘渺，此起彼伏。镇里的居民，被吸引到河边来听曲，大堤上人山人海。这种庆贺妈生的集会，持续两夜。妈祖的神像选定时辰起驾宫，接着，神诞日就要开始了（王泽晖《商贾云集唢呐船》）。民国以后，机器制糖兴起，土糖生产日趋没落，榕江航运随之消歇。当年棉湖妈生盛况，却仍让人记忆犹新。

老汕头的妈生，另有一番热闹景象。汕头老市区有五座妈宫，以升平路头的老妈宫最为有名。汕头的埠市，据说就是依托着这座神庙形成的。后来，汕头开埠，规模日益扩大，但依旧保留着港口城市的特色，海运商贸保证了城市的繁荣。因而，妈祖在这座城市居民的心目中，也保有她显赫的地位。妈生神诞，在汕头一直是个重要的民俗节日。焚香顶礼，演戏酬神之外，汕头的妈生，有一种值得一提的习俗。

这天，汕头埠的船民、商户、人家，一定要吃豆芽韭菜炒面线。豆芽本地人又称豆生，这种传统节日食物，大概是商人们用谐音取其"长久生财"的兆头。但又有一种解释，以为这种习俗来源于妈祖"机上救亲"的传说。传说有一次，妈祖的亲人出海遇风。妈祖正在家纺线，感知父兄险情，立即闭目游神，前往救援。她用手挽紧纱线，使海船上的桅杆帆索不致被风暴撕断。亲人也得以安全返航。人们在这个节日吃面线以纪念妈祖，寓有消灾化难、祈求平安的含意（杨秀彦《汕头老妈宫与潮汕民俗》）。

第四节 上巳和重阳：与旅游习俗有关的节日

传统节日形成的条件，包括时间、故典、祭祀、礼仪、饮食、娱乐各种因素。尽管越到后代，节日的娱乐狂欢性质越是鲜明，但祭祀礼仪似乎依然是节日里不可缺少的一个环节。在中国的传统节日里面，却有两个节日，它们也起源于远古除灾去邪的祓祭习俗，不过在汉魏节日成型的时候，祭祀礼仪已经消失殆尽，到唐宋以后，更演化成为游览山水、观光娱乐的旅游节。这两个节日就是上巳和重阳。

● 三月上巳

上巳节，古代在三月上旬的巳日，魏晋以后节期采固定在农历三月初三。潮汕民间，就把它称为"三月三"，也有些地方称它为"古清明"，或者是因为这个日子和清明节靠近吧。

上巳节起源于上古的祓祭。祓祭是一种感生巫术，祓除的用意，在于用春水荡涤不洁，祈求生育。这种巫术原本是施于女子的。汉代，上巳已经转变为节日，节日的主要活动仍是祓除。《后汉书·礼仪志》说，三月"上巳，官民皆洁于东流水上，曰洗涤祓除，去宿垢火疢，为大洁"。这时的祓除活动还多少有点巫术的意味，但无论是官是民，都用春水洗涤清洁的这种社会性行为，与其说是为了求子，倒不如说是为了养生。晋代，上巳节的祓禊，实际上完全是春天里嬉游郊野的娱乐了。啸友命侣，踏青山原；濯手足于清流，引曲水以行觞；宴饮吟咏，畅抒幽情，让自己的身心和大自然融会在一块。正是晋人风度改变了节日的性质。为了三月三，晋人写下众多诗文歌赋，最炙脍人口的，莫过于王羲之的《兰亭集序》。此后，节日基本定型。唐人的《辇下岁时记》载："三月上巳，有锡宴群臣，即在曲江，倾都人物，于江头禊饮踏青。"节日活动，也还是禊饮与踏青。曲江赐宴，场面的豪华，人物的繁盛，在伟大诗人杜甫的《丽人行》

里，可窥一斑。那种对享乐的追求，与晋人的风范，又决然不同。

潮汕旧时上巳节，多举行于士大夫阶层。节日活动也只是踏青与野宴，而他们所追求的，并非唐代的奢华，乃是晋人自然的清趣。

潮阳东岩，有一处北宋后期上巳记游的摩崖石刻，现在还保存完好，其文为：

> 清源陈康年季昌，揭阳张希傅作霖，希孟醇夫，番禺郑完仲周，程江叶廷俊公郑，长乐张书仲审言，潮阳黄与棣绍歌，宣和壬寅季春三日，同诣辟牛岩谒颠师，缅想当年韩公尝造其庐，徘徊孤寞而还。

陈康年是当时的潮阳县令，这一次三月三的游冶，只是登山踏青而已。

明代万历末，潮州士绅林熙春也曾经招友人作上巳之游，有《三月三，同曾封兄、张比部，邀阮令公登凤凰台》诗：

> 永和千载系吾思，结客相携酒一卮。且喜步兵游梓里，因偕童冠集兰池。兴来敌手棋方剧，话到知心席更移。不是嗣宗饶问俗，登临何以慰襟期。

从诗歌的描写看，这依托的活动除了登高野宴之外，也不过下棋聊天而已。

至于清代这一节日的习俗，各县志书记载基本相同。例如，乾隆《南澳县志》就说：

三日，士大夫携酒遨游山水之间，谓之"踏青"，犹兰
亭修禊事也。

光绪《潮阳县志》也说：

（三月三日）士民皆登山踏青，修兰亭禊事。

这些方志里提到的"兰亭修禊事"，是引用《兰亭集序》"又有
清流激湍，映带左右，引以为流觞曲水"的典故，指的是曲水流觞的
游戏。

曲水流觞是三月三的节日古俗。原来大约是被禊时，在河边掘地
引水，成为回环曲流，参加游戏者在水边席地而坐，把酒杯放在水
中，让它漂流，酒杯停在谁的前面，他就得饮酒赋诗。后来为了方
便，干脆就用石板开凿曲水沟，修建流觞亭。这种习俗古代在潮州也
十分流行，现在还存留的一些实物可作印证。

潮阳东山水帘亭，就有一处年代久远的流觞曲水。南宋人所著的
《舆地纪胜》就讲到它：

水帘亭在潮阳县东山。泉溜四垂，若张帘于楣，且屈曲
绕流于亭下，可浮觞以饮。

看来，宋人已经利用这里的天然流泉，作浮觞游戏了。明永乐
十九年（1421年）考中进士的潮阳邑人刘玭，在《东山八景诗》里也
咏唱了水帘亭，诗序说：

> 观其阿阜宽平，岩谷深邃，泉溜联珠，引以为流觞曲水，
> 而鳞瓦翼然于其上者，曰水帘亭。

可知水帘亭在明代初年还是潮阳名胜，不过当时的流觞曲水，开始需要人工疏引。现存的流觞曲水在清代重修过。亭中，铺在地面的是一块大石板，上凿回环曲沟，引亭侧山泉灌入。亭前建石牌坊，牌坊两柱有楹联：

> 高山仰止缘非偶，曲水流觞宛在兹。

坊上有"乾隆五十又二年丁未六月立"的题记，那是公元1787年，距离现在也已经210年了。揭阳仙桥镇桂竹园岩，古称北山岩，是一处花岗岩岩洞景观。有泉自岩下涌出，潺潺于乱石间。岩石上有摩崖，书"曲水流觞"四字，每字径二尺余，书法朴茂重厚，是光绪丙戌年（1886）郭春华所题。当年，这位郭先生携侣来游，也许就曾利用这石间流泉，效仿兰亭韵事。酒酣兴浓之时，泼墨题壁，为后人留下了这幅题刻。

三月三，潮汕有些县份，还有一种值得提倡的尊师古俗。乾隆《普宁县志》载："三日，登山踏青，晚于书馆饮酒，谓之'春期'。"光绪《饶平县志》也说这一天"童冠敛会踏青，生徒送里师节，丰啬随宜。"你看，这不就是一个师生同乐的尊师节吗？

二 九九重阳

重阳，别称"重九"，因为它的节期在就农历九月初九。古人

以九为阳数，故又称之为"重阳"。潮汕民间，只直接称它做"九月九"。

在汉代，重阳登高、插菊、佩茱萸的风俗已经流行。喜欢接近大自然的晋代人，更把这一天当成放松自己心身的好日子，不让它静悄悄溜过。孟嘉龙山落帽，陶潜东篱采菊——这些风流倜傥、让后来的骚人墨客羡慕不已的重阳故事，都在晋代演出。唐代，人们将重阳登高视为一种有益于卫生保健的活动。唐代医学家孙思邈在他的医学名著《千金方》里就说：

> 重阳之日，必以肴酒登高眺远，为时宴之游赏，以畅秋志。
> 酒必采茱萸、菊以泛之，即醉而归。

因而，重阳郊野游宴之风更盛，登高、赏菊花、佩茱萸的风俗，屡屡见于诗人吟唱。到唐德宗贞元元年（785），有诏令把重阳正式定为节日。

在潮汕，至迟到南宋初年，就有重阳登高宴集的风俗。潮阳东山方广洞侧，有一处纪游的摩崖石刻，文曰：

> 泉南杨寿翁，福唐梁允成，玉牒赵安民，天台王商老，
> 温陵吴信行、王文中，莆田刘仲宣，绍兴戊午重阳，同集于
> 高明亭。新泉题。

摩崖处为高明亭旧址。这里石崖嵯峨，眺望山下，林野苍茫，远接溟海，正是登高的绝好去处。

明代本地重阳登高的风气仍很热烈。文人们在这一天登高宴游，

赋诗言志，作品被选入顺治《潮州府志》的，就有六首。这几首诗，绘出了一幅明代文人重阳节日风俗图。节日活动仍不外乎登高，"重阳不负登高兴"（郑良璧《九日东山新庙落成》），"蹑屩登临逸兴生"（郭廷序《九日登韩山》）；饮酒，"且携杯酒对流川"（同上郑诗），"遍插茱萸酩酊归"（陈天资《九日游普陀岩》）；插菊，"只应共尽登临兴，醉插菊花弄舞衣"（贺一弘《九日壁墩和杜》）。

清代潮汕的重阳节日风俗，各县志书的记载也基本相同。其中澄海、普宁两县志，讲述较为详细，《澄海县志》载：

> 九日为"重阳节"。登高燕饮，簪菊泛萸，犹古人遗俗也。谚云："九月重九，登高饮酒。"是月竞放风筝。

《普宁县志》则说：

> 重阳登高，各选胜地眺赏。文人墨客或携酒入山寺游玩为乐，小儿咸于高处竞放风筝。

与前代的重阳节日习俗相比，"登高燕饮、簪菊泛萸"等旧俗之外，清代又有"竞放风筝"的新时尚。

农历九月的潮汕，秋风乍起，天气转凉，风和日软，是竞放风筝的好季节。这种风俗，一直保留了下来，到20世纪30年代，还很盛行。不过，时间并不拘于重阳节了。《潮安年节风俗谈》描写说：

> 放风筝，孩子们顶好玩的。用竹作骨，糊以薄纸，制为物型，种类颇多，像鱼、虾、蜈蚣、蚨蝶（即蝴蝶）、大桶、

重阳节秋高气爽，放风筝是儿童最喜欢的游戏，
有俗谚："九月九，风禽仔，满街走"　潮阳文化馆藏品

飞机、日、斗、人、兽等。系了坚韧的绳线，放于空中，飘
然凌霄，陶情适意……重阳，放风筝的更多。潮城韩江凤凰
台的沙滩，九月十五日竞放风筝。乡村的小孩子，尤其兴高
采烈啦。

第五节　"营大老爷"——土神之祭

● 社祭、做社和营大老爷

土神的祭祀，是一种社区性的节日。潮汕人把这种节日俗称为
"营大老爷"。

这种节日起源于土地崇拜。土地崇拜导致土神的产生。土地之神，古人称之为"社"，潮汕人则把它叫作土地公或者伯公。土神的祭祀，有两种性质。一种出于对所耕种的土地的崇拜，是对土地上生长五谷，供给人们食粮的报德；一种出于对所定居的土地的崇拜，是对土地上营建乡邑，保护人们安居的感恩。在上古时期已经是这样。商代的甲骨文，就有"要不要向邦国的土神祈求丰年"的卜问（《前》4·17·3）；近年在郑州商代王城遗址发掘出一处以立石为中心的祭祀地，考古学家说，这是建城时祭祀土神的遗迹（裴明相《郑州商代王城的布局及其文化内涵》）。在潮汕，伯公的祭祀仍然保留着这两种性质。上面提到的六月廿六日伯公生，属于前一种性质。潮汕人在建房子、创村寨要先拜伯公，属于后一种性质。而乡间间在春日对伯公的祭祀，则两种性质兼具。例如，《普宁县志》载：

> （二月）春社日，各乡农民具香帛、酒馔，相率祀其乡之土神，以祈谷。祀毕，聚饮于神侧，曰"做社"。

《南澳县志》也载：

> （二月）二日，各街社里逐户敛钱，宰牲演戏，赛当境土神，名曰"春祈福"。

春日社神的祭祀，既有五谷丰登的祈祷，也有合境安宁的冀求。在潮汕社会最基层的里社，社神大多就是伯公。

营大老爷是由乡间的伯公祭祀发展而来的。

乡间社神的祭祀，本来只是一种宗教仪式，后来，由于在祭祀过程出现了某种社会组织形式，社祭本身也就开始有了其他的功能。这种发展，在南北朝时已经出现。《荆楚岁时记》说：

> 社日，四邻并结综，会社牲醪，为屋于树下，先祭神，
> 然后飨其胙。

可知梁朝时候，社祭之日，邻里合会醵钱买办牲酒祭品，先祭过土神，然后大家一起聚餐。社祭除了酬神之外，显然也有了增进邻里团结、加强乡村治理的作用。于是，随着历史的发展，在社区的整合与扩展的过程，产生了社祭和庙祀的混合，即在一个扩大了的社区中，由某一座神庙承担起社坛的功能。这座神庙所供奉的某一位神明也就成为这个社区的社神，潮汕人将它称作"大老爷"。

潮汕各地的大老爷名目众多。其中有进入朝廷规定祀典的神明，如城隍、关爷、妈祖等；有佛道诸神，如南极大帝、玄天上帝、吕祖等；更多的是民间创设奉祀的杂神，如三山国王、安济圣王、双忠圣王、雨仙爷、水仙爷、龙尾爷、珍珠娘，等等。在一个相对独立的社区里，各色名目的老爷按照其祭祀范围的大小，被组织在一个有等级的系统之中。在乡村，里社各有所祀的伯公，全村有共祀的大老爷；有些地方，相邻的几个村子由于行政上或者经济上的原因而有了密切的关系，也有数村共祀的大老爷。在城镇，街巷各有所祀的伯公，各坊有共祀的大老爷，而其上又有全城镇共祀的大老爷。这些伯公、老爷的祭祀，还保留着上古土神春祈的遗风，时间集中在农历年初，故潮汕有"营神正、二月"的俗谚。

营神的营，是潮汕方言词，在这个短语里，它保留着回绕（《汉

书颜注》）和畛域（《文选薛注》）的古义。土神的祭祀而称作"营大老爷"，是因为祭祀过程，必有土神巡土安境的仪式。照潮汕人通常的说法，营老爷分文营和武营两种。在最基层的社区，文营的做法，是在祭祀仪式过后，将老爷请上神轿，由选定的丁壮抬着，仪仗鼓乐前导，巡遍社区的每一条巷子，再绕社区的边界游行一圈，回到神厂。武营的做法，一般只有乡村社区才采用。祭祀仪式过后，要先用红布将神像捆紧在神轿上，做好疾跑的准备。营神开始，各条巷子的巷头都燃起篝火。丁壮们抬起神像，飞奔来到篝火前，用力把神座举到头上，纵身跳过火堆，跑过小巷。跑完村里的巷子，又跑出田洋，抬着老爷巡游村界，回到神厂。潮汕人把这种做法叫作"走老爷"——潮州话的走，是跑的意思，这也是一个保留着古义的方言词。不管是文营还是武营，其原始意义，都在净土驱邪。不过，这一宗教仪式对于每个社区，实际上又有着整顿社区秩序、强化社区治理的功能。

在营大老爷的日子，要演戏酬神。老爷出巡的仪仗队伍，由标旗、彩景、醒狮、歌舞、大锣鼓、潮乐队各个并不固定的部分组成，尽管由于社区具体情况的不同，仪仗队的规模可能差别甚大，但都充分展示了观赏和娱乐的性质。于是，坊乡的这种土神之祭，毫无疑义地成为一个社区性的节日。

● 潮汕城镇的营大老爷

在潮汕，旧时营大老爷，城邑一级以潮州府城的安济圣王出游规模最大。节日的盛况，光绪《海阳县志》已有记载：

> 正月青龙庙安济王会，自元旦后三日掷筊诹吉，郡城各
> 社，即命工人用楮帛绘彩，制为古今人物，如俳优状，而翙
> 以木石花卉，名曰花灯。每社若干屏。届时奉所塑神像出游，
> 箫鼓喧阗，仪卫煊赫。大小衙门及街巷，各召梨园奏乐迎神。
> 其花灯则各烧烛，随神驭夜游，灿若繁星。凡三夜，四远云集，
> 靡费以千万计。

这里所描写的节日活动，以赛花灯为中心，辅以箫鼓仪卫，梨园
戏剧。因为大老爷必须游遍府城全境，所以一共要用三夜的时间。第
一个晚上从神庙所在地城南开始，第二夜在城中，第三夜到城北。辛
亥革命以后，除了1931年前后短暂一段时间为政府所禁止，安济王出
游一直是府城本地最隆重的节日。沈敏先生的《潮安年节风俗谈》有
《安济王出游》和《青龙庙巡礼》两节，对1936年府城营大老爷的情
形，有翔实的采写报道。其时本地经济衰退，节日盛况，已大不如
前，但一连三夜，"游人达十余万，全城如醉如狂"，仍是一派狂欢
景象。节日活动，比较清代，多了一种燃放烟花。沈先生说：

> 在潮城的游神中，主要的景物正是爆竹烟火。花灯，鼓乐，
> 其他演剧和什项娱乐，不过是普通的点缀。

读者如有兴趣了解60年前安济王出游的种种细节，可以一读沈先
生的报道。

乡镇营大老爷，节日活动的规模虽然不及府城，但也相当可观，
经济比较发达的地区更加是这样。樟林的营火帝就是突出的例子。

在澄海樟林，二月的营火帝是一个很热闹的节日。清代乾隆嘉庆

年间，樟林是中国南部的重要商业港口之一。火帝成为樟林埠的大老
爷，就是从乾隆前期开始的。光绪时由樟林本地文人创作的潮州歌册
《樟林游火帝歌》，对当时营神的情况有十分详细的描述。营火帝从
二月十二日开始，到十五日结束，前后四天。但二月初起，樟林八街
的商家，就着手布置街道、铺面和神厂，周围二三十里内澄海、南
澳、饶平等地的客人也陆续来到樟林，节日要持续半个月以上。《火
帝歌》描写了八街节日的环境氛围：

> 八街尽盖挽天来，街吊灯橱共灯牌。纱灯活灯柴头景，
> 龙虎狮象做一排。
> 行铺各有彩铺前，门口吊有灯橱畔。两旁对联贴雅雅，
> 又吊鲤鱼汶水笑。
> 亦有古玩走马灯，青景奇花样样清。彩有飞禽共走兽，
> 亦有海味绣球灯。

在这个节日，八街的布置摆设几乎调动了潮汕所有的民间工艺手
段。灯橱和灯牌都是当街展示的书画作品，晚间可以用灯照明。纱灯
的造型与元宵花灯相同，而形体较小。和大型花灯一样，纱灯也有活
动和不活动两种，所谓柴头景，就是指后者。青景也叫彩青景，是一
种很有特色的彩塑艺术。民间艺人利用一些农作物和果皮做材料，巧
妙地制作成各式各样的飞禽走兽。例如，他们能够利用生木薯削出薄
片作羽毛，用桂竹枝做鹤脚，用乌豆当眼睛，胡萝卜为丹顶，塑出一
只栩栩如生的白鹤来。（洪潮余流《彩青景》）在二月十二到十五这
四天里，樟林六社八街，有外江、西秦、白字三个剧种二十多个戏班
日夜演出，还有众多的影戏班和由乡民临时组合做业余演出的涂戏。

二月十五是营神的正日，《火帝歌》对樟林营神的仪仗队伍也有生动的描写：

　　一百对标丝绫缎，标前彩对绣球灯。摆有八对企脚牌，执事八宝共金狮。

　　百枝纷花雨伞仔，八音数班闹猜猜。也有高灯共彩旗，吹着一路唱曲诗。

　　小锣鼓仔十外班，亦有童子歌曲言。古亭彩得蓬莱阁，扛景压到面红红。

　　八座香亭世无双，四面花鸟照见人。八仙过海真正雅，双龙抢宝在镇中。

　　廿匹马景更好看，扮做戏出人知端。孩童趣味得人惜，请来扮景给人观。

　　八个扛神戴红缨，身穿红袄有分明。脚穿花鞋手持扇，水晶眼镜挂眼睛。

　　大班锣鼓十外班，各班皆有几十人。衣衫打扮各国色，编有大辫笑死人。

　　这个游神队伍当然不能与潮州安济王出游相比，但已经足以将一个乡镇的节日，推向高潮。

　　一般乡村社区的营大老爷，豪华和奢侈的程度当然不能与城邑、市镇相比，不过也有一些值得提起的节日习俗。

⊜ 乡间习俗：对神明的戏弄和亵渎

在城镇，营神赛会的过程，大老爷总是处在整个祭祀礼仪的中心。尽管越到近代，营神赛会的娱乐气氛越是浓烈，但敬奉神明的意识依然主宰着祭祀仪式的全过程，节日只能是娱神又娱人的。例如，营神演戏，戏台要朝向神庙或者神厂张搭，在节日期间，戏班应该夜以继日演出，即使台下的观众都走光了，戏也不能停，因为这戏名义上是酬神的。在乡下，大老爷表面上仍然受到尊奉，而实际上，娱乐已经占据了营神赛会的中心位置。于是，戏弄神明甚至亵渎神明的情况便出现了。例如，"走老爷"这一仪式，本原基于对老爷能够驱除邪恶的崇拜，是一种驱傩巫术。到近代，"走老爷"驱傩的本原意义只变成一种象征，而整个仪式基本上演化成娱乐性的竞赛。

揭阳新亨的耍竹龙旧俗，就是一个鲜明的例证。竹龙在当地人的意识里，是南海圣王的化身。新亨的南海圣王崇拜，据说始于明代。每年正月初二，由村中绅士求卜于南海圣王，决定竹龙的颜色和制龙竹子的取材方位。十三日，按照神示的方位去取竹材制龙。十四日，将制成的龙供起，让村民祭祀。十四夜，开始耍龙。陈潮城《耍竹龙》详细记述了耍龙的情景：

> 天未黑，家家户户门口悬挂灯笼。夕阳西下，村里每个厅、祠堂门口，都摆着迎神牌，设迎神床帐，礼品烛台。三声炮响，锣鼓齐鸣，耍龙的队伍出动了。前面有灯笼、彩旗、锣鼓开路，继之是一对对的木制龙头、金瓜、斧头、关刀、"肃静""回避"牌和四支龙凤扇。旗斗、印斗、香几、鼓亭各一套。随之是红、黑二将（即张巡、许远）打头阵，有朝天佛、三爹爷、福德爷、天后圣母、王三姐姐、柯公神牌、三山国王和南海圣王

等十二尊偶像。整个队伍浩浩荡荡约二百多人。每到一耍龙圣地，鞭炮齐鸣，村民们准备好各种易燃草料、火种，布成了一个直径约三丈的圆圈，游神的队伍便停下来，火圈加大草料，焰火升空。扛着竹龙和三山国王的壮汉，开始悠游一、二圈，草料不断添加。当火势最旺之时，一声高喝，竹龙在前，三山国王在后，便狂奔起来。传统的耍龙，有这样的规定：竹龙由三人抬，前二人用肩托住龙颈部位，一人扛着龙尾；三山国王由二人抬，各用竹梯一架，用绳固定，背于肩上，前长后短。在猛跑三圈内，三山国王如赶不上竹龙，竹龙便算赢，三山国王便算输。如果三山国王能跑三圈内赶上竹龙，则须用竹钩穿进龙腹，用力挽住，竹龙前进不得，便算输了，三山国王胜了。这时人声鼎沸，为双方助威。青年人如不服气，则另配人选，反复再斗。直至该圣地的草料烧完，才转移第二个点。在全部圣地都耍完时，竹龙才回到原地安放。

正月十五日晚送龙。送龙显得庄严和神秘，当村民听到"呵……"之声，便要关门闭户，路无行人，怕碰到送龙的人，运气不好。

这一段叙述表明，新亨正月的祭龙耍龙，具有营大老爷的性质。耍龙队伍的出动，实际上也就是乡中老爷出游。队伍的组成，仪仗的形式以及公厅祠堂迎神的摆设，都足以证实这一点。耍龙的圣地、火堆、竹龙和三山国王的赛跑，很容易使人联想起一般乡间的"走老爷"。不过，在这里，连驱傩净土的影子都变得那么稀微，几乎全被节日娱乐竞赛的热烈气氛湮灭了。耍竹龙的过程，神明被人们无所顾忌地戏弄了，只有到十五夜送龙的时刻，这乡间的老爷似乎才有了它本来的威严。

新亨的耍竹龙是戏弄神明的例证，如果提到亵渎神明，潮安卧石的春老爷，也是一个很极端的例子。在"走老爷"的过程，有时难免要失手，将神像的手脚脑袋撞断弄坏。节日过后，只要把神像再事修整，重行粉饰，又可以供在庙里常年祭拜。人们甚至有一种观念，认为这样老爷会更灵验。这种观念存在于人们的头脑里，也许是极其古远的了。因为它使人想起英国著名人类学家弗雷泽在《金枝》里面对杀神和神的死而复生的叙述与分析。而这种观念，直接导致了故意毁坏神像亵渎神明的极端行为方式的产生。

卧石乡的社庙是潮汕最常见的三山国王庙。每年正月初九到十一日，是卧石乡营大老爷的节日。初九，国王庙里的王爷及其夫人六尊神像被请到六个神厂里。初十，是三山国王的祭祀日，全乡家家户户都到神厂前致奠膜拜。十一日，是老爷起驾回宫的日子，开始"走老爷"。各神厂选出丁壮，有人扛神偶于肩上，有人挟神偶于腋下，争相奔逐，一路上，不停以偶像相撞击。营神途中，经过几个埠场，还有所谓"绞老爷"和"春老爷"的做法。有的埠口，人们用绳子套住神像的颈项，把神像丢在地上，拖着来回跑，俗称绞老爷。有的埠口，大家又轮流将神像抱起抬起，往地上摔，俗称春老爷。总之，在"走老爷"的过程，乡民们随心所欲地折磨着平日自己诚心礼拜的偶像。当神像被送回庙中，已经千疮百孔，臂折腿短。乡民们却满心高兴，说是神像越破损，乡里会越兴旺。对大老爷来说，这社祭日丰盛祭品实在不好受——潮汕人真能揣摩体会，于是有这样一句俗语："卧石老爷，愈食愈惊。"

澄海盐灶的拖老爷有着与卧石的绞老爷相同的意味，体现着一种相同的宗教观念，在仪式方面则有所不同。盐灶是个人口万余的滨海渔村，分三社，拖老爷的风俗只行于上社。上社的老爷，是个无名的水捞神,因为灵显而被作为社神供奉。盐灶的营老爷在正月廿一、廿二两天祭祀过后,接下来同样是老爷在村社里的巡游。这一年轮到抬神轿的丁壮要先做好护神的准备,用绳子把神像紧紧捆绑在神轿上。拖老爷的人,要登上神轿,把神像扳倒在地,自己在神轿上当一回"老爷"。孤身只影,无人扶持,任你再英雄好汉,也断断难以成功。于是想来拖老爷的,也事先拉帮结伙,拟好计划,摩拳擦掌。

老爷起驾出巡了。乡里和外乡来拖老爷的各帮后生,紧跟不舍地簇拥着神轿,转过一巷又一巷。按惯例,只有到了神庙前的广场,才能够抢上神轿去,拖倒大老爷。广场上,早已人山人海,挤满前来堵截神轿的后生和凑热闹的围观者。圣驾终于游遍各街巷,来到广场。这时,护神的丁壮一声呼啸,抬着神轿,朝着神庙猛冲猛拼。拖老爷的后生帮也叫喊着抢向神轿。双方各显身手,你拉我扯,抱腰拽腿,扭成一团。围观者纷纷退避,呐喊助威。霎时间,广场上万头攒动,

盐灶拖老爷 李炳炎摄

潮州城青龙爷出巡　李炳炎摄

欢声如雷鸣。神轿象一叶小舟，在人海中起伏漂荡。有人登上神轿了，又被掀了下来。这一个才被掀下，那一个又登了上去……神像终于被拖到地上，任人残踏，任人摧残，最后给抛下池塘。至此，人们兴尽而归，盛会方散。被抛在池塘里的神像，要挑个吉日打捞上来，命工修整，再送回庙宇去。年复一年，今犹如此。因而，潮汕又有一句俗语："盐灶神欠拖。"（《盐灶志》）

盐灶的拖老爷，和卧石的舂老爷一样，有一种很原始的渎神的意味；同时，它又具有新亨耍竹龙那样一种竞赛的性质。可以说，这是潮汕社区节日风俗中最为奇特的一种。

四　乡间习俗：神前祭牲的竞赛

社区节日营神赛会的竞赛活动，除了上面讲到的那种体育性的比试之外，在供神祭品方面，也有着类似的竞赛。

土神的祭祀是农业社会的产物。土神本来就兼有农神的身份，对土神的"春祈秋报"，供物多用农副产品。因而，营神赛会时供品的比赛，也很自然表现出农业社会的特色。例如，施鸿保《闽小记》记载，清代福建诏安元宵节祭城隍，有斗鸡之会，"连案供祀，以最肥大者居上，称为元宝。凡得元宝者，群贺之，以为一岁利市之兆"。参加斗大鸡比赛的，虽然不一定是农家，但这种比赛，分明表现了农业社会的特色。

潮汕乡间营大老爷，摆神前的供品，大多是农家自产。在祈求神佑的同时，也有报谢神恩的心意。正二月间，五谷才开始播种，塘鱼还未曾放养，自产供品，多用禽畜。用来报谢神恩的禽畜，当然是愈大只愈好，各家各户都从自己喂养的禽畜里头，挑大的宰。这些供品拿到神厂前去供神，既表示自己的虔诚，也不无炫耀自家劳动本领和经济实力的用意。于是，自然而然地也就有了竞赛供品的习俗。最出名者，有潮安古巷的赛大鹅和澄海冠山的赛大猪。

月浦赛大猪，戏台上正演出潮剧《八仙贺寿》　蔡焕松摄

古巷的大老爷是玄天上帝。每年正月十九是营大老爷的节日，四乡六里的亲戚朋友都到古巷来做客。古巷大老爷的出巡，在仪式上与潮汕各地并无不同，不能引起客人多少兴趣。倒是摆神前的供品，怪惹人注目。家家户户的供桌上，都有两只硕大的卤水鹅——古巷人赛大鹅呢。

据说，为了这一天的赛大鹅，古巷人可是花了大心血。入冬前后的头科鹅雏容易得病，要用西洋参水喂它，以提高抗病力。小鹅换粗毛了，正是长骨格的时候，又喂以舒筋活络丸，尽量使它长得身架庞大。到过年前后，头科鹅已经长成体重十余斤的成鹅，这时，就得用精饲料催肥。喂小鹅比功夫，饲大鹅可就是比本钱了。成鹅的食量很大，一日夜十头八斤番薯不在话下，可倒长得慢了，再长一斤肉，要比原来多费好几倍的食料。家境富裕的，为了这两只肥鹅，赔上几担番薯倒不成问题；穷人家为了这两只肥鹅，还真得勒紧裤腰带。不过，大家都乐意这样做。因为这不光是对神明的虔诚，也在显示自己的劳动本领和家境的富有。

肥鹅摆上供桌了，一只只圆滚滚的，肥得见不到脊骨，最大的有二十几三十斤。客人们绕着神前的供桌慢慢转，一边观看一边赞叹，评判着谁家的肥鹅养得最出色。主人们心里都乐滋滋的，这种自发的乡间赛会，一般不会要奖品，客人的赞叹，不是最好的奖赏吗？

后　记

打开电脑，双手搭在键盘上，话却不知道要从哪里说起。

我好新奇，不喜欢重复已经做过的工作。虽然有时因为这样那样的原因，不免会发一些改头换面的文章。

《潮汕文化源流》初版于1998年。那时喜欢读书的人还多，春淮兄的汕头三联书店，偌大的店堂，经常人满。或站书架前翻书，或围书桌选捡，上楼宽宽的步梯也列坐着沉醉在图书中的孩子们。书店像喧闹的集市，却魔幻般被置于静音状态，余下阅读与思考。因为春淮兄的偏爱和推荐，《潮汕文化源流》在书店里一次又一次地脱销。

到如今生肖转了两轮，汕头三联书店已经歇业，书店热闹又静谧的场景只留在梦中。春淮兄辗转京汕之间，依然按着自己的喜好做书。我们常常见面，他常常提起将《潮汕文化源流》再版的想法。我终于拗不过他，答应把这本旧作修订出版。

修订也很简单。内容并未大动，只是改了原来表述和排印中出现的一些讹误。换了新的附图，让图书增色不少。

现在，稿子做完了。我真心感谢春淮兄和许志强、赵涛两位先生落力的支持和运作。感谢几位著名摄影家韩志光、马乔、许永光、林晶华、蔡焕松老师，还有蔡海松、陈利江、李炳炎、陈锡荣、张声

金、谢泱、陈志伟、柯晓、林洁松、黄岳平诸位朋友，让我使用他们
的精美照片。我很喜欢庆才兄仿陈老莲笔意的白描人物，感谢他利用
休息日为本书绘写姚璇秋表演的潮剧《扫窗会》，作为封面。还应该
感谢读了本书的每一位读者。

　　谢谢，谢谢。

黄挺

2021年12月24日

主要参考书目

1. 吴颖纂《潮州府志》，广东人民出版社，1996年影印顺治十八（1661）年刻本。

2. 萧麟趾纂《普宁县志》，乾隆十年（1745）刻本。

3. 刘业勤修《揭阳县志》，乾隆四十四年（1779）刻本。

4. 齐翀纂《南澳县志》，乾隆四十八年（1783）刻本。

5. 李书吉等修《澄海县志》，嘉庆二十年（1815）刻本。

6. 惠登甲重修《饶平县志》，光绪九年（1883）刻本。

7. 张其曾（从羽）纂《潮阳县志》，光绪十年（1884）刻本。

8. 吴道镕纂《海阳县志》，光绪二十六年（1990）刻本。

9. 张珩美纂《惠来县志》，民国十九年（1930）铅印雍正本。

10. 沈敏《潮安年节风俗谈》，无出版单位，民国二十六年（1937）。

11. 蔡泽民《潮州风情录》，中国民间文艺出版社，1988年。

12. 方烈文主编《潮汕民俗大观》，汕头大学出版社，1996年。